职业技术教育“十四五”重点教材建设项目

仓储与配送

主　编　周　云　高　军　石联军

副主编　曾誉倩

西南交通大学出版社

·成　都·

图书在版编目（CIP）数据

仓储与配送 / 周云，高军，石联军主编. —成都：西南交通大学出版社，2022.8
ISBN 978-7-5643-8795-2

Ⅰ. ①仓… Ⅱ. ①周… ②高… ③石… Ⅲ. ①仓库管理－高等职业教育－教材②物资配送－物流管理－高等职业教育－教材 Ⅳ. ①F253②F252.14

中国版本图书馆 CIP 数据核字（2022）第 132557 号

Cangchu yu Peisong
仓储与配送

主 编／周 云 高 军 石联军
责任编辑／罗爱林
封面设计／吴 兵

西南交通大学出版社出版发行
（四川省成都市金牛区二环路北一段 111 号西南交通大学创新大厦 21 楼 610031）
发行部电话：028-87600564 028-87600533
网址：http://www.xnjdcbs.com
印刷：成都中永印务有限责任公司

成品尺寸 185 mm×260 mm
印张 13.25 字数 328 千
版次 2022 年 8 月第 1 版 印次 2022 年 8 月第 1 次

书号 ISBN 978-7-5643-8795-2
定价 39.50 元

课件咨询电话：028-81435775
图书如有印装质量问题 本社负责退换

贵阳职业技术学院教材建设
委员会

前　言

现代物流业是融合运输、仓储、货代、信息等产业的复合型服务业，是支撑经济发展的基础性、战略性、先导性产业。习近平总书记高度重视现代物流业发展，2013 年 11 月，考察临沂商城金兰物流基地时指出："物流业一头连着生产、一头连着消费，在市场经济中的地位越来越凸显。"可见，作为物流中的重要环节，仓储与配送的重要地位不言而喻。本教材基于校企合作项目，在对企业进行实地调研，对仓储与配送岗位进行分析的基础上，以实际工作为主线，任务为驱动，参考仓配职业能力，结合仓配各个工作环节进行流程化描述，旨在培养具备既能分析仓配未来发展趋势又能满足岗位需求的技能型人才。

本教材为适应现代仓配一体化发展趋势，以流程化为中心，综合各个仓配岗位进行规范性流程化设计，以实际校企合作任务为驱动，保留传统理论的描述，借助流程化设计的理念，对仓配各个环节进行细节描述，并结合相关知识点逐步推进教学过程，使教学整体呈现流程化，逻辑清晰，从而帮助学生真正掌握仓配基础知识，并真正理解仓配内涵。同时参考全国物流智慧技能大赛相关赛题，并借助合作企业提供的实际数据进行案例编写，模拟真实需求设计演练内容，充分考虑高职院校学生学习特性，融合实际岗位中企业物流仓配人员的知识、技能等内容，围绕社会岗位需求和技能大赛需求进行案例设计。项目一参考了项目管理中流程化管理的流程设计基本内容，旨在帮助学生清晰明了流程设计的重要性以及合理流程设计在仓配工作中的重要性；项目二对仓储与配送的基础理论进行分析；项目三基于现代仓配发展模式深入阐述了仓配一体化的流程基础设计和仓配项目化管理的内涵以及实际运用案例；项目四、五、六、七基于仓配实际岗位需求介绍了仓库入库、在库、出库和配送管理一系列实操内容。

本书第一章由石联军进行编写，第二章由高军进行编写，第三章由曾誉倩进行编写，第四、五、六、七章由周云进行编写，全书由周云、曾誉倩统稿。在编写过程中，家人与同事给予了很大帮助，部分案例由合作企业提供，在此深表感谢。本书编写过程中参考了大量教科书、专著、期刊和网络资源等，在此向其作者表示感谢。参考文献尽可能一一列出，如有遗漏，敬请谅解。

由于作者学识水平有限，书中难免存在不足之处，恳请各位专家、学者和读者批评指正。

编　者

2022 年 5 月

目 录

绪言　我国物流业发展趋势及项目背景

一、我国物流业发展趋势

中国物流业发展迅猛，2013 年中国物流与采购联合会、中国物流信息中心开始在每月 5 日对外发布我国物流业景气指数（LPI）。该指数主要依据物流业务总量、新订单、从业人员、库存周转次数、设备利用率、平均库存量、资金周转率、主营业务成本、主营业务利润、物流服务价格、固定资产投资完成额、业务活动预期等分成 12 个分项指数和 1 个合成指数。其中合成指数由业务总量、新订单、从业人员、库存周转次数、设备利用率 5 项指数加权合成，称为中国物流业景气指数，英文缩写为 LPI。物流业景气指数 LPI 反映物流业经济发展的总体变化情况，以 50%作为经济强弱的分界点，高于 50%，反映物流业经济扩张；低于 50%，则反映物流业经济收缩。

协会最新发布，2021 年 12 月我国物流业景气指数为 52.6%（见图 0-1），仓储指数为 51.6%（见图 0-2），较上月回落 2.5 个百分点。中国物流与采购联合会：12 月份物流业景气指数较上月小幅回落，但仍呈扩张态势。分行业看，铁路运输业、快递快运业指数保持在高景气区间，道路运输业、仓储业、水上运输业和装卸搬运、其他运输服务业运行平稳。

从后期走势看，新订单指数和业务活动预期指数分别为 51.6%和 53.4%，反映企业对后期市场预期总体较好，重点关注未来物流需求和从业人员变化情况。

2021 年我国消费市场环境不断革新。新零售模式的出现，促使我国物流业发生巨变，使我国物流业从粗放式增长转变为集约式增长，传统业务不断升级，从而匹配现代物流发展。传统物流中仓储以存储为主、流通加工为辅，而随着国内供应链的快速发展，第一方乃止第三方物流对零库存概念深入人心，除特殊物资长期存储外，库存在不断压缩。制造企业海尔

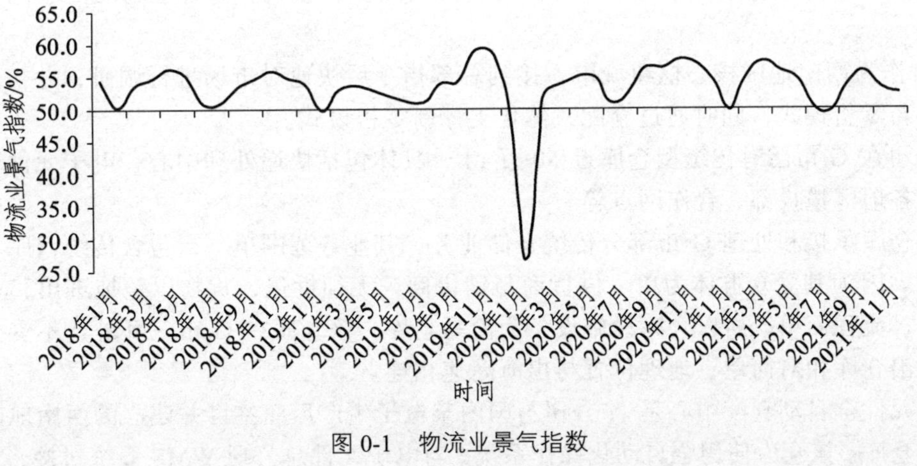

图 0-1　物流业景气指数

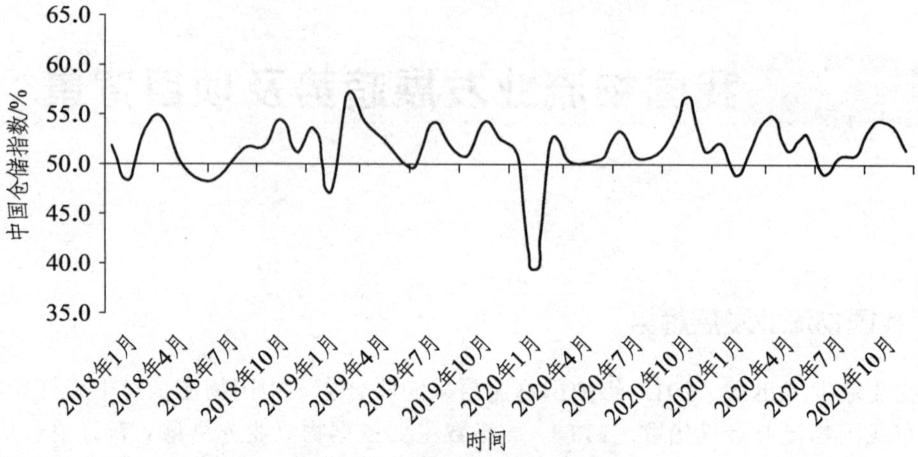

图 0-2　中国仓储指数走势图

推出物流服务日日顺，电商企业京东建立亚洲一号仓库，拼多多与极兔快递联手迅速站稳脚跟，阿里巴巴通过入股三通一达，建立菜鸟网络。新零售模式不断与物流企业强强联手，仓配一体化是仓储未来发展趋势之一。

二、项目背景

A 公司为国有控股，是目前国内最大的第三方物流公司之一，位列世界 500 强，在世界物流企业中排名前 10。其业务范围涵盖第一至第四方物流，其传统物流业务因在国内物流网络覆盖面广，而无人撼动。因近年国内新零售模式异军突起，发展势头迅猛，引发传统供应链管理模式和物流运输革新，且生产制造企业、销售企业等行业内部竞争激烈，促使物流企业需要不断升级产业服务，以满足市场需求。

随着物流企业之间竞争的日益激烈，科技创新以及管理创新促使 A 公司在仓配领域开疆辟土。A 公司高管通过市场分析和发展趋势研判，未来仓储与配送将根据行业发展逐步形成仓配一体化，且需要借助新零售平台的供应链流量管理，才能支撑和运作仓配。与此同时，“云仓模式”将逐步成为行业主流。所以 A 公司基于市场发展趋势和国企担当，响应国家相关地区振兴政策，急需在各大城市建立以地区为特点的新零售模式，并建立与之配套的仓配一体化节点。

G 市作为西南地区核心枢纽城市，接到总部指令后快速对市场进行调研，并初步建立地方特色的新零售模式，同时通过仓配一体化支撑新零售模式。

A 公司在 G 市已有传统型仓库近 50 万 m^2，具体包括快递处理中心、电子元件全自动仓配中心、各地区揽投部、合作网点等。

传统仓库承接和处理 G 市部分传统仓储业务，其业务范围单一，包含传统入库、在库、出库处理。因为其受众群体为单一供货商与销售商，无须拆包，货物以整拖进出，业务范围相对单一，流程简单，所以仓库设施设备为简易仓库。该仓库在 G 市三环外，不受交通限行限制，进出仓库相对简单，地理位置与出海高速相连。

电子元件全自动仓配中心是 A 公司与国内某电子生产厂商签订并建立的西南地区原材料供应一级仓库。该仓库使用全自动化操作系统，与电子元件总公司 WMS 系统对接，实现全程供应链自动化管理，实施监控原材料进出库情况。库区内分为整拖货物自动化管理，该区域货物为整拖进出，无须拆拖，故采取全自动立库进行管理，与货车实现无缝对接，以大大降低成本，提高效率。零散部件由全自动机器人实现货到人拣选系统进行管理，从而提高仓配一体化的同时大大降低成本，提高效率。

快递配送中心，是A公司在G市的重要分拣中心，承接该市区所有快递分拣业务，使用全自动化快递处理系统。

基于A公司总部下达的新零售模式，G市分公司通过市场调研，将该市主要特色产品进行推广，建立新零售平台“A品选购”。由于产品特色鲜明，商品在当地乃至西南地区都有一定的群众基础，所以该平台一经推出，就受到该地区，乃至周边城市一致好评，且销量逐年攀升，在区域范围内形成了一定的影响力。与此同时，因为其销量较好且受到政府重视，该平台被大力推广。但是在销量攀升的同时，投诉也日益增长，主要集中于物流环节落后。因为该平台以特色产品为主推，部分产品对于快递时限要求较高，但是G市分公司仓配系统还停留在传统仓储阶段，配送与仓储割裂，没有建立仓配一体化概念。且传统仓库因为地理位置较偏僻不能满足平台产品多样化仓配一体化配送需求，故G市分公司将继续建立仓配一体化仓库，以满足平台物流需求。

项目一 流程化管理

目前 A 公司在 G 市的仓储管理人员仅 50 余人，且多数是传统仓储工作人员，其现代物流管理知识及技能缺乏，故出于“A 品选购”平台配套仓储与配送建设的需求，急需要招聘高技能物流人才，进入项目团队，建设满足平台需求的仓储与配送中心。出于项目建设进程的设计与考量，A 公司第一道应聘题目即为设计该项目建设流程和仓储作业初步流程规划。作为应聘者之一，你该如何设计流程？

学习目标

【知识目标】

理解流程的基本概念、分类、层级；

掌握流程管理的含义、目标和层级关系；

掌握流程设计的一般步骤。

【技能目标】

能够独立设计流程；

能够准确对流程设计进行诊断和改进。

【素质目标】

建立事务关联逻辑思维能力；

培养基本运筹管理思想。

任务一 流程

一、流程的定义

流程的定义容易与计算机软件中“程序”一词混淆，其原因是计算机程序是满足于人们某种需求化的工具，是为了某种目的而制定的系统过程，常使用某种特定设计语言编写。如 C++语言等完成编写后，能够识别和执行用户指令，将指令运行于计算机上，满足人们某种需求或目的。所以程序的整个运行体现行为逻辑前后的关联性，注重整体运行逻辑。日常生活中其语言编写的复杂性常被人们所忽略，用于形容生活和工作中的步骤，体现某一任务或工作中若干子项目的前后顺序。其重点是关注任务间的先后次序，注重逻辑关联从而忽略其任务的主要执行者以及时间节点。

流程不仅体现了子项目或子任务间各自的关联性，还体现了任务的执行者、时间节点，从而将程序任务展现为更具体的流程化任务（见图 1-1）。流程化设计任务，能够更为精确地体现任务执行者、时间节点，从而细化任务间的责任，以及任务间内在逻辑关系。将任务执行者以及时间节点汇入仓配管理，甘特图就是最好的呈现（见图 1-2）。

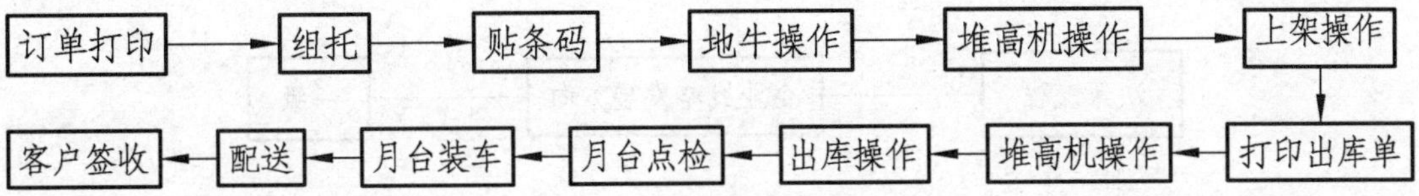

图 1-1　仓配程序图

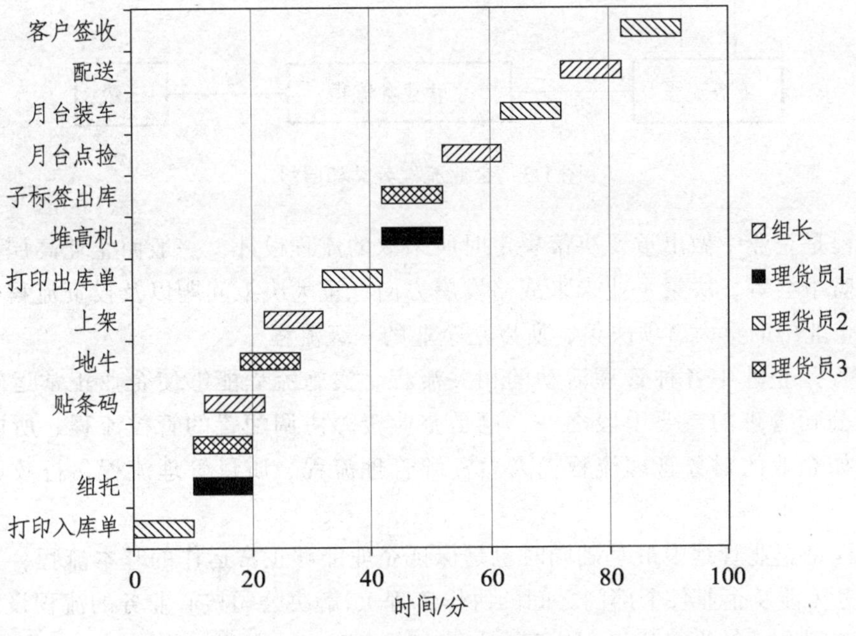

图 1-2　仓配流程图（甘特图）

对比图 1-1 和图 1-2 可以清晰看出，图 1-1 注重仓配程序中无数子任务的先后顺序，强调仓配过程的前后逻辑关系，图 1-2 不仅强调仓配流程设计中的先后顺序，还通过横纵轴全方位展示了仓配流程中各个工作人员的岗位任务以及时间节点，同时更为细致地展现了整体工作进程，方便管理者从中看出流程工作的逻辑关联，同时对后期工作任务总结提供重要依据。

所有只有通过流程图，才能将若干复杂的工作任务细化，同时能够快速体现工作任务的整体逻辑关系，以及责任人之间的相互关联，并清楚明了地体现出来。

通过以上分析，本书将流程定义为：为特定的服务对象或特定的市场提供特定的产品或服务所精心设计的一系列活动。

二、流程的分类和层级

在现代企业管理中流程使用范围广泛，可以分为决策流程、管理流程、业务流程 3 大类（见图 1-3）。

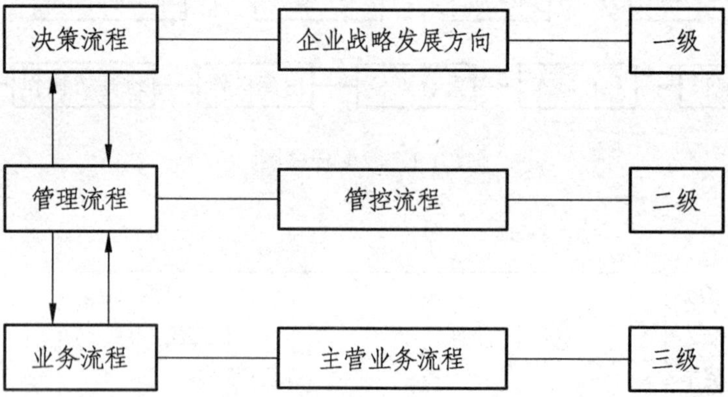

图 1-3　企业流程分类和层级

决策流程是企业中做出重要决策决定时所采取的流程设计，一般由企业高层参与，如股东、董事、监事会等，决策企业未来战略发展方向、重大决策问题以及投资流程等。其核心要义是做出企业中的重大事项决策，所以是企业的一级流程。

管理流程是企业中各种管理活动的相关流程，实施流程能够使企业正常运转，是企业管理层进行公司管理的重要手段之一，也是企业资源协调配置的管控流程，所以是企业的二级流程，如企业的财务管理流程、人力资源管理流程、质量管理流程、行政后勤管理流程等。

业务流程是企业管理中最基础同时也是保证企业能够正常运作的基本流程，主要是根据企业核心业务（涉及企业各个部门之间的协作流程），解决公司核心业务的流程设计，所以是企业的三级流程，一般为岗位级别流程，如市场调研流程、销售工作流程、生产制造流程、产品开发流程、仓储与配送业务流程，其特点是涉及公司核心业务。

一个企业能够正常运作，这 3 大流程缺一不可，3 大流程之间相互作用保证企业正常运作与发展。

流程的分类和层级不仅体现企业管理的基本流程，还体现企业中事务处理的逻辑性和效率。图 1-4 是某企业人事管理流程图，图中清晰展现了企业中人事考勤流程、人事管理流程以及流程前后的逻辑性。

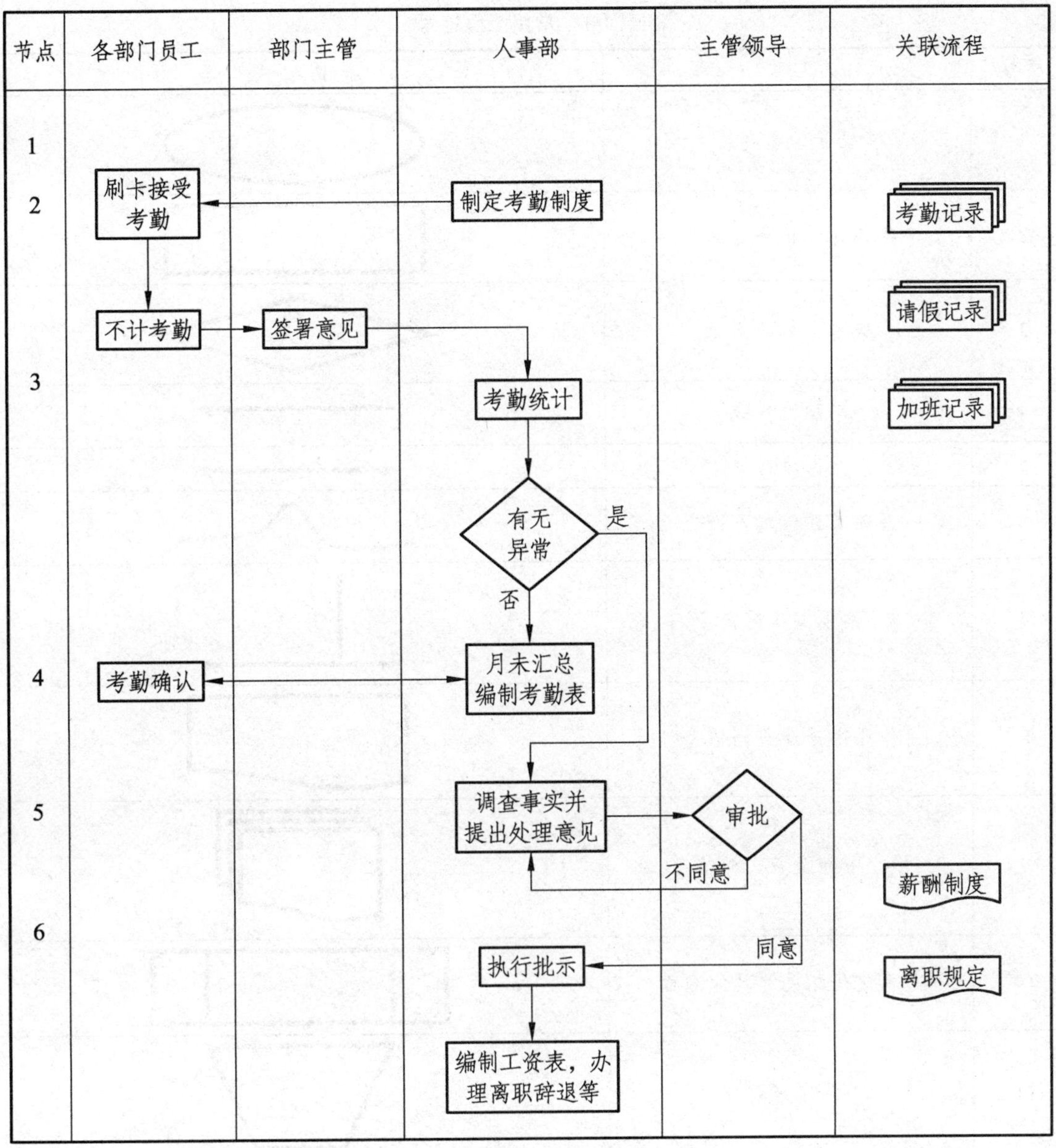

图 1-4　某企业人事管理流程

三、流程常用符号

在流程设计过程中，因为对于不同流程的处理方式、接收部门以及涉及相关文件都有所不同，如果使用相同的符号，且仅凭其中的文字去说明流程，会大大降低流程使用的通俗性及使用效率。所以为了使流程能够通俗易懂，方便使用，使用不同的形状来表示进程，美国国家标准学会（ANSI）规定了流程设计中绘制流程图的标准符号。常用的标准符号如表 1-1 所示。

表 1-1 常用流程符号

序号	名称	图　示
1	流程开始或者结束	
2	具体作业任务或工作	
3	决策，判断审批	
4	单项流程线	
5	双向流程线	
6	两项工作跨越不相交	
7	两项工作链接	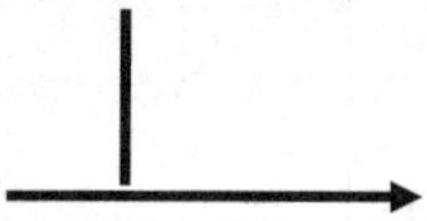
8	作业中涉及文档信息	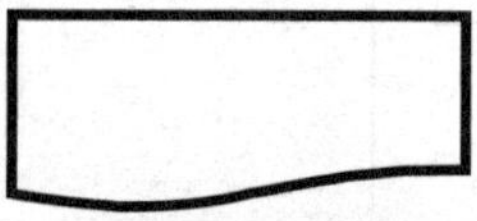
9	作业中涉及多文档信息	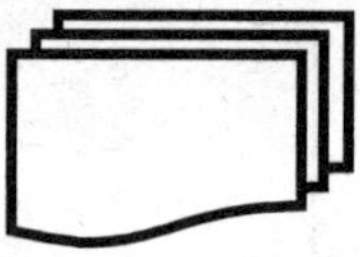
10	与本流程相关的其他流程	
11	信息来源	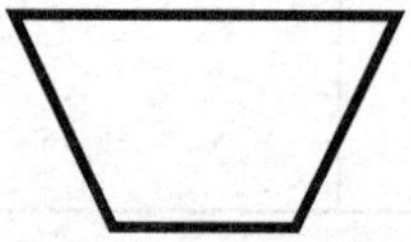
12	信息储存与输出	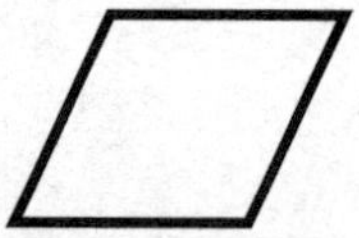

流程设计图示并不只有表格中的 12 种图形，但因绘制流程图形越简单明了，对于流程图的作用越明显，操作越容易，以体现流程图的真正作用，所以一般情况下以上 12 种图示基本能够满足绘制流程图所需。

四、流程的表现形式

根据流程的分类、层级、结构以及其主要表现内容和关联因素，流程主要有 4 种展现形式：箭头式、业务流程式、矩阵式和泳道式。

（一）箭头式流程图

箭头式流程图简单直接，一目了然，一般有任务主线，任务逻辑相对简单，适用于企业员工熟悉流程中各项作业的概况或者简单主线逻辑的流程设计，如入库流程图（见图 1-5）、出库流程图等。

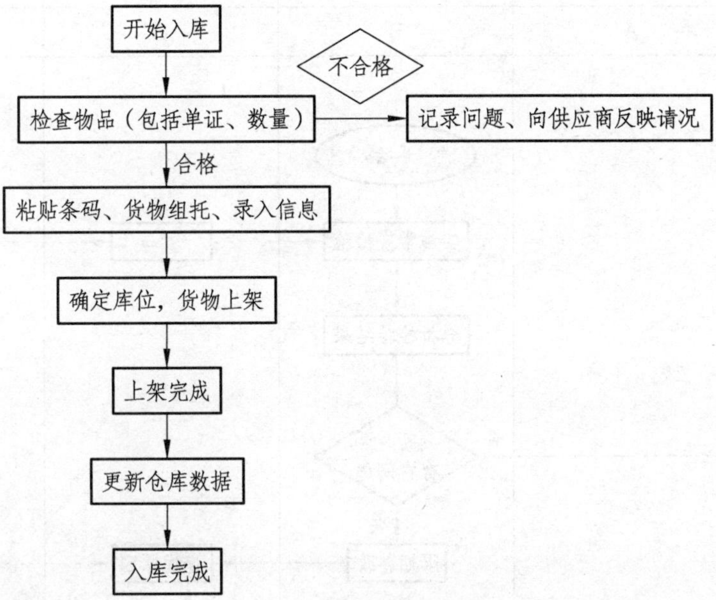

图 1-5　仓库入库流程图

（二）业务流程式流程图

在业务流程中，需要明确流程的上下执行主体、活动内容要求及指令，并且将要求和指令用统一语言表达出来，流程主要活动的承担者之间必须是平等与协作、相互尊重与理解的关系，适合部门之间简单协作，且业务逻辑相对清楚的单线流程设计，如项目预算（见图 1-6）。

项目执行流程 **任务流程图**				
日期	部门1	部门2	部门3	备注
2021/7/12	项目预算			[备注]
2021/7/13		项目执行		[备注]
2021/7/14			项目总结	[备注]

图 1-6　项目预算流程图

（三）矩阵式流程图

矩阵式流程图有纵横两个方向坐标，既解决了先做什么，后做什么的问题，又明确了各项工作的具体责任人，适合多部门复杂逻辑，且前后关联较大的双向逻辑设计（见图 1-7）。

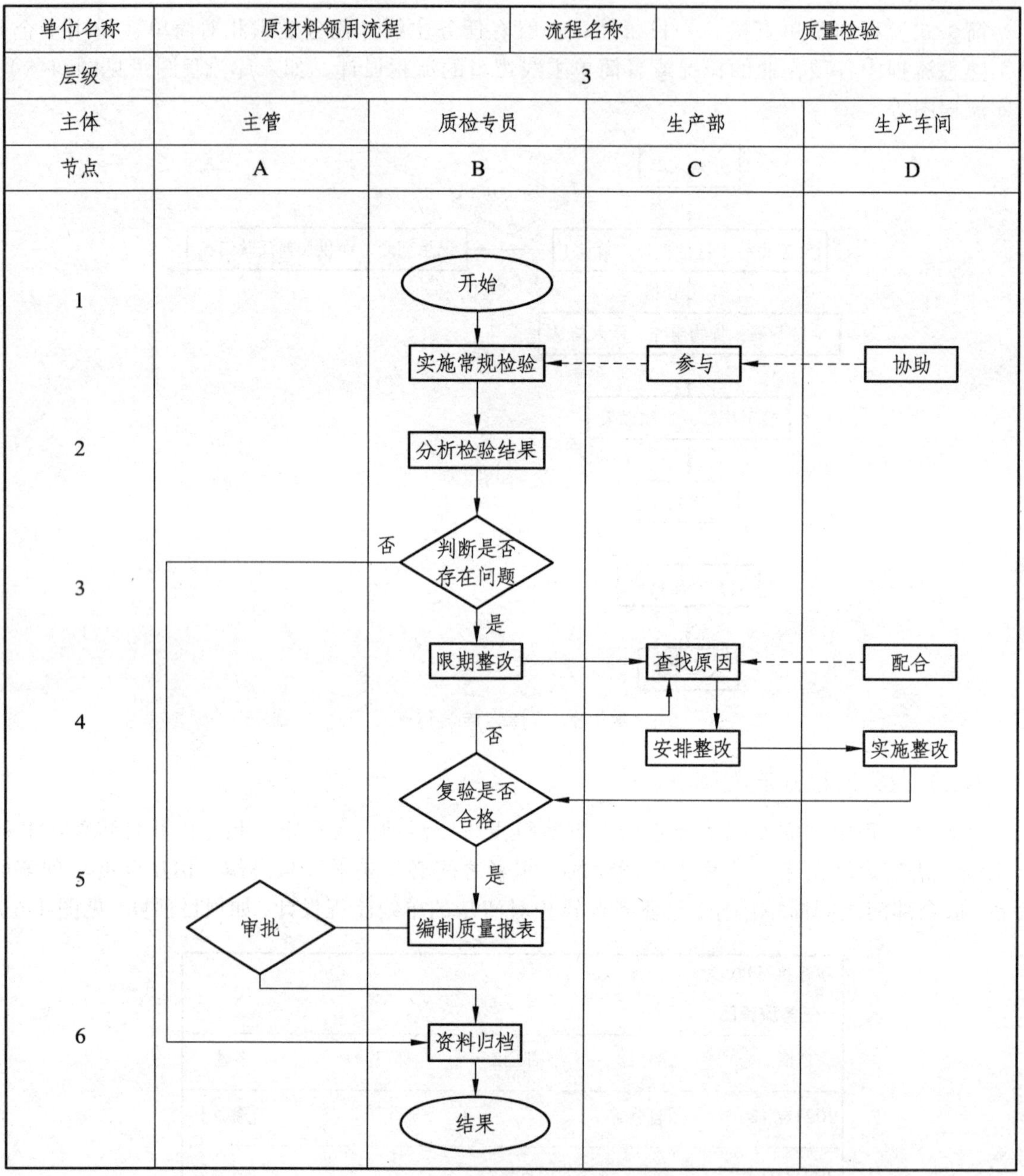

图 1-7　商品检验矩阵流程图

（四）泳道式流程图

泳道式流程图与矩阵式流程图类似，也是通过横纵坐标共同设计流程图，但是与其他流程图最大的不同是通过类似泳道的排列区分执行主体（见图 1-8）。

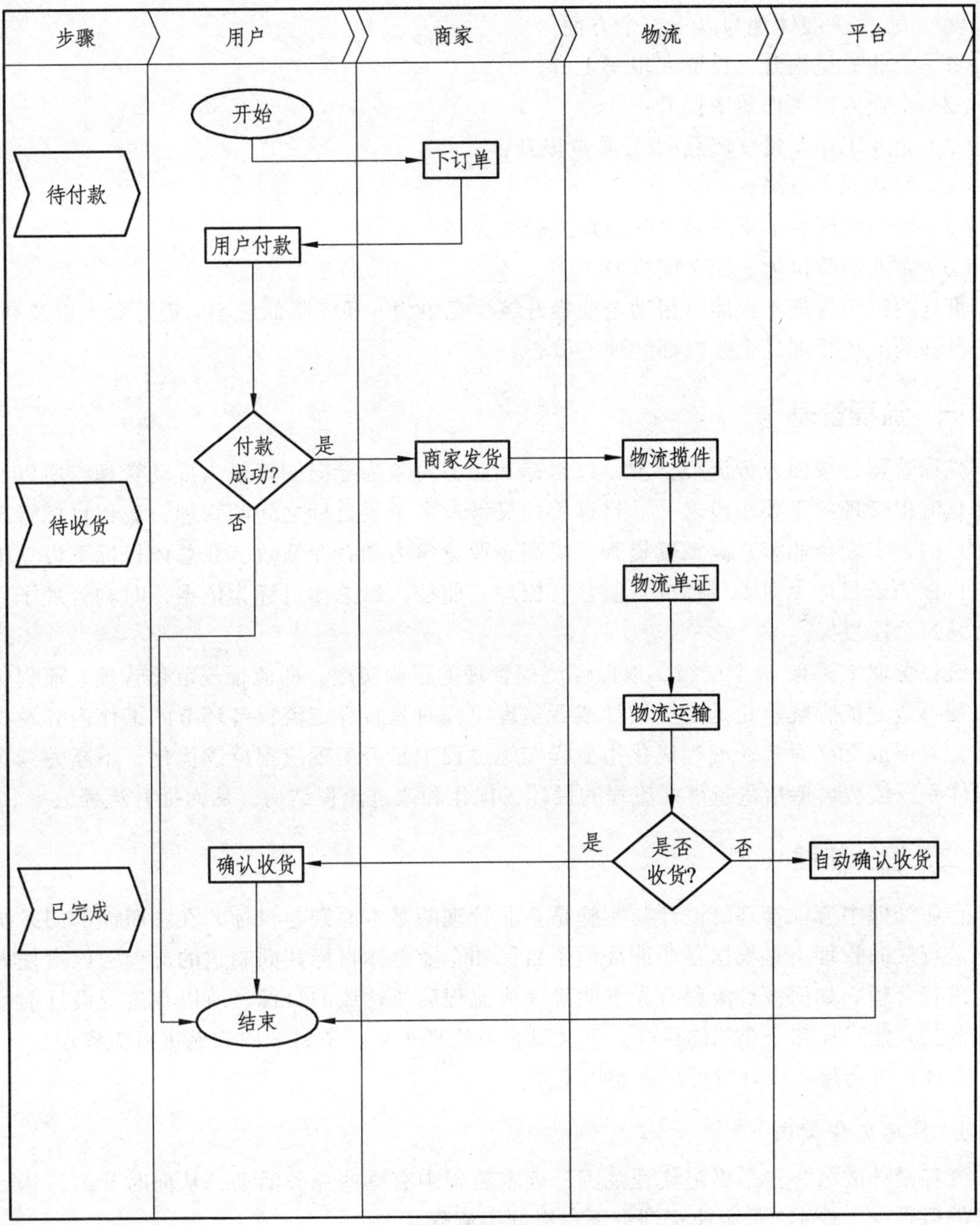

图 1-8　网络发货流程图

任务二　流程管理

标准化的流程管理能够优化和提升企业运作效率，使企业内部运作流畅，帮助企业优化和提高企业内部的各级流程。物流管理的初衷是降低成本，提升效率。有效的流程管理能够快速帮助企业实现效率提升。企业管理中优质的物流流程管理的核心要义是“是否能够为企业实现增值”，一般体现为以下 6 个方面：

（1）企业效益提升，投资回报率上升；

（2）企业内部工作效率提升；

（3）企业工作质量、产品/服务质量提升；

（4）经营成本下降；

（5）部门之间、上下层级之间协调适配度提高；

（6）企业品牌价值、知名度提升。

良好的流程管理不仅能够帮助企业提升综合竞争力，还能降低成本，提升效率以及利润，可见良好的流程管理是企业内部管理的核心。

一、流程管理

流程管理是按照业务流程标准，以目标和服务对象为导向的责任人推动管理，所以目标管理是流程管理的重要手段之一。目标管理又涉及多个子目标之间的管理，流程目标管理的最终目的是实现企业客户满意度提升，提高企业竞争力和企业绩效，在总体目标下设立围绕总体目标的子目标，对子目标进行监督、梳理、监控，以总体目标为依据，时刻管理子目标是否满足总体目标。

流程管理中还有 3 个层级，以保证流程管理的正确实施，即流程规范化管理、流程优化和流程再造。流程规范化是企业设计或者整理流程时是否界定流程各环节的工作内容及相互关系，以形成无缝对接；流程优化指流程实施过程中是否实现流程持续优化，不断完善企业流程体系；流程再造指重新审视流程的设计，优化和改进流程结构，从而提升流程效率。

二、设计流程

企业管理中流程管理的设计与实施是企业管理的基本原则与目标，在各职能部门系统授权下进行横向管理，是根据各职能部门子目标和企业总体目标共同制定的流程，以责任人推动式进行管理。如何设计流程首先需明确完成流程后所达成的目标，所以在流程设计前须明确各部门职能目标和企业总体目标。下文以企业管理中生产资料领取为例进行流程设计。

企业在进行流程设计时可以遵循以下 7 步。

1. 界定流程范围

流程设计的第一步是界定流程范围，确定流程中有哪些业务活动，从何时开始，达到什么目的后终止。表 1-2 是企业管理中原材料领用流程。

表 1-2　原材料领用流程

流程名称	原材料领用		
流程部门责任人	仓库、采购、主管	流程对应户	生产部门
本流程主要活动	原材料领用与采购		
流程开始	生产需要	流程结束	满足生产需要
流程输入	已经报批的原材料领用计划	流程输出	原材料领出
流程将要达到的目的	给生产线提供原材料，满足生产需求		

从表 1-2 可以看出，原材料领用流程主要涉及生产部、仓库和采购部，其目的是满足生产线的生产需求。

2. 确定主要步骤

流程设计人员确定流程活动的主要范围后，需要根据实际情况设计流程活动的主要步骤。操作方法如下：

（1）广泛收集流程相关的信息数据。

（2）理顺工作过程，确定过程中每个步骤、环节和项目。

（3）分析和确定每个步骤之间的相互逻辑关系。

（4）理清每个步骤、环节和项目之间的顺序。

以原材料领用为例，其主要步骤为：生产部门提出生产资料缺乏，生产部门主管签署意见，仓库部主管签署意见，原材料仓库主管核查库存，原材料领用等。

3. 步骤详细说明（见表 1-3）

针对每个阶段进行详细说明，需要完成以下几个步骤：

（1）分析每一步骤，对每一步骤具体实施给出相应说明。

（2）明确每个步骤是否达到客户需求。

（3）确定每个步骤涉及部门、人员，明确其责任和权限。

（4）确定每个步骤之间的逻辑关系是否正确。

表 1-3　步骤详细说明

部门	步骤权利、责任	步骤说明
生产	生产部门提出原材料领用申请	生产部门根据生产计划以及生产进度所需向上级主管部门提出原材料领用计划
主管	部门主管审核	部门主管根据生产部门所提出的原材料领用计划，按照公司章程以及原材料管理相关章程进行审核
仓库	仓库部门接收申请	仓库部门接收申请后核查库存
采购	采购部门	库存匮乏时采购部门申请进行采购

4. 选择流程形式

根据前两个步骤基本确定原材料采购涉及多个部门协作，且相对复杂，箭头式和业务流程式不能清楚展现流程的逻辑关系和前后责权划分，而泳道式适合单部门直线逻辑流程图，所以综合考虑以上两个因素后，确定使用矩阵式流程设计原材料领用（见图 1-9）。

5. 绘制草图

绘制初步草图的绘制工具一般有 Vision 和 Word。绘制时可以根据自身熟练程度和使用情况以及自身习惯选择适合的方式。两者的优缺点如表 1-4 所示。

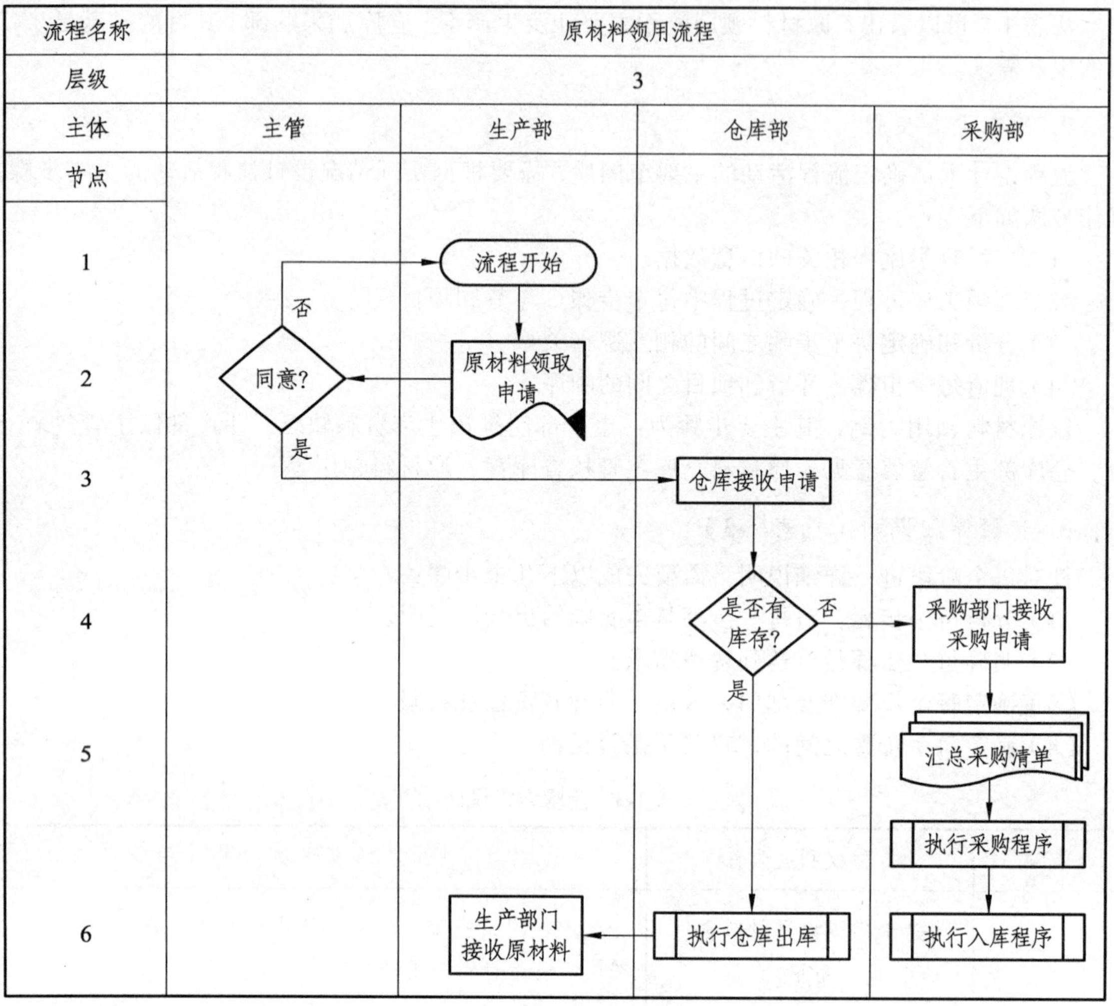

图 1-9　原材料领用流程图

表 1-4　绘图工具的比较

工具	优缺点
Word	普及率高，兼容性良好，可直接使用
	方便排版，打印，流程文件的印制
	绘制的图片清晰，文件量小，容易复制到移动存储器中，容易作为电子邮件进行收发
	比较费时，绘制时难度较大
	与其他应用软件相比，绘图功能欠缺，基本符号库不够全面
Vision	专业的绘图软件，附带相关的建模符号
	绘图相对容易，通过拖拽预定义的图形符号容易组合图表
	可以根据自行设计流程，自行定义
	能绘制一些组织复杂、业务繁杂的流程图，也可以自行设计各种矢量图

6. 流程意见反馈

流程图绘制完成后需要通过意见征询、试运行等方式获得相关的意见和建议，发现不足和纰漏，以便对其做出进一步的修改和完善直至最终定稿。针对初步绘制流程图，设计人员可以通过流程讲解、一定范围内的试行、听取管理人员的意见等多种方式对流程进行分析，以获得意见反馈。

7. 修正

通过上述方式进行流程设计之后，流程设计人员应综合分析征询意见，试运行后广泛收集流程参与部门的修改意见，汇总修改意见后再对流程图进行修改和完善。最后提交主管领导审核之后，或者是在董事会审议通过之后就可以公示并且执行。

三、流程发布，实施与检查

（一）流程的确定与发布

流程设计人员在经过试运行修改流程，将终稿提交企业领导审核签字后，以公开发布或者其他适合企业管理的方式向全体员工公示，以便员工知晓并遵照执行。

流程的发布不能短时间内快速提升企业管理的效率，且流程的真正落地实施需要企业各职能部门接纳与实施，所以良好的流程管理和相匹配的流程实施氛围尤为关键。所以企业在流程实施初期需要建立匹配流程实施的环境与氛围，彻底改变过去的习惯与做法，建立能够快速适应新流程的企业文化，从而实现流程的基本目标，实现流程价值增值和效率的最大化，为企业经济效益提高作出最大贡献。

在实施流程管理的发布过程中，企业领导和流程相关部门需要对流程有深刻认知，因而企业内部需要从上至下加强培训，提高企业内部对流程的认知，由企业管理人员逐级推动流程的实施，促使企业员工与管理人员共同认识流程的意义、实现流程的目标，自上而下地推动流程的实施与再造。

（二）定期检查

流程确定发布后需要定期检查以确保流程实施的效果，保证流程最终目标的实现。在流程检查中首先要确保和控制检查的成本投入，否则既浪费资源，又不能创造价值，并且容易适得其反。

流程设计与实施的初衷是方便企业管理，在检查过程中应保证既不影响其正常实施效果又要检查其实施目的是否达到，所以在检查中一般采取“流程重点选取检查”，主要检查流程实施与实际执行情况是否匹配，流程各关键点和控制点是否匹配。对于成熟度较高（流程接受程度较好，输出效果稳定）、人员能力较强的流程，企业可以适当降低检查投入；对于成熟度较低（流程接受程度较差，输出效果不稳定）的流程，企业可以适当加强流程检查力度，增加检查控制点，以稳定流程绩效。

流程检查步骤一般包括以下 3 个阶段：

1. 流程检查规划

（1）明确流程检查的目的；

（2）明确流程检查节点；
（3）分析、筛查流程检查重点；
（4）确定流程中检查的方法与标准；
（5）编织检查工作计划，自制检查表。

2. 流程检查与实施

（1）与流程实施部门沟通，确定流程目标与计划；
（2）实施检查并精准记录；
（3）汇总并分析检查结果。

3. 流程问题改进与跟进

（1）与流程检查部门沟通分析原因；
（2）判断流程设计是否有问题；
（3）无问题，实施优化；
（4）有问题，制定相关问题改进措施，执行后再次评估检查。

（三）评估与改进

流程检查完成后如何判断其是否有问题，需要借助流程绩效评估。绩效评估是企业管理的重要量变体现，企业根据流程绩效评估判断其是否合格。流程绩效评估的标准及方法如下：

1. 流程实施绩效目标达成情况

对比流程实施后绩效与流程绩效目标之间的差别，分析差距产生的原因并加以改进。可以根据实际流程实施中的具体量值进行对比，如流程实施后的产量、产值等。

2. 内部流程绩效排名情况

企业内部可以横向比较，适用于不同地区业务流程比较，通过流程实施效果如投入产出比率进行衡量。

3. 外部同类竞争对比情况

与同行业主要竞争对手的流程绩效进行对比，以了解企业在该方面的市场表现。

4. 流程绩效稳定性

对流程绩效评估结果的稳定性进行分析，确认流程是否处于受控状态。

5. 流程客户满意度评估

部分流程的绩效管理与客户或市场相关联，所以可以通过运作良好的客户沟通平台或市场信息管理平台进行评估，将平台的记录和相关数据分析作为绩效评估的重要依据。

四、流程执行章程设计

完成流程的设计后可以理清事务的前后关系以及流程的前后逻辑，流程的设计完成能够在宏观层面将事务整体呈现出来，方便管理者对事务事项的宏观把控。但是对于微观细节的处理，流程不能清楚展现。如在仓储入库作业流程中，入库作业应该依据哪些操作规范，流程中不能清晰体现，所以需要配套制度和方案设计进行详细阐述。

（一）配套制度设计

制度规范是现代企业管理的基本标尺之一，是企业进行规范化管理的基础。只有不断推进规范化，企业才能不断壮大。物流管理中各个环节环环相扣，如入库管理中，入库信息录入错误将会造成后续在库管理、出库管理的一系列错误，所以配套制度的完善不仅在宏观上方便管理者进行把控，也是降低物流成本的重要途径之一。2021 年 1 月 8 日中国物流与采购联合会，全国物流标准化技术委员会颁布最新《物流标准目录手册》。该手册自 2011 年开始向社会发布，并每年进行更新。手册主要是为了客观反映物流标准化的现状，有效地发挥现有标准在行业中的引导和规范作用，对涉及物流各行业制定的配套制度操作规范有一定的指导作用。

配套制定的制度一般遵循以下 7 个步骤。

1. 确定问题与目标

确定流程完成的目标，并且根据企业正常运行中可能出现的问题及其危害，将其控制在一定范围内，避免不必要的损失。

2. 确定定位

明确制定制度的立足点，如战略、企业管理、部门管理、业务管理等。

3. 实地调研

以实际情况为出发点，调研制度实施流程运作所涉及的部门，理解实操流程的内涵。

4. 统一规范

内容完整且合理的企业管理制度应该达到“三符合”“三规范”的要求。

【延伸阅读】

1. 三符合

符合企业管理者最初的理想状态；

符合科学的企业管理；

符合客观事物发展规律或规则。

2. 三规范

规范制度制定者：制度制定者需品行良好，具备基本公正、客观的分析能力，熟悉企业各部门的基本业务以及工作方法，具备良好的文字表达能力，准确理解国家相关法律法规，制度所参照资料能够全面、准确地反映企业真实的经营业务面貌，深刻理解制度制定、修改、废止等程序及审批权限。

规范制度内容：制度的内容需遵循法律法规，遵守基本公民民俗，确保制度真实、有效、内容完善，符合现代社会发展基本规律；制度形式美观，格式统一，内容简明扼要，易操作；制度语言简洁，条理逻辑清晰；制度能够很好地与相关制度衔接，逻辑性强。

规范制度实施过程：明确培训及实施过程，公示及管理，定期修订等内容；营造规范可执行环境，减少制度执行过程中可遇阻力；规范全体员工职责，工作行为及工作程序；制度的制定、执行及监督应分别由不同人员完成，监督并记录制度执行情况。

5. 制度起草

制度起草工作包括明确制度类别，在完成调研基础上规划并形成基本纲要，拟定条纹并形成草案，使制度格式标准化。

6. 制度定稿

制度起草后应进行试运行并广泛征求意见，及时发现不足和纰漏，进行修改与完善，最终定稿。

7. 公示

制度的拟定是保证企业正常运转的基本手段之一，企业应当适时向企业员工公示制度内容，以示制度生效。

（二）制度文本设计

制度的内容结构采用“一般规定—具体制度—附则”的模式。一个规范、完整的制度所需具备的内容包括制度名称、总则/通则、正文/分则、附则与落款、附件。在设计时应保证制度内容完整、合规、合法。

【思考题】如何制定寝室管理制度、卫生管理制度、班级管理制度？

（三）制度修订

企业发展过程中，企业制度应随社会发展而发展，否则会制约企业的发展，所以企业制度应适时调整，必要时应及时废止不再适合企业管理的制度，重修修订制度，从而满足企业的长期发展需求。企业制度修订与废止时间应该根据变化做出修正，企业外部制度修订应遵照国家最新发布或修订的相关法律法规适时做出修正，或根据市场外部环境变化与时俱进，变更或修正企业外部制度。企业内部制度应随企业内部发展变化，如企业业务流程、机构调整、内部岗位变化等，做出适时修正与变更。制度的修订包含以下 5 个步骤：

1. 评估

对现有制度的执行情况、与流程匹配程度、企业内外部环境进行综合评估，确定制度修订的必要性。

2. 申请

评估完成后，对不再适合企业发展的制度需要进行修订的，由制度执行部门提出申请，并说明修订的必要性。

3. 修订

修订申请通过后由相关部门进行意见收集、整理，确定制度修订的模式，并逐一进行制度修订。

4. 审定

修订后的制度交由相关部门深入讨论，通过试运行、评估、意见征询的多种方式对制度进行审定。

5. 执行

审定完成后的制度交由管理人员进行公示，告知员工正式执行，并撤销或收回旧制度。

（四）方案设计

方案是对流程设计的补充说明，对制度设计的逻辑阐述，对某一特定问题制定的微观规划，其特点是实操性强，逻辑清晰。方案的设计步骤一般包括以下 8 个方面：

（1）确定方案核心主题：确定方案实施后主要实现的效果，并且确定在一定范围内，主题清晰，重点突出。

（2）搜集相关资料：围绕主题搜集一切与主题相关的资料。

（3）调研内外部环境态势：全面了解涉及方案的内外部资料。

（4）整理分析资料：对现有资料进行充分分析，整理有用信息。

（5）提出主线逻辑或措施：厘清方案主线逻辑和具体措施，整理出方案主线流程。

（6）编制方案：根据方案主线逻辑或措施，细化具体执行步骤。

（7）制定方案实施细则：根据方案主线逻辑或措施，将具体任务分配给相关部门，并且按照进度表进行监控。

（8）制定检查、评估办法：对方案提出详细可行的检查办法、评估标准及成果巩固措施。

【思考题】设计仓库作业方案。

（五）文书与表单设计

1. 文书设计

公用文书和普通文书的主要作用都是信息交流，但是公用文书更注重通用性、可识别性，所以其特点是简明扼要。常见文书分为：① 通用类文书，如请示、批复、通知、决策等，由企业统一编写格式与编号；② 合同类文书，包括劳动合同、业务合同等；③ 会务类文书，包括会议记录、会议纪要、简报等；④ 社交类文书，包括介绍信、感谢信等；⑤ 法务类文书，包括申诉书、起诉书等；⑥ 事务类文书，包括企业计划、报告等。

文书的设计需遵循企业的文书格式、编写要求和编写规范，文字表述需规范、完整、准确，避免出现歧义，语言应简明精炼、言简意赅，主题应清晰明了。

2. 表单设计

表单主要分为文字表单、工具表单和数量表单 3 类。

文字表单是将文字信息按照要求整理成表单，说明某一事物，清晰展现事物的先后逻辑，主要以文字形式进行说明。

工具表单是企业员工常用表单，包含文字和数字，如报销常用的发票、收据，物流中常用的进出入库单、补货单等。

数量表单常以数据呈现，如企业利润统计柱状图、企业员工收入统计图等。

表单的编制内容应与标题相符，言简意赅，逻辑清晰。不同的表单在设计时应遵从其表单的核心要义，使表单呈现出清楚的逻辑理念，给人直观、简明的观感。

【**思考题**】设计自我时间管理表单。

五、流程的诊断与优化

流程发布与实施后并不是一成不变的。随着企业业务的发展与大环境的变化，一成不变的流程不能迎合企业软硬件发展需求，所以企业需要定期对现有流程进行诊断与优化。优化是基于诊断结果而进行的，是分析并针对流程中存在的问题而进行的有针对性的升级。

（一）流程诊断分析工作步骤

1. 流程实施信息收集

可以采取企业内部调查、部门沟通讨论会、座谈会等形式获取流程执行现状，找出流程建设、管理中的问题，了解流程执行实施中的问题。

2. 问题查找与分析

依据第一步获取的流程实施信息，通过 5Why 分析法、鱼骨图法、逻辑树等方法，清晰地阐述需要解决的问题，并且分析问题产生的根源。

3. 编制诊断报告

根据实际解决问题的过程，编制诊断报告，为后续流程优化提供基础依据。

【**延伸阅读**】

5 Why 分析法是指某一个流程进行诊断中需要针对不同问题所提出的并给予的对应答案：

为什么确定这样的工作内容；

为什么在这个时间点和这个地点做；

为什么由此人做；

为什么采取这样的方法；

为什么需要这么长时间。

（二）流程优化程序

完成流程诊断后需要有针对性地对流程进行优化，根据诊断报告，了解流程现状，根据企业最新管理目标制定与流程相适应的解决问题的方法。设定初步目标，确定关键流程，明确改进方向，制订详细优化的工作计划，组织实施，并完善解决方案。一般包含 3 个基础步骤：

流程现状分析：基于流程诊断报告；

流程优化目标：基于企业目前总体目标；

如何到达：流程优化的方法和途径。

【**延伸阅读**】**流程优化 ESIA 法**

企业流程优化可以从清楚、简化、整合和自动化 4 个方面入手，简称“ESIA 法”，它可以帮助企业减少流程中的非增值活动和调整核心增值活动。

1. 清除

清除是对诊断流程中的部分活动环节是必要还是非必要做出判断，做出判断的最重要的依据是此环节在活动中是否有存在意义，其活动结果是否是流程中必须存在的，并且会直接影响流程结果，清除此环节是否可以降低成本、提高效率，清除是否势在必行?

物流管理中最重要的是提高效率、降低成本，如果流程中出现某些不必要环节，会增加物流管理的成本，如仓储信息重复录入、出入库活动等待时间较长、不必要的跨部门协调等，所以某些不必要的活动即可清除。

2. 简化

简化是指在尽可能清除非必要的增值环节后，对活动进一步进行简化。一般包含以下几种形式：如电子化出入库表单、简化流程的步骤、使用信息化技术、提高员工信息处理能力等。

3. 整合

整合是对分解的流程进行整合，使流程运作顺畅、连贯，以更好地满足企业管理的需求。一是活动整合，将活动进行整合授权一个人完成，从而减少流程活动出错率，缩短工作时间。二是团队整合，形成个案团队或项目管理。三是供应商整合，减少企业和供应商之间不必要的手续，建立合作伙伴关系，整合双方流程。四是客户整合，也就是整合与客户相关的流程，建立良好的合作关系，整合企业和客户的各种关系。

4. 自动化

通过流程的清除、简化和整合，整个流程实现自动化，其中包含数据采集与传输自动化，减少反复的数据采集，并且实现数据分析自动化，通过软件对数据进行分析，提高信息利用率，从而减少管理成本。

【项目作业】

1. 完成项目建设流程的设计。
2. 初步规划仓配一体化流程设计。

项目二　仓储与配送

项目建设流程设计完成后得到 A 公司高层一致认可。A 公司认定你是该项目的主要设计者，且需要你对项目业务流程进行确定与规划，所以要求你对仓储与配送作业和经营模式有充分的认知。公司一致认为项目建设需要对基础仓储业务与配送业务有基础认识和认知后才能清楚规划 A 品选购的业务链条，所以需要你完成一份关于仓储与配送基础知识认知的论文；针对 A 品选购平台特色，设计合适的业务范围，并对未来发展趋势进行研判。

学习目标

【知识目标】

理解仓储、配送的基本概念；

理解仓储管理、配送管理的概念，仓储、配送的分类；

掌握仓储与配送的基本功能。

【技能目标】

清楚认知仓配的基本功能，研判物流发展趋势，对现代仓储与配送的基本内涵有清晰的认知。

【素质目标】

清楚认知仓配发展的基本历程，研判未来发展趋势。

任务一　仓储

一、认识仓储

仓储作为现代社会发展中最重要的基础设施，在现代物流管理中扮演着重要角色。无论是以家庭为单位的储存，还是国家层面的战略储备，抑或是承担国际贸易重要中转作用的港口，码头的中转仓储，都要通过长途物流运输，通过仓储中转、衔接。因而，世界物资大流动不仅促进国际贸易的高速发展，也在一定程度上推动工业化进程。

在工业发展初期，生产相对落后，物流相对落后，产成品流通欠缺，需要进行储存，仓储管理应运而生。在第二次世界大战初期，美国需要制造大量军事物资供应战争需求，因此制造业需求增长，原材料储存与供给需要更为专业的管理，军事后勤物资管理应运而生，“物流”的概念初现雏形。在第二次世界大战中，美国及其盟友的供应链中，仓储已经逐渐成为一项重要的战略职能。

二、我国仓储的起源及发展

自古以来，我国常用成语以及术语中有许多凝结物流仓储管理的理念，如朝发夕至取自北魏郦道元的《水经注 注水》：或王命急宣，有朝发白帝，暮到江陵。古时候因交通工具不发达，速度受到限制，但是“时效性”仍旧从简单四字中清楚体现，显现出我国古代对物流运输速度的重视。

丝丝入扣，推陈出新分别引自清代夏敬渠的《野叟曝言》，宋朝费衮《梁溪漫志 张文潜粥记》，本义形容丝线需要从筘齿中穿过，陈年粮食需要被新粮更换，体现出仓储管理对号入库、先进先出的基本思想。由此可见，在我国古代，物流基本管理思想已经深入日常生活。

我国早在先秦时期就形成重储理论和思想，先秦诸子将仓储问题政治化，将仓储同国力、权利及社稷安危联系在一起，作为国家的战略进行施策，并且将其升华为国家、社稷、民生乃至治国之策。荀子在《富国篇》中提到“足国之道，节用裕民，而善臧其余”，春秋时期齐国宰相管子的名言“仓廪实而知礼节”明确表达了一个国家的安稳和社会的和谐需要物质基础。“积储备荒”论、“积储备战”论等理论从各个角度论证了重储思想。战国时期，重储思想得到全面升级，李悝在魏国所行的平籴，也称常平仓。西汉时期，相关管理制度得到全面完善。常平仓的作用是不仅存储粮食，也在粮食市场中控制和调节粮食市场价格，储备粮食以备粮荒期间官民所需。在市场粮食价格低迷时期，适当提高粮价进行大量收购，在中央朝廷粮仓储备粮食，并且带动地方政府仓廪充盈。在市场粮价高昂时期，适当降价出售。这一系列措施不仅稳定市场粮食流通，避免了“谷贱伤农”，防止了“谷贵伤民”，也对平抑粮食市场和巩固封建政权起到了积极作用。可见，常平仓在一定程度上匹配了市场需求，稳定了市场经济。

近代，毛主席在《做革命的促进派》中提到以丰补歉，很有必要。以丰补歉可以充分体现一个国家粮食仓储管理的基本思想，在丰收时储备粮食以应对国家的不时之需。由此可见，仓储在历史发展的长河中有着举足轻重的作用。

现代物流发展从粗放式向集约化发展，重视智能化、自动化。20 世纪后期，计算机的出现改变了传统仓储与配送作业模式，大数据概念的提出使仓储管理的效率大幅度提升，物流成本逐年下降，现代物流发生了翻天覆地的变化。世界贸易因为物流业的发展而迅速发展，国际物流运输逐步走向“无缝衔接”，世界物资流动速度飞速提升。

三、仓储的概念

仓储是商品重要流通环节，也是物流体系重要组成要素。仓储利用实际物流设施——仓库和相关设备对物品进行入库、在库存储、出库管理。仓储可以分解为“仓”和“储”。

“仓”俗称仓库，是存放、保管、储存物品场所或建筑物的总称，是固定资产的体现。仓库可以是房屋建筑、容器、洞穴或者特定能够储存物品的场所，具备保护存储物品的特点。《中华人民共和国国家标准物流术语》（GB/T 18354—2001）对仓库的定义是“保管、储存物品的建筑物和场所的总称”。

“储”表示堆积存放以备使用，具有收存、保管、交付使用的含义。“仓”“储”结合则为利用固定场所存放、储存物品的行为。常平仓的作用很好地解释了其目的。“仓储”则为物品在使用之前利用仓库进行的保管。理解其核心要义要注意理解物品的概念：经济与社会活动中实体流动的物质资料。仓储活动中所存储的对象是有形的非固定资产货物。仓储活动既包含静态存储过程，也包含对物品入库、出库、控制的动态过程，存储过程能够创造时间价值。

四、仓储的功能

仓储最基本的功能是存储、移动。我国社会生产力、物流流通运转能力有限，消费形式多以就近消费为主，仓储功能仅仅局限于以储存为主，以满足社会不时之需，而现代社会高速发展，逐步走向供应链一体化，产品的生产、销售、运输、信息处理各环节紧密结合，形成以供应链为主的网络布局，仓储在各个环节中成为必不可缺的重要组成部分，在现代社会生活中有举足轻重的作用。生产物流中可以储存原材料，销售环节中可以缓解和调节供需关系，运输环节中可以调节运力，配送作业中除了满足传统货品分拣、保管等功能，还具有传导信息等功能。现代意义的仓储不再局限于传统储存和移动功能，逐步走向仓配一体化形式，如图 2-1 所示。

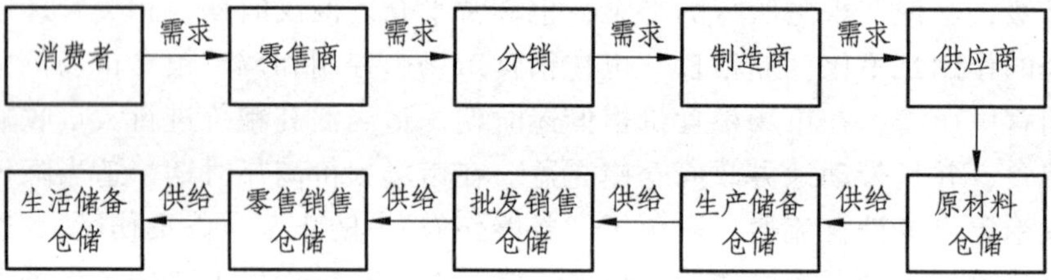

图 2-1　仓储在供应链中的作用

1. 保管功能

保管是仓储最基本、最传统的功能之一。仓库作为物流基础设施，具备空间对商品进行储存，可以保持物品的完好性，既满足生产过程中对生产资料、半成品、产成品进行储存的需要，也可以对物资进行储存，以便保持或者增加产品附加值。必须明确：储存对象必须是有价产品，储存的目的是确保储存物的价值不受损坏。仓储应当具备一定基础设施从而保证仓储过程的完整性，如符合仓储要求的各类型货架、机械设施设备；现代仓储需要配备智能化基础设施设备，从而满足现代社会物流存储的基本需要。

2. 调节供需平衡，管理库存

仓储是物流与供应链中的库存控制中心，库存成本是主要的供应链成本之一，库存增加意味着物流成本增加。物流成本是企业成本控制的第三利润源泉，如何降低和把控物流成本尤为关键。在我国，库存成本约占物流成本的 1/3，因此精准把握和管理库存尤为重要。

仓储在供应链管理中体现了成本控制、生产供需调节等诸多功能，满足生产环节中原材料供给调配，产成品储存，实现供应链集成化。在生产过程中，原材料存储可以防止因缺货导致生产中断；销售过程中，存储可以帮助企业协调因为季节或者地理距离造成的供需矛盾，帮助企业实现商品价值最大化，如季节性较强的取暖设备、地方特色产品等。存储可以保证生产和销售的连续性，克服商品产销不平衡的矛盾，解决商品流通中的供给问题。

3. 流通加工配送

现代仓储不仅提供传统的储存服务，还能提供与制造业的延迟策略相关的后期服务和生产辅助服务，包括组装、包装、打码、贴唛、客户服务、报关报检等增值服务，能减少供应链冗长问题，增加仓储功能，为顾客提供个性化服务，扩大仓储经营范围，增加仓储流通率，扩大仓储经营范围，增加营业收入，提高物资综合利用率，改进服务质量。

4. 调节运力，分类转运

现代物流运输需要多种运力联合运输，中途需要仓储配合进行转运和配载。例如，国际运输中通常以海运、铁路、航空等大批量、重型运输为主，到达目的地后联合公路运输进行分类转接运输。其中海运的船舶运输运力在百吨以上，铁路运输次之为 30 t 以上，而公路运输在 10 t 以下。各种运输工具之间运输能力的差异需要仓储进行调节、分类、整合，从而完成城市运输与末端配送。仓储在其中形成“蓄水池”“中转箱”的作用，一方面调节物流多式联运之间的矛盾，缓解运输差异问题；另一方面可以有效缓解市场供需矛盾，调节物流运输与市场需求差异，衔接市场供给。

5. 信息传递

现代仓储已实现现代化、智能化管理，移动通信技术已发展到 5G，仓库存储信息已通过电子数据交换（EDI）和条形码技术实现信息智能化处理，通过全智能化处理仓储信息可以精准预判未来商品交易信息，把握市场前沿。

【延伸阅读】

NGMN（Next Generation Mobile Networks，以运营商为主导推动新一代移动通信系统产业发展业应用的国际组织）是这样定义 5G 的：5G 是一个端到端的生态系统，它将打造一个全移动和全连接的社会。5G 主要包括 3 个方面：生态、客户和商业模式。它交付始终如一的服务体验，通过现有的和新的用例，以及可持续发展的商业模式为客户和合作伙伴创造价值。3GPP（3rd Generation Partnership Project，第三代合作伙伴计划）定义了 5G 的 3 大场景：

增强型移动宽带：能够在人口密集区为用户提供高速网络通信体验。

海量物联网通信：不仅能够将家用电器和手机通信终端连接，还能面向智慧城市、环境监测等以传感和数据采集为目标的应用场景，提供具备千亿网络连接的支持能力。

低延时，高可靠通信：主要面向智能无人驾驶、工业自动化等需要低延时及接近 100%的业务可靠保证度。

通过自动识别技术将仓储物入库、在库、出库信息精准录入系统，企业可以利用数据挖掘技术中的关联分析方法，优化客户仓储管理服务策略，合理安排商品的存储数量及存储方式，提高仓储作业效率，降低物流成本，为客户提供优化的、增值的仓储服务。同时，深度分析和挖掘数据技术可以为市场预判提供准确参考信息，进而从根本上掌控市场运作，了解消费市场信息，精准把控成本。

五、仓储的分类

（一）按仓储经营主体分类

按照经营主体，仓储可以分为自营仓储、营业型仓储、公共仓储和战略储备型仓储。

1. 自营仓储

自营仓储指企业为了满足自身物资存储和流通需求自建的仓库，其中生产企业注重仓库存储、流通加工等功能，流通企业注重仓库流通加工、分拣等功能。自营仓储必须满足本企业自身物流需求而建设和规划仓库，其主要目的是满足企业生产、流通的需求。自营仓储不对外开放和使用，完全属于企业固定资产，具有自由支配权利。但随着市场经济、物流业发展以及生产自动化，自营型仓储除满足企业自身需求外，部分企业也逐步放开闲时仓库供社会使用。

2. 营业型仓储

营业型仓储指企业为了经营储运业务而修建的仓库。营业型仓储是社会化仓储，主营存储业务，面向社会以收取仓储费为主要盈利手段，通过订立仓储合同建立仓储关系，依照合同约定收取仓储费用和提供服务，以仓储和货物配送中转为主要作用，满足社会企业对于仓储需求，其主要目的是通过仓储业务获得经济回报，实现利润最大化。近年来，我国营业型仓储发展迅猛，出现各种类型专业级仓储，匹配企业需求，在物流体系中扮演着重要角色。

【延伸阅读】迷你仓

20 世纪 60 年代美国最早提出“迷你仓”的概念，其主要面对的客户是居住面积相对较小的家庭，为其提供生活存储物的服务。目前全球最大的迷你仓企业为 Public Storage，其营业利润保持在 40%～50%。

2008 年我国香港地区最早引入“迷你仓”。经过近 10 年的发展，目前我国迷你仓企业有 50 余家，知名迷你仓企业有 12 家，如京小仓、万物仓、迷你考拉、空间号等。迷你仓的营业模式分为 3 种：

（1）自助式仓模式。以亚洲规模最大的考拉仓为例：用户可自己管理仓体。根据仓体大小，每个月的租金 122～580 元不等。

（2）增值服务模式。如成立于深圳的好管家迷你仓，其特点是提供增值服务，除了仓储外，还提供门到门的装卸搬运、打包复原等一条龙的服务，是中国目前唯一的按需收费的连锁式迷你仓储。

（3）移动箱子模式。以北京的储物乐迷你仓为例，它提供的是一个可移动的箱子。使用箱子要经过 4 个流程：预约、打包、送出、取回。一般用来储藏换季衣服等不舍丢弃的物品。预订箱子需要至少提前一天，使用过程中取回和送出箱子只需提前半天。

3. 公共仓储

公共仓储是公共事业的配套服务设施，为公共服务提供配套仓储支持，如车站、码头。其运作的主要目的是保证车站、码头等货物作业，具有内部服务性质，属于从属地位。对于存货人而言，公共仓储也适用于营业型仓储关系，不单独订立仓储合同，作业列在作业合同中。

4. 战略储备型仓储

战略储备型仓储指国家根据国防安全、社会稳定的需要，对战略货物进行储备。战略仓储特别重视储备品的安全性，且储备时间较长。战略储备型仓储所储备的货物主要有粮食、油料、有色金属等。

（二）仓储功能分类

1. 存储仓储

存储仓储是用于长期存储货物而建立的仓库，其主要目的是存储货物。货物存储周期长，货物进出库频率较低，存储货物相对单一，存储量较大，故此类仓库以存储为主，流通为辅。存储面积较大，仓储以货物存储期间质量保管和维护为主。

2. 物流中心仓储

物流中心仓储是以物流管理为目的的仓储活动，以集货、分货、调拨为主，对物流的过程、数量、方向进行控制。其地址一般设置在经济中心，交通便利，储运成本较低，整体吞吐能力强大，运输衔接能力高处，主要面向社会服务。其物流功能健全，信息网络完善，辐射范围大，存储货物少品种，多批量，统一经营管理。

3. 配送仓储

配送仓储又称配送中心，是货物达到客户配送之前或接运货物后的运力调整和分拣中心，便于货物最后的交接与长途储运的集配中心。配送仓储一般处于货物消费经济区间，方便货物迅速到达消费者手中。其主要是为特定的用户服务，配送功能健全，信息网络完善，辐射范围相对较小，多品种，少批量，以配送、集配为主，储存为辅。

4. 运力调拨仓储

物流运输一般不能通过单一的运输方式完成，多种联运才能完成整体运输，运力之前的衔接就要依靠运力调拨仓储实现，一般设置在港口、码头、车站、机场等运力接驳处。其主要目的就是减少仓储物的装卸和搬运，高效完成物流接驳和转接，减少物资停留时间，缩短货物运输时间，高效完成货物周转。

5. 保税仓储

保税仓储是经海关批准，在海关监督下专供存放未办理关税手续而入境或过境货物的场所。为适应国际贸易需求，在本国国土之上，海关关境之外设立保税仓储，外国货物可以免税进出，无须办理入关申报手续，并且可以在库区对货物进行加工、储存、包装等业务。保税仓储受海关直接监控，入库或者出库均需海关签署。

6. 加工式仓储

加工式仓储是指保管人在存储期间根据存货人的要求对保管物进行一定的加工，是供应链生产的补充，既能减少供应链生产成本，也能缩短生产周期，高效利用仓储功能。保管期间保管人根据委托人的要求对保管物的外观、形状、成分构成、尺寸进行加工，使仓储物发生委托人希望的变化。

（三）按仓储经营方式分类

按照仓储经营方式的不同，仓储可以分为一般保管式仓储、混藏式仓储、消费式仓储、租赁式仓储。

1. 一般保管式仓储

一般保管式仓储是指仓储经营人提供完善的仓储条件，接收存货人的仓储物资进行保管，在合同期满，将原收存保管的仓储物原样交还给保管人的仓储保管方法。在保管过程中，仓储经营人以仓储费为经营目标。

2. 混藏式仓储

混藏式仓储指存货人将一定品质、数量的货物交付给仓储经营人储存，在储存保管期限届满时，仓储经营人只需要以相同种类、相同品质、相同数量的替代物返还的一种经营方式。仓储经营的收入来源于仓储保管费。仓储物存量越多，存期越长，收益越多。

3. 消费式仓储

消费式仓储指存货人不仅将一定数量、品质的储存物交付仓储经营人储存，而且双方约定，将储存物的所有权也转移到仓储经营人处，在合同期届满时，仓储经营人以相同种类、相同品质、相同数量的替代物返还给存货人的一种仓储经营方式。

4. 租赁式仓储

租赁式仓储是通过出租仓库、场地或仓库设备，由存货人自行保管货物的一种仓库经营方式。进行仓储租赁时，首先要签订仓储租赁合同，在合同条款的约束下进行仓储租赁，取得经营收入。

（四）按仓储保管条件分类

1. 普通仓储

普通仓储是具备常温保管，自然通风，无特殊功能的仓库，也是目前适用范围较为广泛的仓库。其设计简单，附属设备包括供水供电、通风等设施设备，仓库地面承载力强，库内结构简单，有利于大型机械设备运转。

2. 恒温仓储

恒温仓储是具备温度控制的仓库，可以存储对温度有要求的货物，具备良好的保温隔热性，具备温湿度调节功能。

3. 露天仓储

露天仓储是露天堆码、保管货物的室外仓库，一般集中在码头、港口，以货场形式存在。

4. 水上仓储

水上存储指利用货物的特性以及宽阔水面保存货物的仓库，如飘浮在水上的储藏货物的泵船、囤船、浮驳货其他水上建筑，或把木材在划定水面保管的室外仓库。

【延伸阅读】

贵州地处西南，是云贵高原的一部分，山丘面积占比 97%，其特殊的地理造就了不同的建筑结构。同时贵州还是苗族、侗族的主要聚集地之一，受地形、气候、民族农耕文化和群居生活影响，形成了独特的水上粮仓建筑。因防火、防虫需求，其粮仓布置于浅水上。粮仓建筑采用干阑式建筑形式（吊脚楼），架空的粮仓不仅具备良好的通风效果，同时屋顶也是山墙镂空，保证粮仓内部的干燥，有利于粮食保存。目前现存最大的苗族水上粮仓位于贵州省雷山县大塘镇境内——新桥苗寨，距今已有 600 余年历史（见图 2-2）。

图 2-2 贵州水上粮仓

5. 全自动立体化仓储

全自动立体化仓储一般是指采用高层货架，配合堆垛机、轨道、射频识别设备等全自动机械化设备建立的全自动立体化仓库。其特点是利用现代射频识别、电子信息系统数据处理实现仓库管理全自动化，能够提高仓容率，大幅度增加仓库周转率，降低仓库成本。

（五）按存储货物特性分类

1. 通用仓储

通用仓储通常是指存储不需要特定温度、特定环境存储的常温普通货物，如一般生活物资、普通生活用品等。通用仓储不需要针对货物设置特殊保管条件，采用无特殊装备的普通仓库或者货场存放货物即可，仓库建设和设备设施应符合仓储法的一般规定。

2. 特种仓储

特种仓储是指在保管中有特殊要求和需要满足特殊条件的货物仓储，如危险化学品、冷库、粮食仓储等。特种仓储采用专用仓库，按照存储物的特性及相关法律法规进行专门建设和实施管理，需要受到监管。

任务二　配送

一、配送的概念

配送是社会高速发展的产物之一，在我国古代社会发展进程中，配送与运输不能清楚区别开。在夏商时期，出现了实物传递行为，一般以书信、小件物品为主，且传递者非专职而是兼职行为。周朝设立主管驿站，物品传输者名曰"行夫"，属于政府设置工作人员，其职责是为政府传递文书，朝廷对其的基本要求是"虽道有难，而不时必达"。秦嬴政统一天下后颁布了我国第一部有关通信的法令《行书令》，其中明确规定加急文书要求立即传递，传递缺失者严厉治罪。汉朝至唐时期，传递速度得到大幅度提升，且物资传递种类逐渐丰富。随着社会发展，镖局的出现很好地解决了物资流动，且推动了南北融合进程。镖局的发展到清朝到达顶峰。

纵观历史不难发现，古人不能很好地区分配送与运输。配送（Distribution）是指在经济合理区域范围内，根据客户要求，对物品进行拣选、加工、包装、分割、组配等作业，并按时送达指定地点的物流活动。其中最核心要义是根据客户的需求，在经济合理区域范围内，所以配送是以客户需求为出发点的专业增值服务，间接推动了物品流动，加速了物资运转。

物流配送是物流管理中最重要的环节之一，与物流运输有着很大的区别。区别主要体现在以下 5 个方面：① 配送是物流运输中的末端货物移动，以经济合理范围内的短距离为主，且货物量较少；② 配送物流活动的最终目的地是将客观物资运输到终端客户，是物流活动的最终环节；③ 配送是在经济合理范围内的内部物资移动；④ 配送是多品种、多批次的物资移动；⑤ 配送活动一般使用汽车等机动性较高的运输工具，而物流运输是长距离、大批量的货物移动，是各个物流据点、地区间的移动，可以多种类畅通运输，运输工具、方法多样化（见表 2-1）。

表 2-1　物流运输与物流配送的区别

项目	物流运输	物流配送
运输工具	汽车、火车、轮船、飞机、管道……	机动性较高的工具，如汽车、电动车
运输距离	长途运输、国际运输、国内运输……	经济合理区域范围内
是否终端运输	否	是
运输方式	一次向一地单独运输	一次向多处运输
运输量	大批量	小批量

依据以上分析不难看出，配送与物流运输相比具有以下特点：

（1）任务多重性：从配送的概念中可以看出配送作业是集拣选、加工、包装、分割、组配等多项任务综合流程，是多任务的集合，复合作业，与仓库作业紧密相连。

（2）技术手段现代化：现代配送作业全过程都要以现代技术手段为载体，才能满足多任务复合作业模式，以实现高效率、低成本；使用现代化技术和装备，能提高配送作业的规模和效率，大幅度降低物流成本，使配送作业呈现流程式，且在一定程度上促进和刺激高科技装备制造的发展。

（3）分工专业化：配送作业是一种专业化的分工方式。配送为客户提供定制化的服务，根据客户的订货需求，准确、技术地为其提供物资；在提高服务质量的同时可以通过专业化的规模经营获得单独送货无法实现的低成本。

二、配送分类

配送是配与送的有机结合，强调“按照客户需求”送达。不同的客户，其需求也不相同。为适应不同市场环境和生产消费需求，配送呈现出不同的表现形式，根据不同任务的配送形式可以依据以下几种形式对配送进行分类。

从配送本身的工作内涵形态看，有配送时间和数量的差异，配送对象的种类和数量的差异，加工程度的差异；从外在管理形态看，有配送专业程度的差异，经营模式的差异，物流节点的差异。

（一）内在工作形态分类

1. 配送对象的种类和数量

（1）单品种，大批量配送：配送对象品种较少，批量较大，物流成本相对较低，作业流程简单，一般属于工业配送，如煤炭、钢材等，可以实现整车运输，且装卸作业流程相对简单。

（2）多品种，小批量配送：多品种小批量配送是根据用户需求，将货物进行筛选后分派运输到客户指定地点，因为客户需求相对较高，物资品种相对较多，但是单品数量较小，其作业流程复杂，如超市末端配送、电商平台物资配送等。

（3）配套，成套配送：按照客户需求，将物资拣选配套齐备后运输到客户指定目的地。区别于前两种形式的最大特点在于其面对客户时要求物资品种一致、配套，拣选流程相对容易。

2. 配送时间和数量

（1）定时配送：根据客户需求，签订配送协议，按照规定时间间隔进行配送，配送时间固定。因为定时配送时间固定，配送管理者相对容易制订配送计划，从而降低物流成本。

（2）定量配送：在一定的时间范围，能较早确定批量配送的方式，配送货物时间固定，便于充分利用仓储设备，提高物流效率。

（3）定时，定量配送：在规定时间，将规定的物资配送到客户指定目的地，兼具两者的优缺点。

（4）定时，定路线配送：通过与客户沟通并结合客户分布方式，综合设计合理配送路线，根据配送路线制定到达站点时刻表，根据时刻表及时安排仓配作业计划和流程。

（5）即时配送：完全按照用户即时需求所制定的即时送达方式。

3. 加工程度不同

（1）加工配送：生产技术不断进步，生产企业的生产工艺逐步实现自动化、机械化、规模化，部分产品需要特殊定制或者相对简单再加工，生产企业无法满足，故而将部分定制化或简单再加工流程移交配送中心，由配送中心完成，既能提升生产企业的效率，也能促使配送中心向多功能化发展并且从中获利，还能丰富配送中心功能，增强其竞争力。

（2）集疏配送：不同于加工配送，集疏配送的主要业务和功能是完成物资的批量配送，一般集中于电子商务配送中心，物流运输节点如车站、码头等进行集货、转运、拆零配送。

（二）外在工作管理形态

1. 经营模式不同

（1）销售配送：销售企业利用配送方式占领市场的营销模式之一，并且是为客户提供便利服务的有效手段之一，例如海尔家电推出的日日顺，沃尔玛推出的生鲜配送，盒马鲜生的社区配送模式等。值得注意是，销售配送所面对的是企业的客户，所以也是营销手段之一（见图 2-3）。

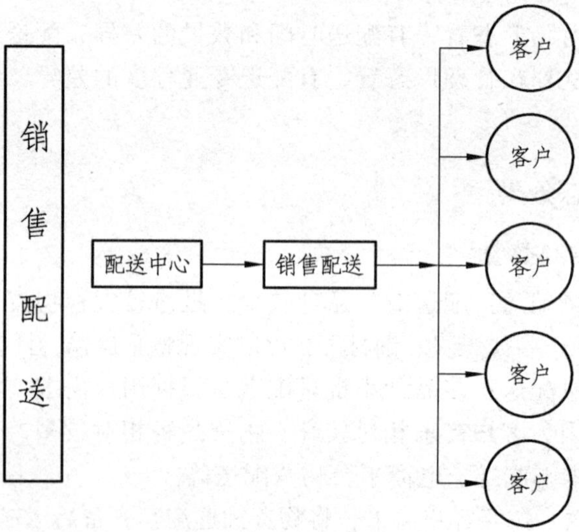

图 2-3　销售配送模式

（2）供应配送：企业内部为自身生产销售需求所采取的供应配送，由企业内部进行配送组织并建立配送中心，与此同时配送的物资由企业统一进行采购，以便最大限度地降低成本（见图 2-4）。商业模式中连锁店的配送，沃尔玛内部配送就是供应配送。

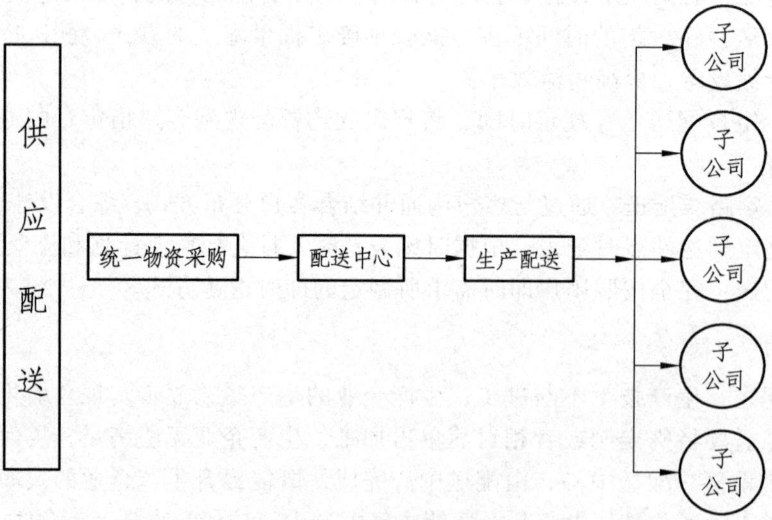

图 2-4　供应配送模式

（3）供销一体化配送：作业模式相对复杂，一般由配送中心与生产或者销售企业签订配送合同，负责生产或销售企业的原材料供给配送，同时兼具下游销售配送两种职能，实现配送中心与生产企业或销售企业的联合，是一条完整的供应链。生产企业原材料供应如案例企业中 A 公司的电子元件配送（见图 2-5）。

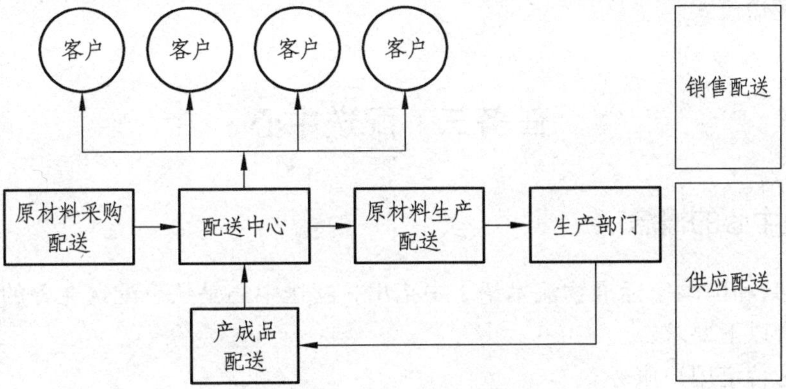

图 2-5　供销一体化配送

（4）代存代供配送：用户将属于自己的商品委托配送中心代存、代供，签订协议的前提下还可以代订，并组织配送。其特点是配送实施前不发生商品所有权的转移，配送中心只是用户代理人，商品在配送前后都属于用户所有。配送中心仅提供代存，代理服务从中获取收益。

2. 配送组织专业程度

（1）专业配送：按照产品的性能、形状、特点等进行分类后，对某一类产品进行专业配送，其配送设施设备区别于普通配送，具有针对性，配送流程相对简单。例如冷链配送、危险化学品配送、水泥配送、生鲜配送等。

（2）综合配送：某一地区客户需求产品种类相对较多时，其配送设施设备具备通用性，适合大众配送需求。此类配送可以使客户在一次配送获得全部满足，充分满足客户配送需求，其客户满意度较高，但是因为其设施设备属于通用型，同时其配送物资种类多，所以配送流程设计、管理相对复杂。

3. 结点差异

（1）配送中心配送：一般由第三方物流从事专业配送业务，其特点是专业性强，相较于卖方物流和买方物流，其适用范围更加广泛，且灵活性、配送专业化程度更高，配送能力强，配送品种多，配送数量大，可以承担生产或者销售企业主要物资的配送，同时兼具流通加工功能，满足生产企业的补充生产需求。

（2）仓库配送：以仓库为节点进行配送，扩大了传统仓储的职能范围，同时可以用现代化仓储设备设施开展集配业务。现代社会高速发展，电子商务、新媒体等平台发展带动系列产业发展，生鲜、快消品等需求日益增长。除特殊物品外，普通商品储藏时间越长其价值越低，储存成本上升，利润下降。目前多数生产企业和销售企业提出“零库存”管理模式，从而降低成本，促使传统仓储逐步向仓配一体化发展。

（3）商店配送：一般由商业主体，或者商场网点、社区等进行配送，以销售配送为主，规模较小，主要服务于商业周边住户，除日常经营的零售业务外，还可以对消费者需求的外购产品进行配送，多数以社区网点存在。因其服务范围较小，故灵活性较高。

（4）生产企业配送：配送主体为生产企业。生产企业完成生产后对产成品进行配送，不再运输至配送中心进行配送，能最大限度地节约储存成本和运输成本，但是其适用范围有限，产品品种单一，批量较大，配送需求较低。建材配送适合采用生产企业配送，而日用百货不适合采用这种配送模式。

任务三　配送中心

一、配送中心的概念

《中华人民共和国国家标准物流术语》中指出，配送中心是从事配送业务的物流场所或组织，应基本符合以下要求：

（1）主要为特定用户服务；

（2）配送功能健全；

（3）完善的信息网络；

（4）辐射范围小；

（5）多品种、小批量；

（6）以配送为主，储存为辅。

二、配送中心的分类

（一）按配送中心设立者分类

1. 制造商配送中心

制造商配送中心是以制造商为主体，围绕制造商需求所设立的配送中心，一般由生产制造企业内部进行建设，对企业内部服务，配送设施设备以匹配生产制造企业产品为主，不具备通用化配送需求。

2. 批发商配送中心

批发商配送中心是以批发商或代理商为主体的配送中心，而批发或代理商是社会产品流通的重要环节，其特点是产品品种相对较多，客户受众较广泛，配送设施设备需要符合大众产品需求，所以配送中心具备通用化。

3. 零售商配送中心

零售商配送中心是由零售商向上整合所成立的配送中心，以零售业为主体，零售商发展到一定规模后组建自己的配送中心，为专业物品零售店、超级市场等服务。

4. 专业物流配送中心

专业物流配送是以第三方物流企业为主体的配送中心。因为其核心业务不再是生产或销售，而是第三方物流，所以配送中心有很强的运输配送能力，其内外部的分布满足社会物流配送需求，社会活动能力强。

（二）服务范围分类

1. 城市配送中心

城市配送中心以城市为范围进行配送，由于城市基础设施相对完善，可以直接面对用户进行配送，所以其配送机动性较高。配送中心服务主体是城市用户，可以根据实地情况将主营业务与零售结合，其配送设施设备专业化程度较高，可以从事多品种、少批量、多用户配送。

2. 区域配送中心

区域配送中心以较强的辐射能力和库存设备，向周边区域配送，与此同时与物流运输相衔接，形成配送节点。这种配送中心规模较大，用户量较大，配送批量较大，一般服务于城市配送中心。部分配送中心兼具转运功能。

（三）按照配送中心功能分类

1. 储存配送中心

储存配送中心以存储为主，配送为辅，基于产品特点，有很强的存储能力。

2. 流通配送中心

流通配送中心以流通为主，存储为辅，存储方式都是暂存，且时间不超过 24 h，集中以集疏、分拣、流通加工为主要功能。

3. 加工配送中心

加工配送中心以流通加工为主，储存、配送为辅，如保税加工等。

（四）配送货物属性分类

配送中心还可根据货物属性进行分类，如冷链配送中心、医药配送中心、汽车零部件配送中心、生鲜处理中心等。

三、配送中心的功能

配送的基本定义是以配和送相结合。配送中心集分拣、拣选、集货、配送、组织和流通加工多功能于一体，是物流业务的集合体，具备以下基本功能。

（一）备货功能

备货功能是配送中心的准备工作或基础工作。备货包括筹集物资，该阶段包含订货、集货、进货等。配送中心的优势是可以集中客户需求后进行批量进货，从而降低成本，提高效率。

（二）储存功能

配送的储存是按一定时期的配送经营要求形成的对配送资源的保证，一种是生产企业的原材料存储或经营企业的备用存储，存储机械设备结构完善，便于进货和出货。另一种是当日进货，当日配送，储存形态是暂存，按照客户要求批量进货后对物资进行分拣，存储时间相对较短。

（三）分拣与配货功能

分拣与配货是配送的基本功能，分拣和配货计划的制定直接影响物流成本和效率，电子商务和新零售以及社区团购的高速发展促使分拣与配货功能效率提升以满足发展需求。

（四）配装功能

配装功能是配送运输中心的主要功能之一，与一般送货不同，通过配装送货可以大幅度提高送货水平，降低成本。

（五）配送运输，送达功能

配送运输是物流运输中的末端运输、支线运输，其运输距离较短，规模较小。它是与客户直接接触的配送功能，也是最后一公里运输。目前对于如何提升配送运输功能，有待进一步研究。

（六）配送加工

在配送服务中，配送加工是一项基础附加服务。基础流通加工可以增强客户满意度，同时释放生产成本，增强配送中心的盈利空间。

（七）信息传递

配送中心物资的入库、分拣、集疏等都已使用现代条码技术。使用射频识别设备帮助物资快速进行配送，物资进出信息录入系统后可以使用大数据技术对物资进行管理，对于供应链上下游信息流动有一定促进作用。

【项目作业】

1. 简要概述我国仓配发展历程。
2. 针对“A品选购平台”设计仓配业务范围。

项目三 仓配一体化

现代物流高速发展，新零售发展快速崛起，传统电商遭到部分冲击，与此同时国家大力发展全国统一大市场，这就要求仓储与配送全面提升速率，逐步实现仓配一体化趋势。A 公司高层迅速认知这一发展趋势，经过研究讨论决定将此仓配基地规划成仓配一体化作业形式。基于这一需求，就需要对其进行内外部规划（外部选址、内部流程规划），就目前城市情况对仓库进行规划，从而匹配未来需求。同时要求对仓配内部作业基本流程进行详尽规划。

学习目标

【知识目标】

熟悉仓配的本质和未来发展的趋势，对现代仓储与配送的核心业务特征和表现形式有基本认知，理解仓配一体化体系自身的特点。

【技能目标】

掌握仓配一体化的主要构成要素、主要功能模块，能够为仓配一体化体系构建任务目标、原则，能够宏观地为仓配一体化设计基本工作流程。

【素质目标】

理解现代仓配一体化的运用场景，对 ERP、SCM 等模型有基本的认知，理解未来仓配发展的趋势。

现代社会高度发展，零售业市场发展已然发生变革，传统零售业单纯通过产品差异化决策很难占领市场，互联网发展的异军突起将零售业推向变革，催生出新零售业态。其发展模式是基于电子商务高度发展的产物，集大数据、人工智能等先进技术对商品生产、加工、物流和销售过程进行升级改造，从而将原有业态进行重塑，增强线上服务，并在线下逐步将物流、制造、零售进行深度融合，使各行业的供应链更加紧密结合。

《“十四五”规划和 2035 年远景目标纲要》提出“融合发展”的战略思想，提出各个产业中需要与物流高度融合发展，同时纲要中还明确提出“提升产业供应链现代化水平”“坚持经济性和安全性相结合”，补齐短板，锻造长板，形成具有更强创新力、更高附加值、更高安全的产业链、供应链。新零售发展必将促使物流高速发展，物流作为供应链的主要链接，物流的发展必将促使资源整合，形成更强供应整合体，其中新零售的业态使仓储与配送两项重要物流活动不再割裂，并将逐步走向融合一体化发展。

任务一　仓配一体化概述

一、仓配一体化的概念

仓储，以储存为主，配送以短距离配送以及流通加工为主。仓配一体化是顺应新零售发展而兴起的，其概念没有准确的定义，许多学者通过研究和总结将其归纳为物流企业为客户提供一站式仓储配送服务，将运输、仓储、拣选、装卸搬运、包装、分拣、配送等功能集合起来，由一家公司来完成所有功能，在整个物流供应链链条上有着不可忽视的作用。它不同于独立运行的物流服务模式，将物流环节进行了简化，有效缩短了配送周期，极大地提高了物流效率。

二、仓配一体化的形式

我国仓配一体化发展起步较晚，但是新零售模式的发展促进了仓配一体化趋势。目前比较成熟的仓配一体化有 3 种形式。

（一）直营式，垂直式

这类型企业的主营业务为电子商务，在原有仓配体系下升级和改造自身仓配系统使其融合现代新零售需求。例如苏宁电器，在全国建立 8 大物流中心，47 个区域，20 个平行仓，总仓储面积 600 万 m^2。同时根据自身特点建立了以大数据驱动为主的智能仓储。又如京东，在全国广泛布局自有物流体系，其物流体系促使企业在新零售竞争中占据一席之地，在全国不断推进智能化、智慧化、自动化仓储建设，在北京、上海、广州、深圳等 8 大城市建立 9 座“亚洲一号”仓储，全国运营 405 个大型仓储，总面积约 900 万 m^2。

（二）平台类

平台类以淘宝为代表，菜鸟网络致力发展第四方物流，旨在突破传统第三方物流，通过自身强大的市场占有率，联合江苏快仓等科技创新企业，研发机器人仓储、拣货系统、货到人系统等，使拣货效率大幅度提升，人力成本不断下降。

（三）物流企业

物流企业中以顺丰为代表，在全国建立 7 大区域分发中心（Regional Distribution Center，RDC），53 个一二线城市部署上百个分仓，覆盖全国 2 500 个区县。客户可就近入仓、安排调拨，实现 90%城市 24 h 送达。圆通快递则是在全国 50 个主要城市部署了 101 座仓库，总面积超过 50 万 m^2，目前已实现在中国的一线城市均能提供仓配一体化服务，可让客户就近入仓，也可支持多仓发货，支持代收货款。

任务二　仓配一体化模式

仓配一体化通过新零售的高度发展已初步形成规模。以下两种模式是目前常见的模式。

一、仓配一体化模式

仓配一体化模式下，电子商务平台结合客户订单需求，将商品入库、存储、分拣、包装、贴单、加工、配送等由企业自有物流或外包物流独立完成。其业务涵盖整体供应链环节，相较于传统仓储与配送独立运作方式，仓配一体化的特点是将仓储与配送完全融合，结合客户订单需求，将存储时间大幅度缩短，仓库周转率大幅度提升，以减少物品流通中不必要的失误，并且满足客户的个性化需求，使物流服务满意度大幅度提升，从而在一定程度上降低物流成本，提升物流效率。但是该种模式初期投入相对较大，物流成本逐年下降。目前，京东、天猫超市等电商平台使用此种模式（见图 3-1）。

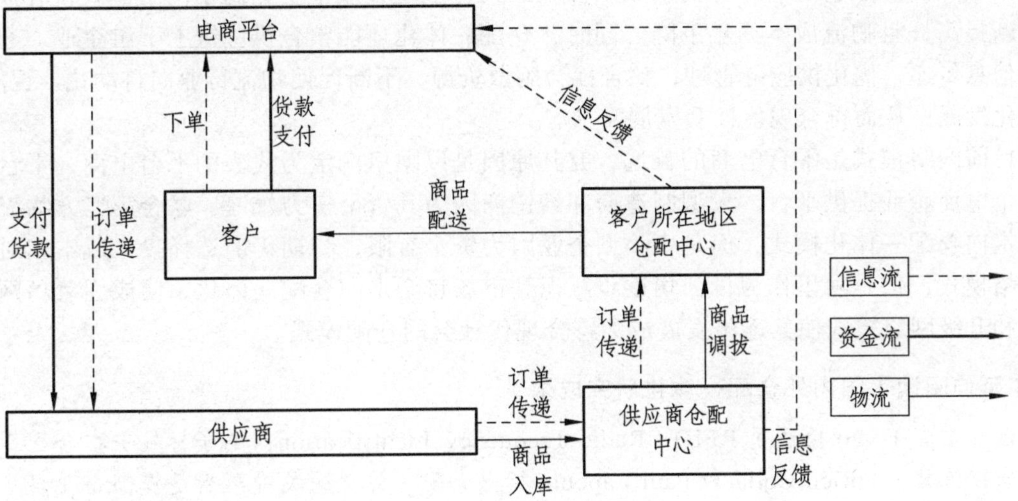

图 3-1　仓配一体化模式

二、网络快递模式

网络快递模式是借助现有物流企业，以快递传输形式“揽件—中转—干线运输—中转—末端配送”为主要流程。从流程上可以看出，此种模式非真正意义上的仓配模式，目前以阿里为代表的淘宝电商平台，以此种模式运营。平台上各大商家在平台上提供商品供客户选购，客户下单后，卖家将商品从仓库中进行打包分拣后将满足客户订单的商品打包后交由物流公司进行集散运输和末端快递，最终送达客户手中。

网络快递模式基于电商平台资源优势和物流快递资源优势，电商平台不必进行高额的物流成本初期投入，通过物流资源自身优胜劣汰竞争从而获取利润。物流企业在不断整合优化自身管理中而获得竞争优势。其优势在于可促进物流企业之间不断竞争。目前淘宝是使用此种模式的典型代表。

两种模式各有优缺点，具体如表 3-1 所示。

表 3-1　两种模式比较

模式	网络模式	仓配一体化	备注
业务量	高	低	2015 年起仓配一体化增速较快，高于网络快递模式
投入成本	低	高	仓配一体化初期投入成本高，但是物流成本逐年下降
单票成本	低	先高后低	
效率	低	高	
客户满意度	低	高	
商品使用类别	非标品，标准品	非标品，标准品	

由此可见，虽然网络模式在短期内成本较低，受到大部分物流企业的认可，但是经过近 10 年的发展，其弊端初现，如效率低下、快件破损、客户满意度不断下降，呈现粗放式增长后逐渐下降。虽然仓配一体化初期成本投入巨大，但是其效率明显高于网络模式，客户满意度不断提高，且物流成本逐年下降。同时，仓配一体化还能整合供应链上下游企业，通畅资金与信息传递，优化供应链管理，整合社会闲散资源，不断促使物流行业向自动化、智能化、数据化发展，从而符合现代社会发展需求。

目前网络模式是平台电商的首选，究其原因是以阿里淘宝为代表的平台电商、平台公司为各个电商企业提供平台。大型制造商和经销商因为其资金实力雄厚，联合第三方物流公司逐步走向仓配一体化模式，但是中小型企业因为资金有限，初期仍旧选择投入成本相对较低的网络模式，但是阿里作为母公司逐步意识到市场将会走向仓配一体化，便成立菜鸟网络，优化和升级网络模式使其逐步发展成为符合现代社会的仓配模式。

【延伸阅读】国内外仓配一体化研究成果

国外学者 Fosso 梳理了 RFID（Radio Frequency Identification，电子标签）在仓配一体化下的仓配流程。Enrico Colla 和 Paul Lapoule 指出仓配一体化的关键要素是提高企业自身竞争力。Durand 和 Gonzalez-Feliu 在比较了 3 种不同电子商务仓配一体化方案的情况下，将仓配一体化企业的仓配化程度与评价体系联系在一起，得出在选取同样评价因素的情况下，随着仓配一体化程度的提高，终端市场消费者的满意度会越来越高。国内学者曹迪将“互联网+”和仓配一体化的运营理念结合在一起，主要研究了跨境电商物流仓配一体化的运营模式。王阳军和罗勇主要针对仓配一体化服务策略进行了研究，并提出仓储内部设施网络的搭建和仓储策略的优化是影响仓配一体化服务的两大关键因素。奚倩倩从仓库模式的角度出发，将仓配一体化的一般模式和分仓模式进行对比，得出仓配一体化模式具有较好的发展方向。

苏玉娜结合了智慧物流理念，通过综合考虑，提出仓配一体化运作方案，在配送路径优化方面主要采用 Dijkstra 算法和节约里程法进行优化研究。郭仪分析了在仓储和配送环节主要影响自身以及对方的关键因素，在此基础上构建仓配一体化系统动力学流图模型，运用计算机对模型进行仿真，并将仿真结果进行分析。高捷闻和何承芳在考虑“互联网+”仓配一体化模式的基础上，构建仓配一体化“五位一体”系统和 CPFR 系统，实现仓配一体同步化运作。

任务三 仓储与配送的关系

仓配一体化的核心问题是将仓储和配送形成一体化流程，所以需要对仓储与配送的核心要素进行整合。仓储的作业核心要素流程包含入库管理、在库管理、出库管理。配送的作业核心要素流程包含集货、储存、拣选、配货、流通加工、配装、配送。

一、仓储与配送的区别

从仓储和配送的功能上可以看出，仓储的作业范围基本在仓库内部，传统仓储作业是企业内部，或者一定范围内的内部管理工作，作业流程相对固定且具体。配送的基本功能中包含短暂存储、分拣、流通加工等，需要在配送中心完成，配送、配货等需要是外延服务。现代配送服务还包含客户特殊定制服务如鲜花定制、家具组装等，所以配送作业相较于仓储，其流程相对复杂，是一项外延综合性服务。

二、仓储与配送的联系

从仓储与配送的作业功能不难看出，两者之间是先后逻辑关系，先有仓储后有配送，配送是仓储功能的延伸和拓展。

（一）仓储是配送的基础和前提

仓储是物流环节中最重要的节点，解决物资流通中转运、集疏等问题。配送的前提是将物资进行分拣、集送，储存是流通的基础，必不可少，所以现代配送的基础是仓储，在传统仓储功能完备的基础上产生配送，两者体现前后逻辑关系。与此同时，现代仓储设施设备逐步走向智能化，大大缩短了物资流通中的存储时间，加速其流通效率，这符合现代社会快消品行业的供需关系。

（二）配送是仓储功能的延伸和扩展

传统仓储不能满足供应链物资的流动规律，现代配送活动是基于市场需求产生的，采取以用户为导向，利用现代化、智能化、数据化技术实现功能驱动，逐步融合仓储与配送功能。尤其是在互联网驱动下，新零售行业高速发展，各大电商企业将原有仓库的功能进行扩充，外延至配送功能以迎合市场需求，如京东建设的亚洲一号仓库已然将仓储与配送融为一体，还有部分电商平台依据自身客户与供应商特点建设海外仓、融通仓、前置仓等，使供应链更加完整，并使原有仓储系统功能不断完善，在金融、海关、零售等构建经济生态圈，从而不断提升效率。

（三）配送是物流活动的缩影

在互联网时代，元宇宙概念的提出使人们不断在虚拟与现实中互换，新零售以及电商平台某种意义上就是零售行业的元宇宙。电子商务通过虚拟平台向顾客展示产品，字节跳动通过直播向客户展示产品，使客户能够接触和了解产品。如果只有互联网虚拟平台，对于产品质感客户则无法感知。而物流则是链接两者的桥梁之一：将虚拟平台上的货物通过配送转运到客户手上。配送整个过程几乎是物流活动的缩影。在仓配一体化趋势下，现代物流的传统功能已经不能满足需求，还应包含所有能为客户增值的相关业务内容，如特殊定制流通加工以匹配现代社会的物资传递需求。

【延伸阅读】元宇宙

2021 年 10 月，有 17 年历史的美国社交网络巨头“脸书”（Facebook）公司创始人马克·扎克伯格发表《创始人的信：2021》，宣布脸书公司更名为“Meta”，展示了其向元宇宙进发的决心。

“元宇宙”第一次出现是在科幻小说中。美国科幻作家尼尔·斯蒂芬森在 1992 年发表的科幻小说《雪崩》中，首次提出了元宇宙一词。在这部小说里，元宇宙指的是一种现实世界与通过增强现实技术和虚拟现实技术创造出的虚拟世界相混合的状态。这部作品在科幻界的影响力虽然不如另一位科幻大师威廉吉·布森在 1984 年发表的题材类作品《神经漫游者》，但自此之后，随着网络世界的发展，“元宇宙”一词停驻在了人们的视野当中，而后还不时地被各种作品所借鉴。

“万物皆可元宇宙。”元宇宙这个陌生的概念，夹杂着一股巨大的力量，把人们此前对于互联网的一切知识和经验都冲击得七零八落，然后再混杂上一些更为新鲜的技术和名词，向我们展示了一个全新的虚拟世界。元宇宙的概念依然模糊，这个崭新的虚拟世界也尚未成形。北京大学研究者陈保权认为，元宇宙是互联网未来发展的必然趋势，他从计算机科学技术层面分析了元宇宙的发展过程。斯坦福大学传播学学者拜伦森从社会学的角度讨论了元宇宙可能产生的社会问题。在技术层面之外，元宇宙的概念也有其诞生的哲学土壤，其中混杂着人们对于真实和虚拟世界的判断及选择。很多人认为电影《黑客帝国》早在多年前就揭示了虚拟世界和真实世界之间的区别以及由此引发的哲学问题。元宇宙混杂了种种概念，同时又集合了众多新技术，但是元宇宙究竟会以什么样的形式呈现，其发展前景又如何，是一个值得探讨的问题。

任务四　仓配一体化的流程设计

仓配一体化服务于企业物流流程设计，范围涵盖企业内外部需求，连接上游生产制造商和下游消费者，是供应链管理中重要的节点。

仓储与配送一体化流程的本质是仓储服务、配送服务、互联网技术支持、售后服务、增值服务一体化服务模式，结合仓储与配送的基本功能，利用互联网和物联网技术，对仓储与配送实现协同管控，有效提高物流的规范化、透明化、安全化运营效率。

流程是功能的具体体现，也是功能的进一步细化。仓配一体化综合了仓储与配送的基本功能，所以仓配一体化流程设计应时刻关注两者功能的体现和价值呈现度。

由图 3-2 可以看出，仓配一体化是集合所有仓储与配送功能，每一功能看似独立，但是前后位置关系有严格逻辑顺序，每一功能涵盖不同流程，流程与流程之间是相互关联又相互独立的，缺一不可。如何准确设计仓配一体化中每一独立功能流程？需要结合不同行业的特点进行设计。流程的设计步骤在项目一中已经介绍，这里不再赘述。

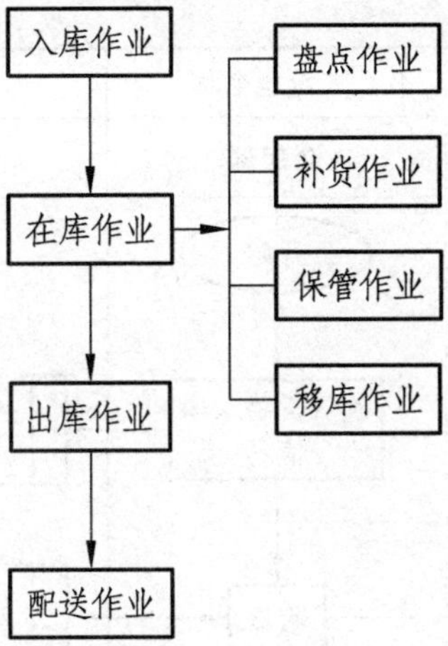

图 3-2　仓配一体化的基本功能

一、入库作业流程

货物入库是仓配作业的第一个重要步骤，也是关键步骤。入库管理直接影响整体仓配作业的效率和正确率。仓配作业环环相扣，入库作业直接影响后续盘点、拣货、出库作业，是仓配作业最重要的一步（见图 3-3）。货物入库需要进行入库核验、接货、卸货、堆码组托、储位分配、上架等，仓储部门应根据入库计划及时做好入库准备，确保准确快速地完成入库作业。

二、在库作业

在库作业是仓配一体化作业管理的核心环节（见图 3-4），是承接入库作业之后，连接出库作业的桥梁。在库作业管理主要是指对库内货物进行合理的保存和管理，具体内容包括货物盘点、补库、移库等作业。良好的在库管理是货物出库作业的基础。

（一）盘点

盘点作业是指仓库为了准确地掌握库存数量及有效地保证库存的准确性而对仓库中的货物进行数量清查、清点的作业，以核对在库货物的实际数量与账面数量是否一致。盘点作业的基本程序如图 3-5 所示。

（二）补货

补货作业是指当拣货区的货物发生短缺时，将货物从仓库保管区域搬运到拣货区的物流活动，然后将此移库作业做库存信息处理。补货作业的目的是保证拣货区有货可拣，是保证充足货源的基础。补货作业的基本程序如图 3-6 所示。

（三）保管

保管作业是指仓库针对货物的特性，结合仓库的具体条件，采取各种科学方法对货物进行养护，防止或延缓货物质量变化的行为。保管作业的基本程序如图 3-7 所示。

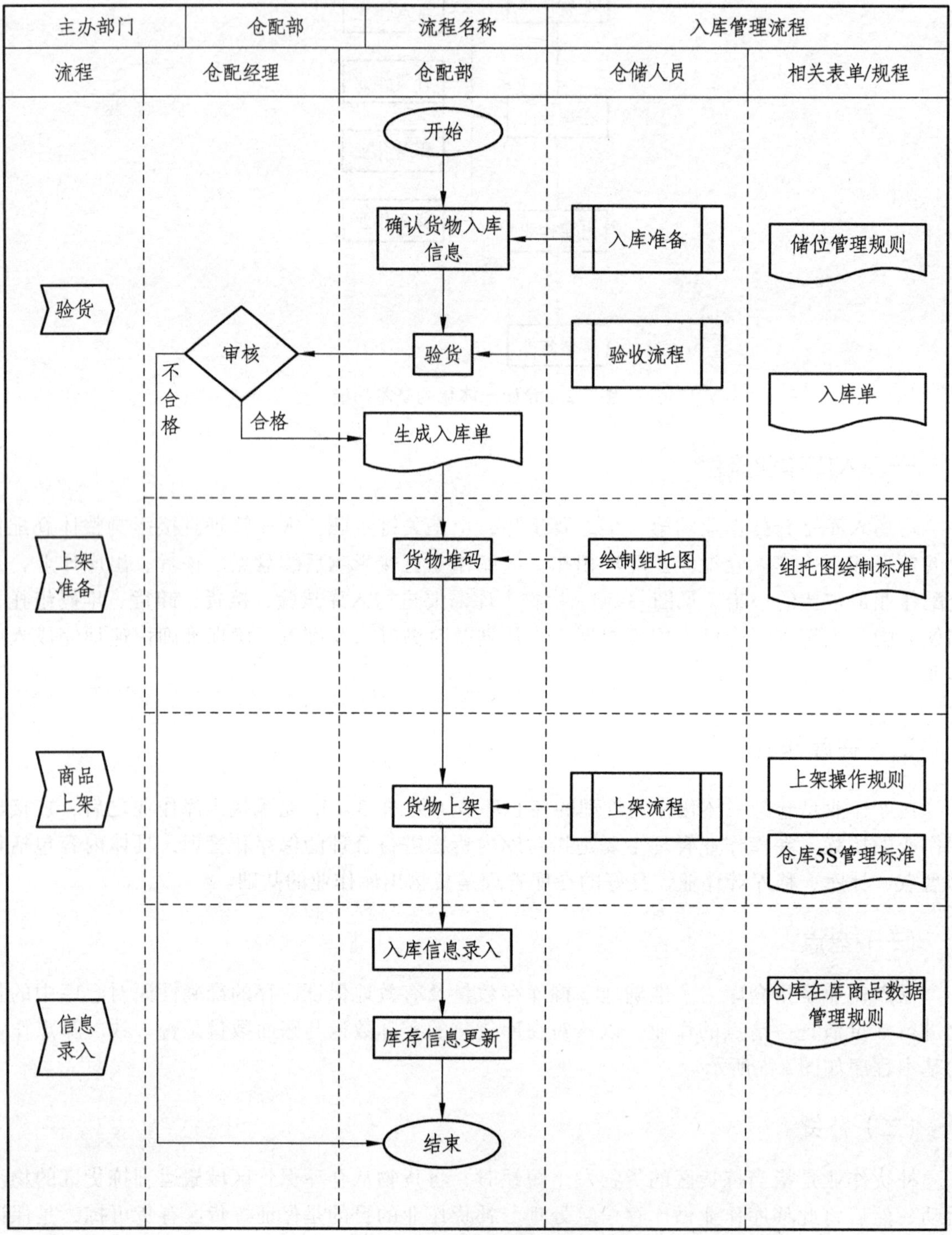

图 3-3　入库作业流程图

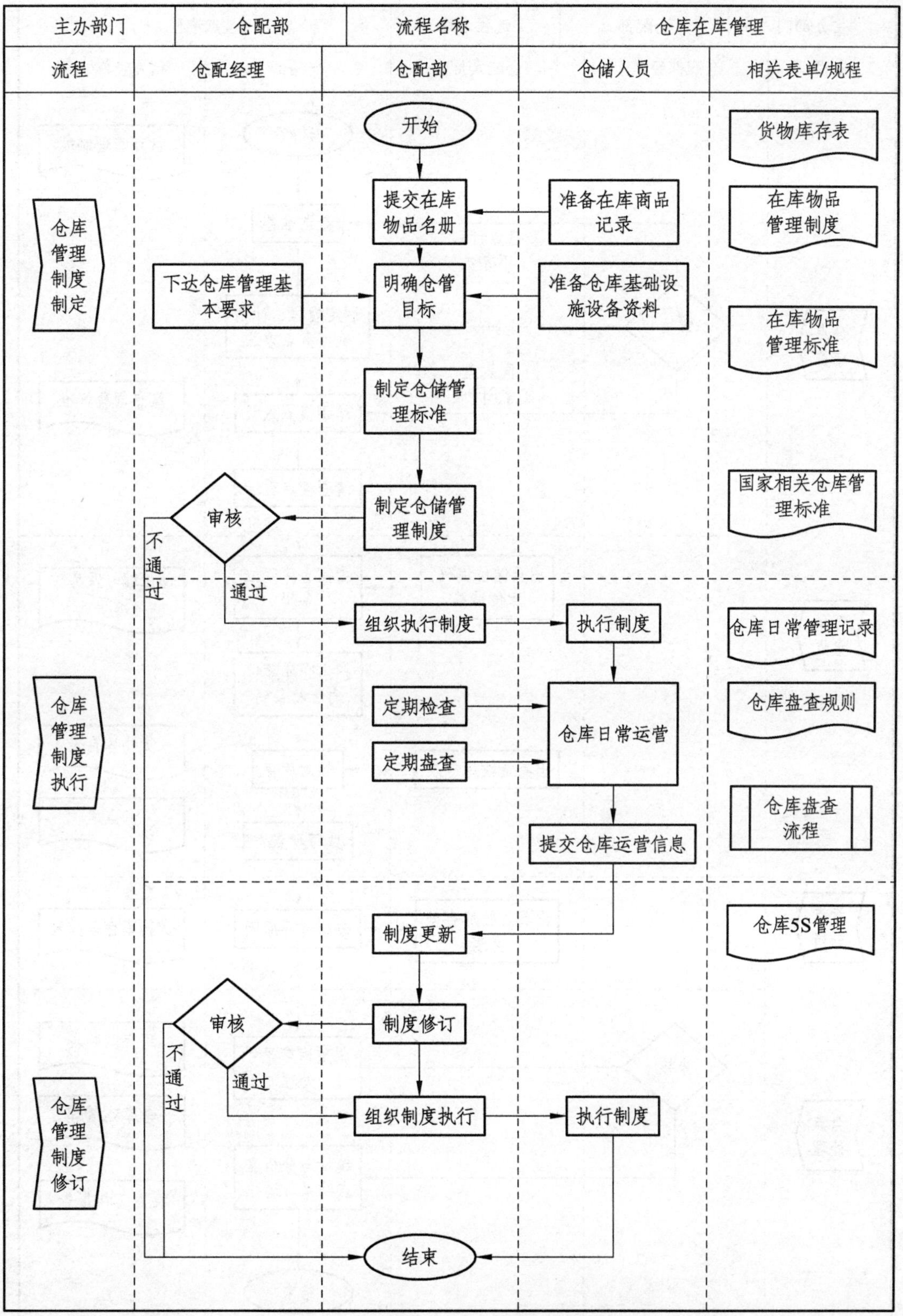
主办部门
仓配部
流程名称
仓库在库管理
流程
仓配经理
仓配部
仓储人员
相关表单/规程
开始
提交在库物品名册
准备在库商品记录
下达仓库管理基本要求
明确仓管目标
准备仓库基础设施设备资料
制定仓储管理标准
审核
制定仓储管理制度
不通过
通过
组织执行制度
执行制度
定期检查
定期盘查
仓库日常运营
提交仓库运营信息
制度更新
审核
制度修订
不通过
通过
组织制度执行
执行制度
结束
仓库管理制度制定
仓库管理制度执行
仓库管理制度修订
货物库存表
在库物品管理制度
在库物品管理标准
国家相关仓库管理标准
仓库日常管理记录
仓库盘查规则
仓库盘查流程
仓库5S管理

图 3-4 在库作业流程图

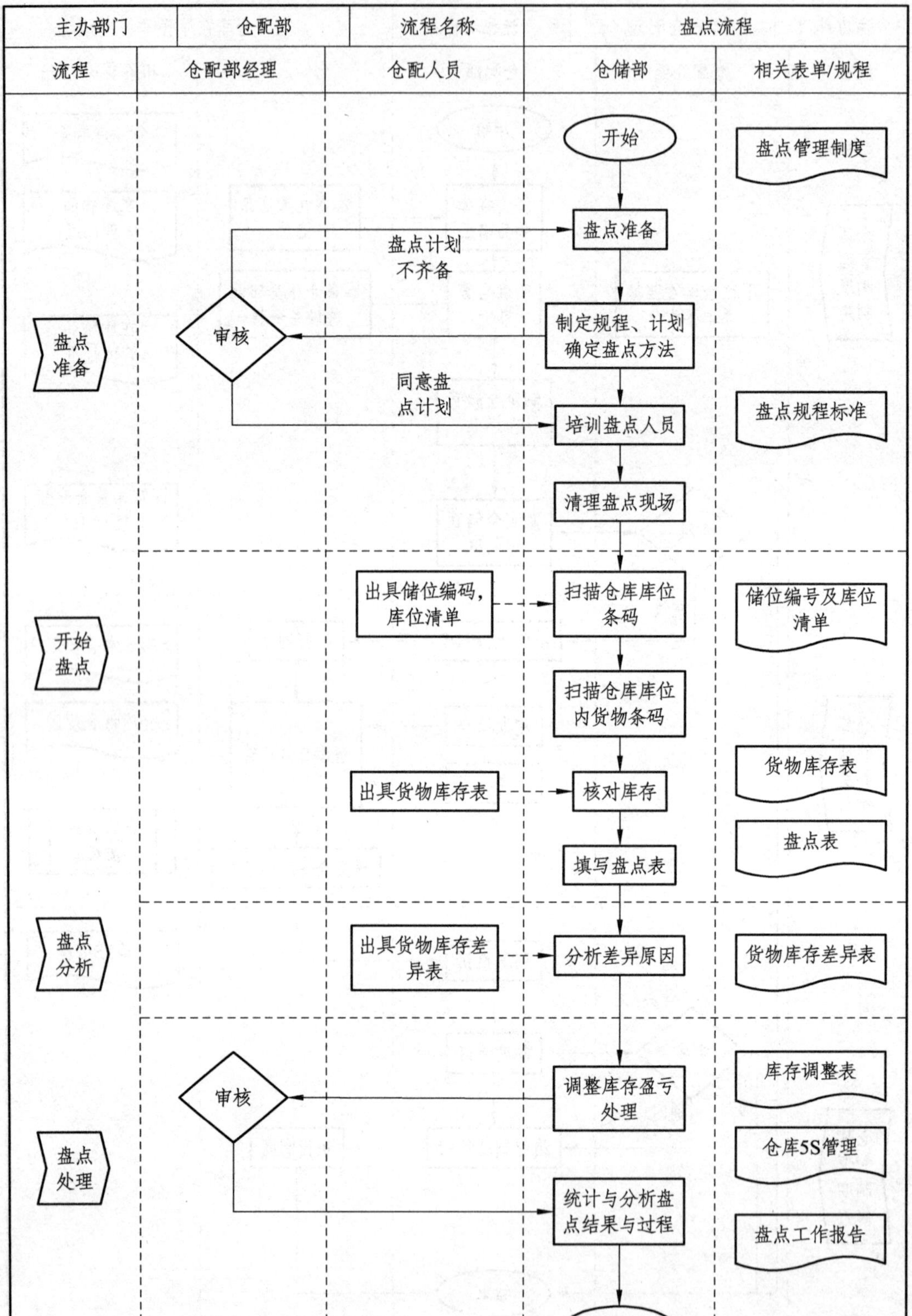
主办部门
仓配部
流程名称
盘点流程
流程
仓配部经理
仓配人员
仓储部
相关表单/规程
开始
盘点管理制度
盘点准备
盘点计划
不齐备
制定规程、计划
确定盘点方法
审核
盘点
准备
同意盘
点计划
培训盘点人员
盘点规程标准
清理盘点现场
出具储位编码，
库位清单
扫描仓库库位
条码
储位编号及库位
清单
开始
盘点
扫描仓库库位
内货物条码
货物库存表
出具货物库存表
核对库存
盘点表
填写盘点表
盘点
分析
出具货物库存差
异表
分析差异原因
货物库存差异表
库存调整表
审核
调整库存盈亏
处理
仓库5S管理
盘点
处理
统计与分析盘
点结果与过程
盘点工作报告
结束

图 3-5　盘点作业流程图

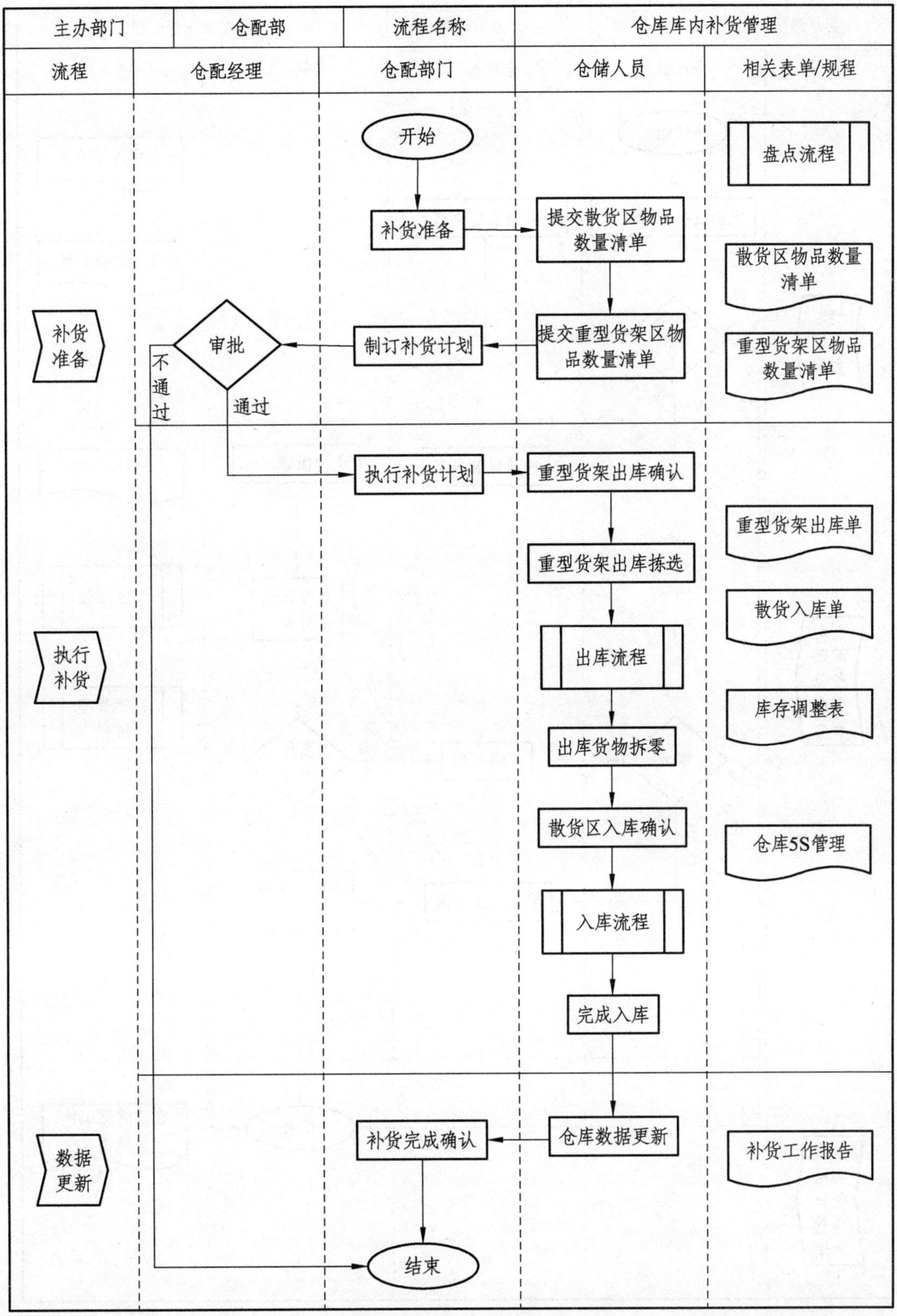
主办部门
仓配部
流程名称
仓库库内补货管理
流程
仓配经理
仓配部门
仓储人员
相关表单/规程
开始
盘点流程
补货准备
提交散货区物品数量清单
散货区物品数量清单
补货准备
审批
制订补货计划
提交重型货架区物品数量清单
重型货架区物品数量清单
不通过
通过
执行补货计划
重型货架出库确认
重型货架出库单
重型货架出库拣选
散货入库单
执行补货
出库流程
库存调整表
出库货物拆零
散货区入库确认
仓库5S管理
入库流程
完成入库
数据更新
补货完成确认
仓库数据更新
补货工作报告
结束

图 3-6　补货作业流程图

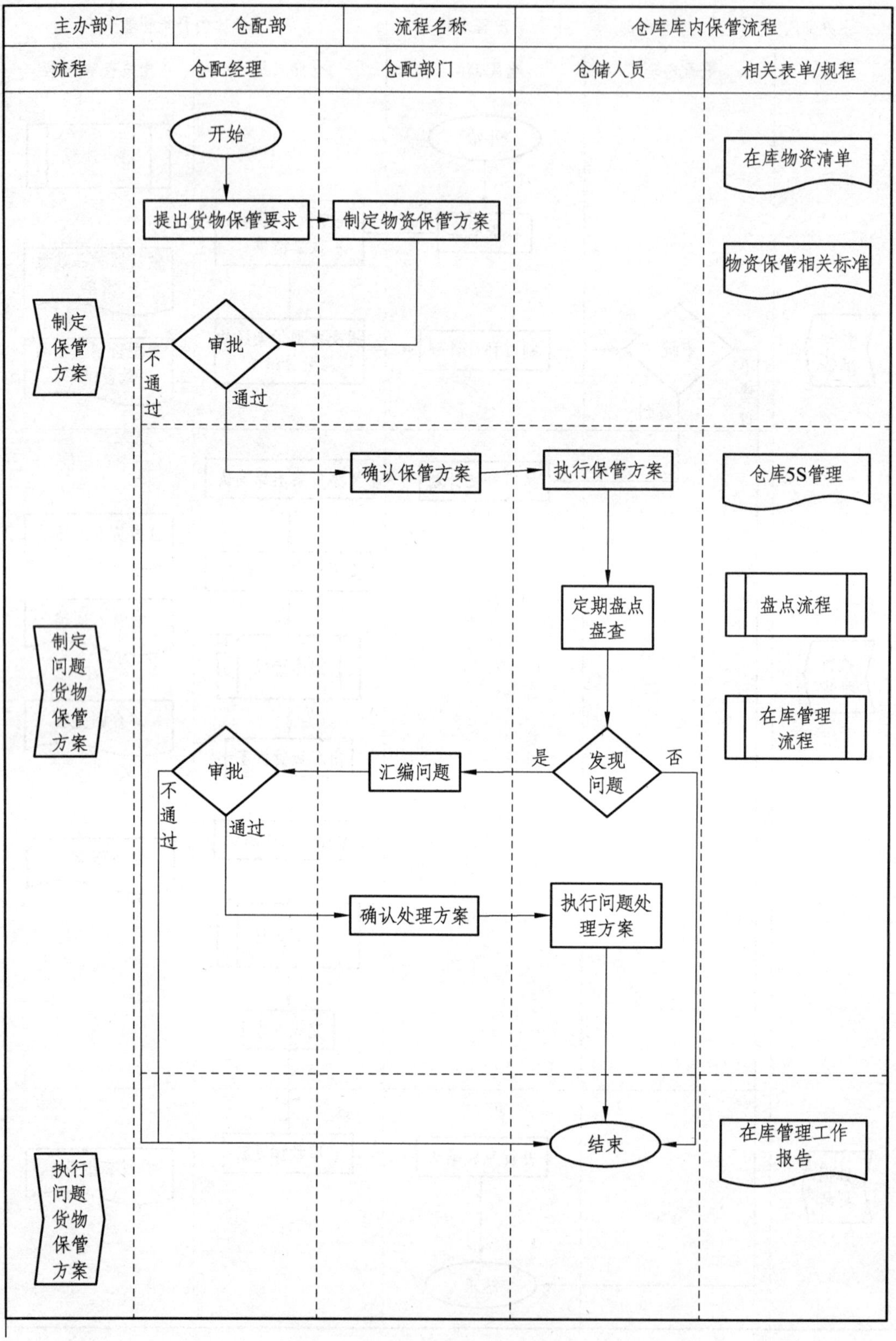
主办部门
仓配部
流程名称
仓库库内保管流程
流程
仓配经理
仓配部门
仓储人员
相关表单/规程
开始
提出货物保管要求
制定物资保管方案
审批
不通过
通过
制定保管方案
在库物资清单
物资保管相关标准
确认保管方案
执行保管方案
仓库5S管理
定期盘点盘查
盘点流程
在库管理流程
制定问题货物保管方案
发现问题
是
否
汇编问题
审批
不通过
通过
确认处理方案
执行问题处理方案
结束
执行问题货物保管方案
在库管理工作报告

图 3-7　保管作业流程图

（四）移库

库内管理过程中，为了确保库存数据的准确性和出库作业的安全性，提高作业效率，需要对仓库货物进行移库作业，保证仓库使用效率。移库作业的基本程序如图 3-8 所示。

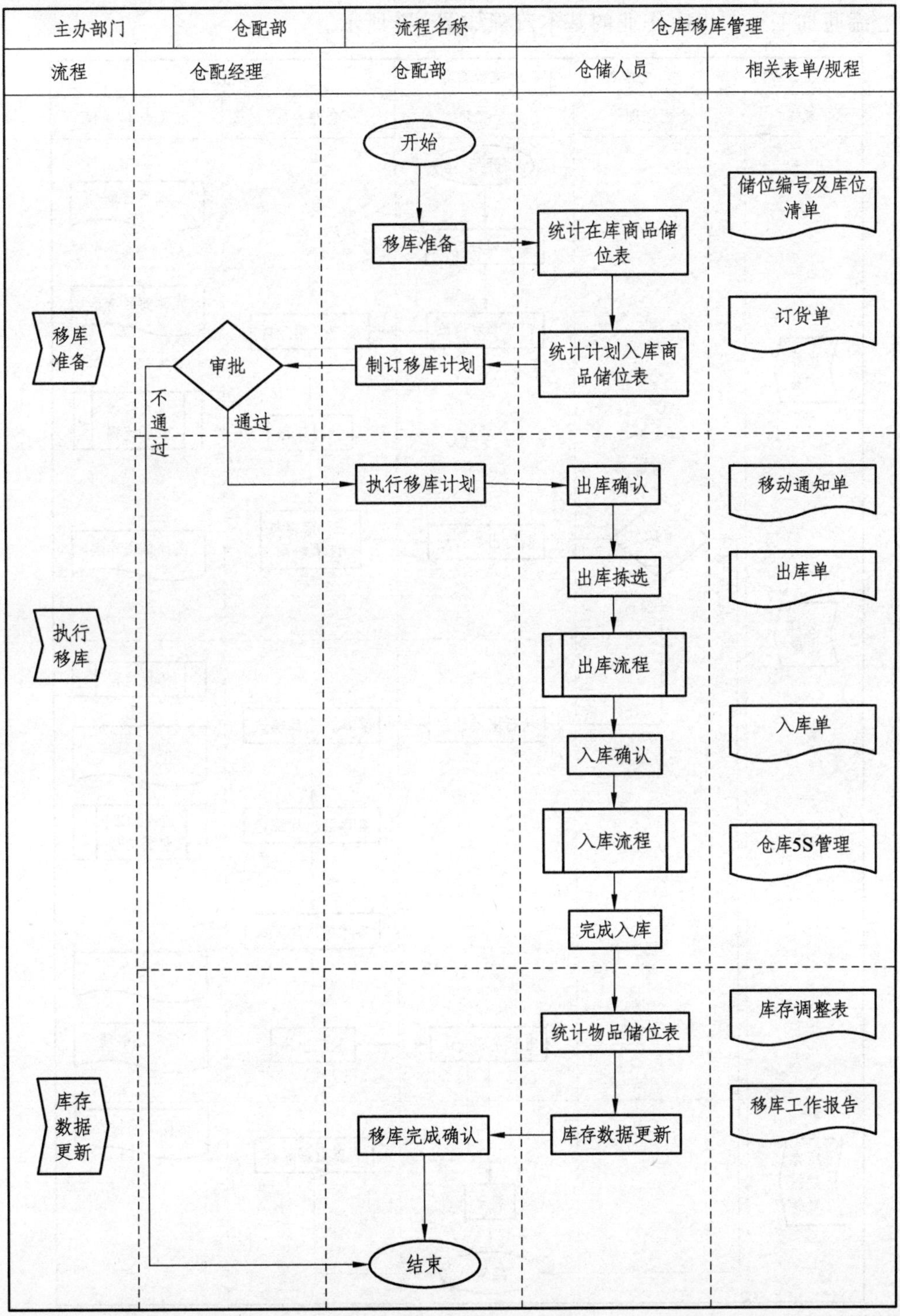

图 3-8　移库作业流程图

三、出库作业

出库作业是仓配一体化作业流程中的末端流程，建立在准确的入库管理和在库管理之上。根据客户订单需求的不同，出库作业一般分为整件出库和集货出库，其工作流程一般包括拣货作业、流通加工等。出库作业的基本流程如图 3-9 所示。

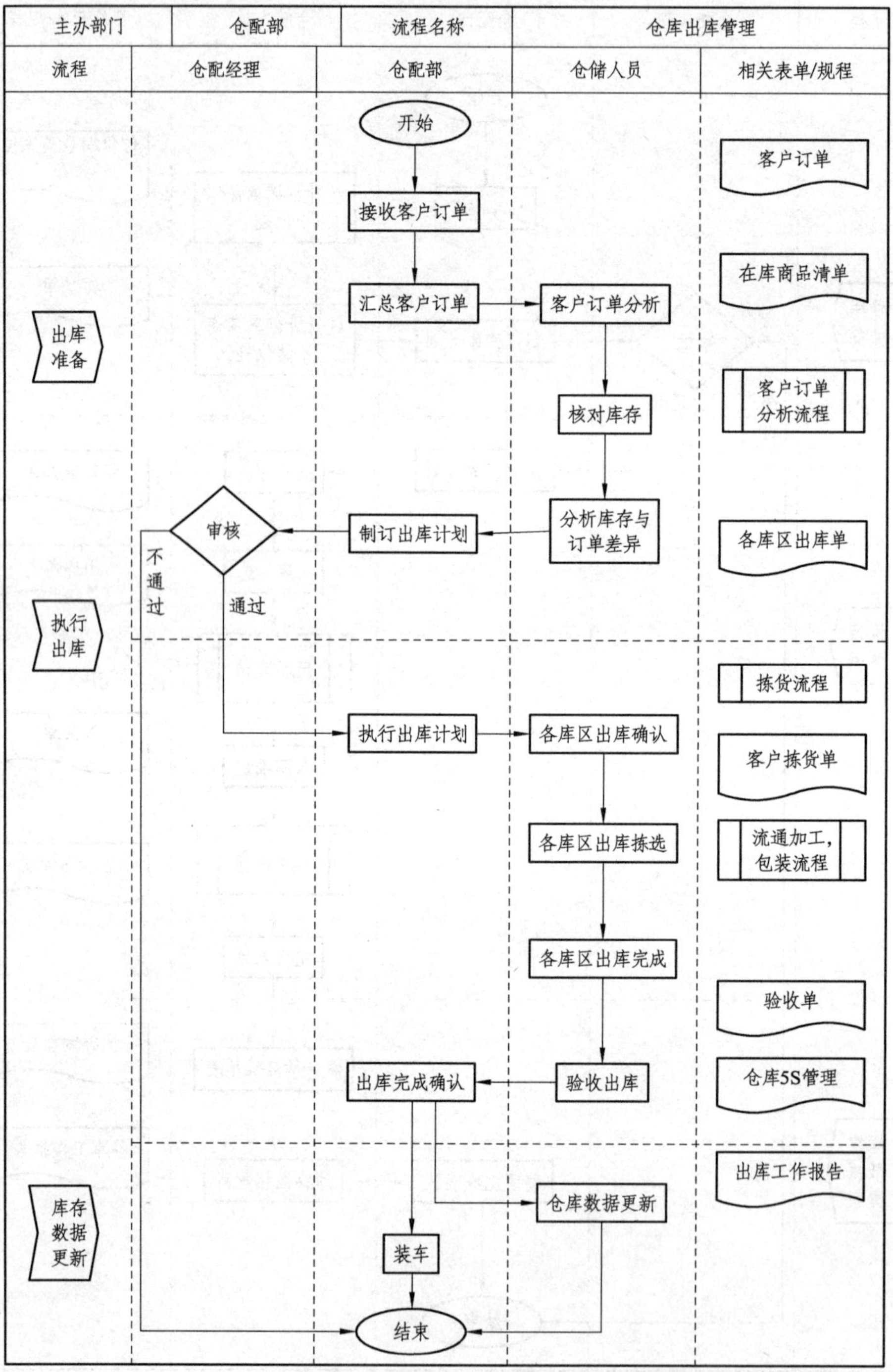

图 3-9　出库作业流程图

拣货作业是出库作业中的组成部分之一。重型货架的拣货作业相对简单，一般是整件进出；散货架的拣货作业相对复杂，根据客户订单需求对货物单品进行拣货。拣货作业的基本流程如图 3-10 所示。

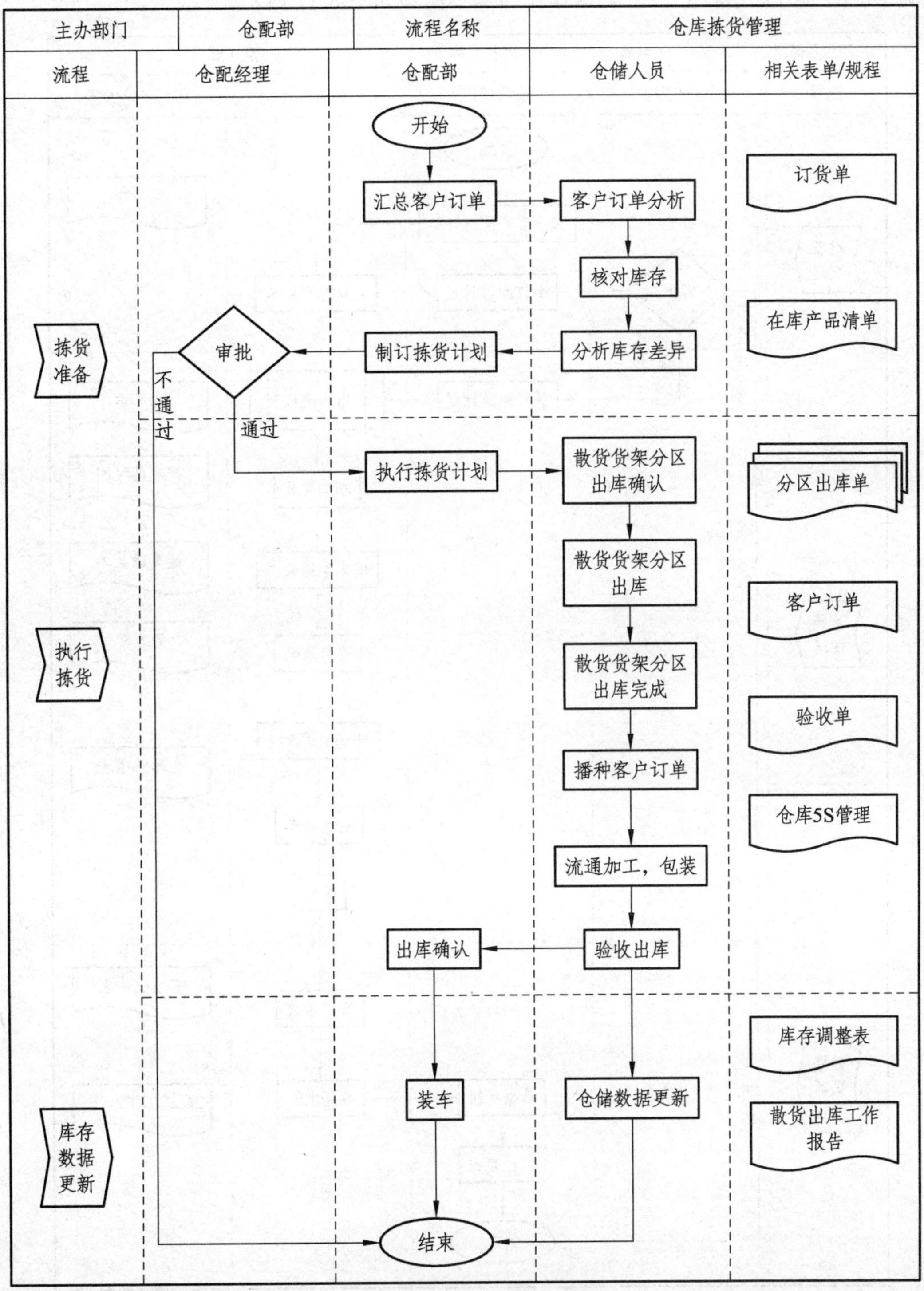

图 3-10　拣货作业流程图

四、配送作业

配送作业是仓配一体化的重要组成部分。配送的有效组织可以降低物流成本，是提高消费者满意度的最有效手段之一。配送作业的基本流程如图 3-11 所示。

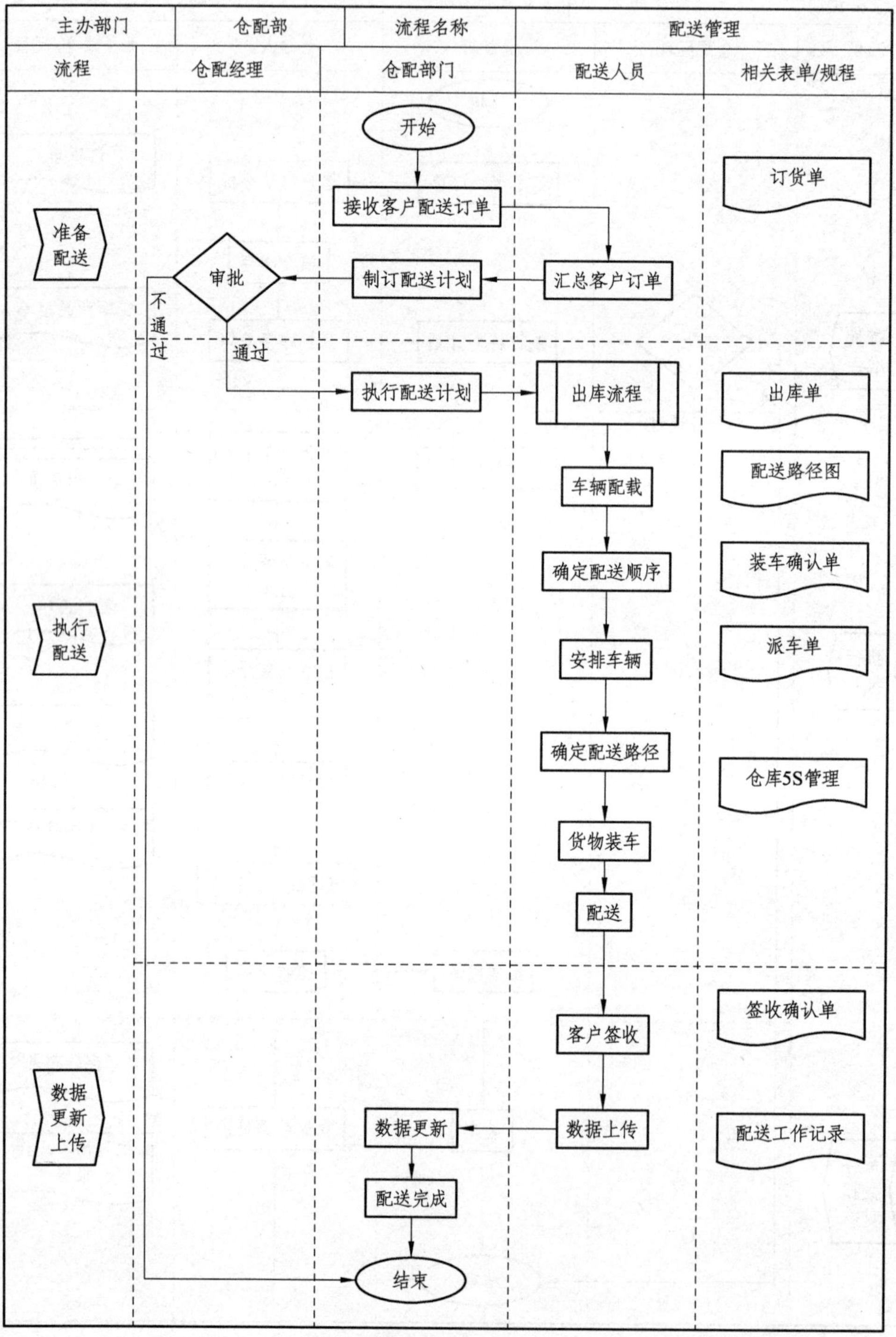

图 3-11　配送作业流程图

【思考题】

1. 请根据以上流程图制定配套工作程序、工作标准、考核标准、执行规范。

2. 请根据项目二的资料描述，设计A品选购仓配一体化流程图，并使用制定的配套工作程序、工作标准、考核标准、执行规范。

任务五　仓配一体化规划

通过仓配一体化流程的设计，可以清楚分析仓配的基本工作功能与流程。这有助于帮助仓配设计者清楚地对仓配的内外部区域位置进行准确规划和定义。

在仓配活动正式运营前，仓配中心的设施设备、存储空间、信息系统设计、总体规划、尺寸规划、道路规划都至关重要，它决定和影响仓配中心是否能够高效运营，且符合低成本的基本原则。仓配中心规划的总体目标是使人力、财力、物力和人流、物流、信息流等得到有效配置，使其成为最经济、最有效的配置和安排，既要保证仓配中心的建设投入是最小的，也要保证其发挥最大效用，并符合可持续发展的基本目标。仓配中心规划包括仓配一体化内部布局规划和外部选址规划。

一、仓配一体化内部布局规划

（一）仓配一体化布局的影响因素

通过仓配一体化作业流程设计，可以清楚了解仓配一体化作业采用何种形式。其基本作业流程包含入库管理、在库管理、出库管理、配送作业。不同行业，不同作业实际内容在作业流程中的占比不同，如流通配送型仓库注重配送管理，储存型仓库注重存储区域管理。影响仓库布局的因素主要有4个方面（见图3-12）。

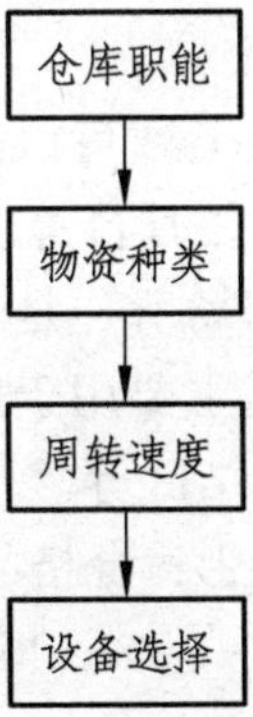

图3-12　影响仓库布局的因素

1. 仓配职能

现代仓配一体化中心除了包含传统业务存储和流通外，根据其业务特点还涵盖了不同的作业方式，如组配、拆装、混装、简单流通加工、信息处理等，所以其职能不同，内部布局也不同。

2. 仓配物资种类

仓配一体化中心存储物资的种类、规格、属性、包装方式、存储方法都间接影响仓配中心布局。

3. 库存周转速度

物资库存周转速度直接取决于仓配中心存储区域和规划的拣配区域。

4. 仓配中心设备选择

确定仓配职能、存储物资种类、周转速度后才能初步确定仓配中心设施设备。

由此可见，以上影响仓配中心规划的 4 个因素层层递进，缺一不可，在规划仓库布局时应逐层推进，对仓配中心的职能、作业范围、主要周转物资种类、包装、周转率等做详细调研。

（二）仓配一体化布局的基本原则

基于仓配中心布局 4 大基本影响因素，布局时应遵循仓配中心的基本职能、作业物资种类的特点，周转速率和匹配设施设备等基本要素，同时遵循国家相关标准，对仓配中心的布局、功能、动线等进行合理设计。

相关基本原则如下：

（1）《通用仓库等级》（GB/T 21072—2007）。

（2）《物流中心作业通用规范》（GB/T 22126—2008）。

（3）《物流设施设备的选用参数要求》（GB/T 39660—2020）。

（4）《通用仓库及库区规划设计参数》（GB/T 28581—2012）。

（5）《建筑设计防火规范》（GB 50016—2018）。

（三）仓配布局一体化布局的基本构成

仓配中心根据作业类型可以分为作业区域和非作业区域。

1. 作业区域

根据仓配一体化作业流程，作业区域大致可以分为进货暂存区、进货月台、存储区、分拣区、集货区、拆零区、发货存储区、发货月台等。

储货区是储存保管、收发整理商品的场所，是仓储作业区的主体区域。储货区主要由保管区和非保管区两大部分组成。保管区是主要用于储存商品的区域，非保管区主要包括各种装卸设备通道、待检区、收发作业区、集结区等。

作业区域各组成部分的构成比例通常为：合格品储存区面积占 40% ~ 50%；通道占 8% ~ 12%；待检区和出入库收发作业区占 20% ~ 30%；集结区占 10% ~ 15%；待处理区和不合格品隔离区占 5% ~ 10%。

仓配中心道路的布局，是根据商品流向的要求，结合地形、面积、各个库房建筑物、货场的位置来决定道路的走向和形式的。

汽车道主要用于起重搬运机械调动及防火安全，同时也要考虑保证仓库和行政区、生活区之间的畅通。仓库道路分为主干道、次干道、人行道和消防道等。道路宽度应符合相关标准规定，具体应考虑运输车辆尺寸、最小转弯半径、运输搬运方式（单行还是双行，是否需要转弯、掉头等）等因素。

通常，主干道应采用双车道，宽度应为 6 ~ 7 m；次干道为 3 ~ 3.5 m 的单车道；消防道的宽度不小于 6 m，布局在库区的外周边。

月台高度、墙体选择、地坪选择可以根据实际情况酌情考虑，并且遵照国家相关规定。

【延伸阅读】五距

仓库内部布局时需要考虑的间距有 5 个，具体如表 3-2 和图 3-13 所示。

表 3-2　仓库五距

序号	类型	具体内容	间距
1	墙距	指墙壁与货堆之间的距离。墙距又分为外墙距与内墙距	
2	堆距	指货垛与货垛之间的距离	一般留 10 cm 即可
3	柱距	指货垛与屋柱之间的距离	一般留 10 ~ 20 cm
4	灯距	指仓库里的照明灯与货物之间的距离	货物与灯的距离一般不应少于 50 cm
5	顶距	指货堆的顶部与仓库屋顶平面之间的距离	顶距在 50 cm 以上为宜

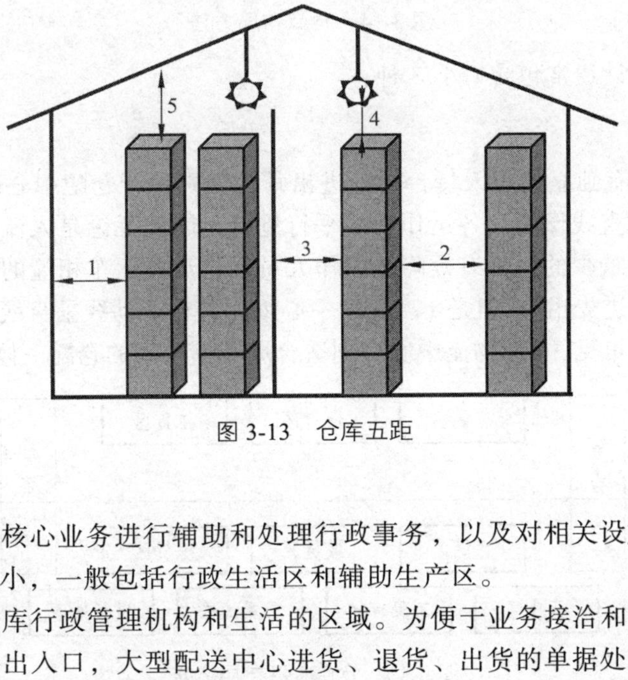

图 3-13　仓库五距

2. 非作业区域

非作业区域是对核心业务进行辅助和处理行政事务，以及对相关设施设备进行维护维修等，所以相对占比较小，一般包括行政生活区和辅助生产区。

行政生活区是仓库行政管理机构和生活的区域。为便于业务接洽和管理，行政管理机构一般设在仓库的主要出入口，大型配送中心进货、退货、出货的单据处理通常设在进货和出货作业区中间，以减少驾驶员的行走距离。

辅助生产区域包含为商品储运保管工作服务的辅助车间或服务站，包括设备维修车间、车库、工具设备库、油库、变电室等。值得注意的是，易燃的特殊物品如油库等设置时应远离维修车间、流通加工、食堂、宿舍等易出现明火的场所，周围应设置相应的消防设施。

此外，现代仓库的消防水道，应采用环形系统布置于仓库全部区域，在消防系统管道上需要安装室内外消火栓，在易燃物品货架上部安装消防配水系统。

（四）仓配布局一体化布局方法

仓配中心的布局方法应遵循以下步骤循序渐进，对仓库进行定性分析后对相关数据进行定量分析，再根据基本动线对仓库进行动线设计。

仓库主要影响因素中的仓库职能、物资种类就是对仓库布局的定性分析，仓储物资周转速度是仓库的定量分析（见图 3-14）。完成以上定性和定量分析后再对仓库进行动线设计，完成仓配中的基本布局。

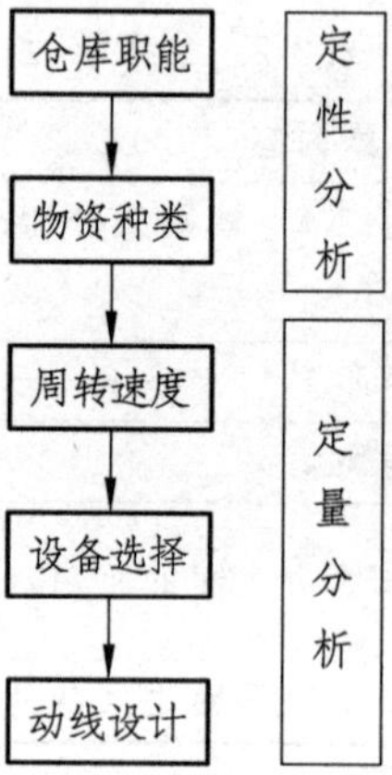

图 3-14　仓库布局方法

仓配中心动线设计通常包含以下 3 种：

1. I 形

I 形仓配中心拥有独立的出入货台，其进出月台分别位于仓配中心两侧（见图 3-15）。I 形仓配中心的运作是直线形的，各运作动线平行进行，因此无论是人流还是物流，相互的碰撞交叉点相对来说是最少的，可有效降低操作人员和物流搬运车相撞的可能性，同时符合仓配运作基本原则"先进先出"。但是 I 型仓配中心因为其作业动线呈直线形，所以对于仓配中心的面积有所要求。可见，I 形物流中心特别适合周转率较高的仓配一体化中心。

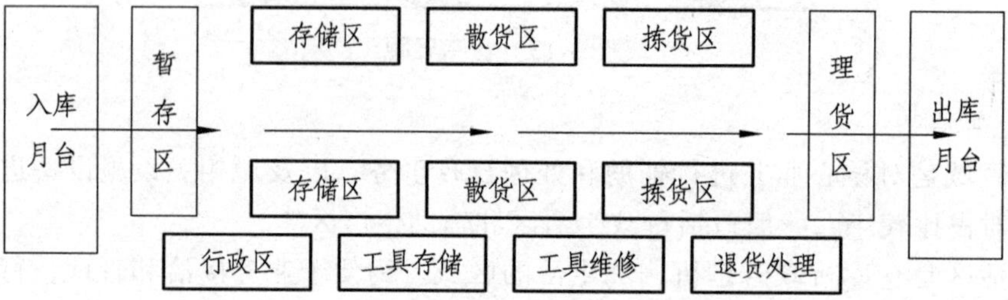

图 3-15　仓库 I 形布局方法

2. U 形

U 形仓配中心的主要回路动线呈 U 形（见图 3-16），该类型中心的出入货台集中在同侧。其主要设计理念主要来自高速公路的循环运输线，可有效降低仓配中心的占地面积，但是 U 形回路的设置使各功能区的运作范围经常出现重叠，且交叉点也比较多，相较于 I 型仓配中心，降低了运作效率。

U 形仓配中心的出入货台集中在同一边，只需在一边预留货车停泊及装卸货车道，一方面，可以更有效地利用外围空间；另一方面，也可以集中货台管理，减少货台监管人员数量，有效降低物流成本。

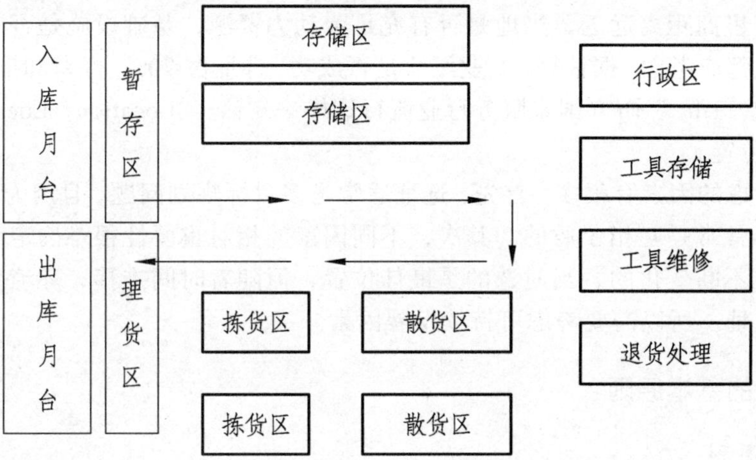

图 3-16　仓库 U 形布局方法

3. L 形仓配中心

需要处理快速货物的仓配一体化中心通常采用 L 形的概念设计，把货物出入中心的途径缩至最短，货物流向呈 L 形（见图 3-17）。L 形物流中心与 I 形物流中心有些类似，同样拥有两个独立货台，碰撞交叉点较少，适合处理快速流转的货物。L 形物流中心一方面避免了 I 仓配中心占地面积过长的问题，同时也减少了物资流转发生碰撞和交叉的可能，有效避免了 U 形仓配中心的缺点，能有效提升效率，降低成本。

这种类型的物流中心特别适合进行交叉式作业（Cross-docking），处理一些“即来即走”或是只会在物流中心停留很短时间的货物。

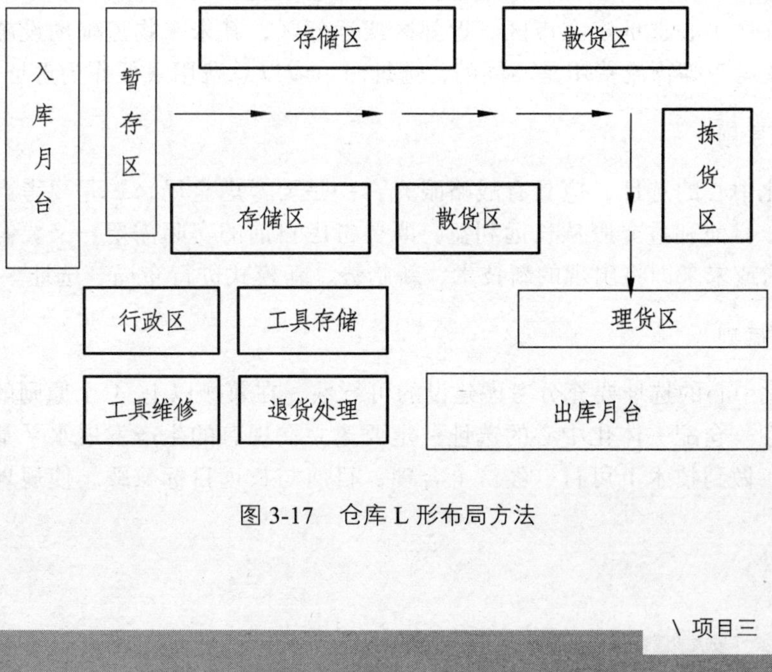

图 3-17　仓库 L 形布局方法

二、外部选址规划

选址是仓配一体化战略的一部分，是取得竞争优势的重要条件之一，仓配一体化中心的选址直接影响物流成本的投入和后期运行成本。中心是否靠近市场，毗邻原材料产地，与上下游供应商和销售商距离远近，当地是否有充足劳动力资源，基础设施是否丰富，且基础设施建设是否完成都应考虑。据估算，商业经营是否成功，选址占 70%，经营和推广等只占 30%。古语说："一步差三市。"西方国家服务行业流行这样一句话："Location，Location，Iocation."（位置、位置、位置）

选址需要考虑的因素有很多。首先，选址通常是多目标规划问题，且因为物流成本的"悖论"使这些目标常常是互相矛盾的。其次，不同因素的相对重要性很难确定和度量。最后，周围的环境是在不断变化的，当时选的是最佳位置，但随着时间推移、环境变化，未来也许会变成不好的选址。所以需要考虑可持续发展因素。

（一）选址的基本原则

1. 适应性原则

仓配一体化中心的地址选择需要与国家及地区的经济发展方针、政策相适应，与国家物流资源分布、物流中心节点、都市群、产业布局和需求分布相适应，与国民经济和社会发展相适应。

2. 协调性原则

仓配一体化中心的选址应将区域物流网络作为一个大系统来考虑，使其设施设备在地域分布、物流作业生产力、技术水平等方面互相协调，与国际、国内物流网络相适应，有效融入物联网、区块链、供应链系统中。

3. 经济性原则

仓配一体化中心在建设过程中，选址费用主要包括建设费用及物流费用（经营费用）两部分。仓库、配送中心选址定在市区、近郊区或远郊区，其未来物流辅助设施的建设规模及建设费用，以及运费等物流费用是不同的，选址时，应以总费用最低作为选址的经济性原则。

4. 战略性原则

仓配一体化中心的选址，应具有战略眼光：一是要考虑全局；二是要考虑长远规划，局部要服从全局，目前利益要服从长远利益，既要考虑目前的实际需要，又要考虑日后发展的可能，根据目前或未来即将出现的新技术、新趋势、新模式进行布局、选址。

5. 可行性原则

仓配一体化中心的选址要充分考虑建设的可行性，在兼顾以上 4 个原则的同时考虑最终选址的可操作性。仓配一体化中心的选址一定要建立在现有的生产发展水平基础上，要考虑到实际的需要，做到技术上可行、经济上合理，目前与长远目标兼顾，使规划能够最终实现既定目标。

（二）仓配一体化中心选址的影响因素

仓配一体化选址时需要考虑周边物流需求和供给以及周边环境的影响，可以列出多个选址方案，借助科学方法进行经济分析后从中选择理想方案。根据影响选址的重要程度，可以区分为主要成本因素和非主要成本因素。成本因素与建设成本、运营成本等直接相关，是可以直接使用货币度量的因素，非成本因素与成本没有直接关系，但是能够影响总投入成本和未来发展的因素，不能直接使用货币度量。

1. 主要成本因素

（1）运输成本。

物流运输中，转运、集货是运输成本居高不下的原因之一，一直困扰着物流企业。运输成本占物流成本的30%以上，因此，要通过合理选址，从战略角度出发，调整运输结构，减少转运与集货，减少运输接驳，使多种运输方式之间有效衔接、有效开展多式联运；缓解地域经济结构，解决运输来回满载率不平衡的矛盾；为开展物流领域标准化工作创造有利条件，降低运输成本。

（2）原材料供应成本。

仓配一体化中心选址在供应量上下游供应商和销售商附近，不仅能够保证原材料的安全实时供应，还能够降低运输成本，获得较低的采购成本和配送运输成本。

（3）人力资源成本。

不同地区的劳资水平不尽相同，差异较大，在选址决策时需要考虑人力资源成本在物流费用中所占的比重，以及劳动力资源是否稳定和丰富。

（4）建筑成本和土地成本。

不同的选址方案，在对土地的征用、建统等方面的要求是不相同的，从而导致不同的成本开支。因此，在选址过程中，应尽量避免占用农业用地和环保用地，减少拆迁费、安置费和建设成本。

2. 非成本因素

（1）经营环境。

仓配一体化中心选址时应考虑当地经营环境、商业氛围、政府为企业服务的意识和行为、经济发展水平等因素，还应该注重选址周围的社区环境、周边地区的顾客流量、人们的购买力水平、交通运输状况和公用设施条件、医疗卫生、子女入学、购物、休闲场所等因素。

（2）当地政府政策法规。

仓配一体化中心在进行选址决策时，要充分考虑当地政府的政策法规。有些地区的政府采取比较积极的政策，鼓励在经济开发区进行仓配一体化中心建设或出租，并在资本、税收等方面提供比较优惠的政策；同时，这些地区的交通、通信、能源等方面的基础设施建设也比较完善。

（3）自然环境因素。

有些商品的仓储与运输需要在一定温度和湿度范围内进行，需要特定的环境条件，这样才能确保商品质量。因此，在选址过程中，还要考虑自然环境因素。此外，仓储是大量商品的集结地，某些质量很大的建筑材料堆码起来会对地面造成很大的压力，因此选址还需考虑地质条件，如果仓库地面以下存在淤泥层、流沙层、松土层等不良地质条件，会在受压地段造成沦陷、翻浆等严重后果。另外，在沿江河地区选址时，需要调查和掌握有关的水文资料，特别是汛期洪水最高水位的情况，防止洪水隐患。同时，在水文条件方面，还要考虑地下水位的情况，水位过高的地方不宜作为工程的基地，洪泛区、内涝区、故河道、河滩区等区域绝对禁止。

（4）时间影响因素。

快速响应、快速送达是物流企业竞争的重要因素之一。建立综合仓配一体化中心，就是既要使整个供应链的成本最小，又要对顾客的需求做出快速有效的响应。而且有些产品时效性强，因此选址时必须考虑时间因素。

（三）选址方法

仓配选址时需要考虑各项因素并综合分析，所以是综合运筹理论，其中部分因素可以使用数学模型进行定量分析，最常用的方法有一维直角坐标法、重型法、评分法、线性规划运输问题法、仿自然法、平衡法、仿真法等，以上方法综合科学的运用数学模型、统计原理等基础理论，将现有因素综合利用，使用定量、定性方法得出所需要结论。因篇幅有限不做一一介绍，只介绍几种简便、实用的选址方法。

1. 一维直角坐标法

一维直角坐标法是求解各买方和卖方在一条直线上最优解的简便解法。这种方法适合于仓配中心与企业在一条公路上的两旁，在就近公路旁边选址建立仓配中心为其进行仓配服务，使总运费最小。

【例 3-1】某开发区有 9 个药品生产厂，分别位于省级公路两旁。公路旁边有部分小路连接，但是不能通行货车，药品生产厂商距离省会位置及原材料使用量如表 3-3 所示。现在拟建仓配中心，思考如何选择仓配中心位置。

表 3-3　厂商信息

名称	制药厂 1	制药厂 2	制药厂 3	制药厂 4	制药厂 5	制药厂 6	制药厂 7	制药厂 8	制药厂 9	总计
坐标 X	10	56	20	15	70	80	160	315	190	916
使用量/t	20	22	60	35	40	28	75	43	57	380
使用量前累计	20	42	102	137	177	205	280	323	380	

解：因为 9 个制药厂商分别位于道路两旁，符合一维直角坐标法的基本思路，所以可以使用一维直角坐标法。

第一步：依据制药厂坐标 X 的大小，按照从小到大的顺序进行排序。

第二步：依据排序结果将使用量从前往后进行累计，第一个大于或等于总用量一半的对应为最优解（见表 3-4）。

表 3-4　厂商信息

名称	制药厂 1	制药厂 4	制药厂 3	制药厂 2	制药厂 5	制药厂 6	制药厂 7	制药厂 9	制药厂 8	总计
坐标 X	10	15	20	56	70	80	160	190	315	916
使用量/t	20	35	60	22	40	28	75	57	43	380
使用量前累计	20	55	115	137	177	205	280	337	380	
使用量后累计	380	360	325	265	243	203	175	100	43	
最优解位置						最优解				
距离制药厂 6 的距离	70	65	60	24	10	0	80	110	235	
运量	1 400	2 275	3 600	528	400	0	6 000	6 270	10 105	30 578

2. 仿自然法

仿自然法是借助自然界亿万年优胜劣汰，不断进化和优化的结果，运用自然界的优化现象寻找最优解。例如：光走的距离最短，液体表面之间的夹角为 120°时张力最小，蜜蜂蜂巢夹角接近 108°时容积最大，蚂蚁把大量食物运到巢穴走的距离最短，鱼类流线型形体最佳，所以仿自然法是自然界演变的结果。在仓配选址中，运用了光走距离最短原理和液体夹角 120°时张力最小。

（1）光走的距离最短原理及运用。

【例 3-2】在河两边分别有 *A*、*B* 两个工厂（见图 3-18），现在需要建设货运码头，满足 *A*、*B* 工厂的运输需求，如何选址？

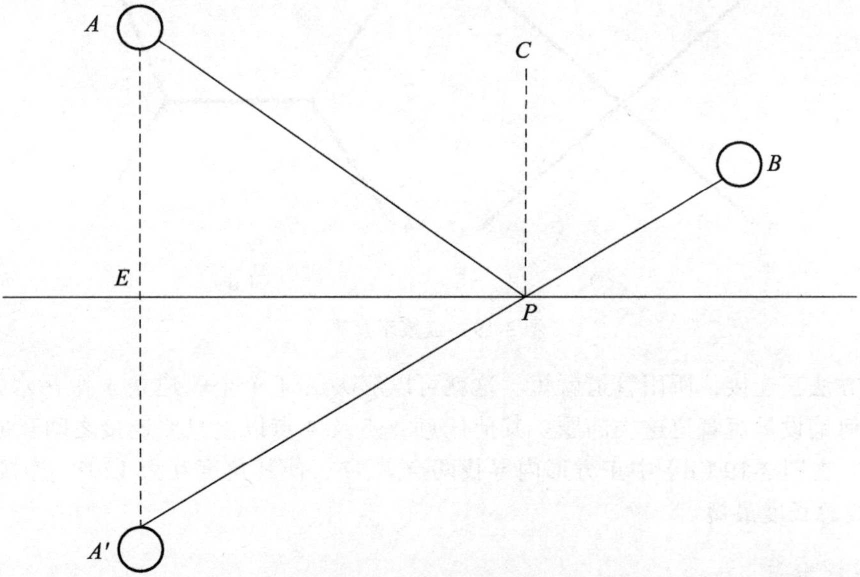

图 3-18　*A*、*B* 位置示意图

解：借助光的入射角等于反射角，使∠*APC* 和∠*CPB* 相等。

第一步：做 A 点对称点 A' 使 $AE=A'E$；

第二步：连接 $A'B$，$A'B$ 与河岸相交于 P，P 点为最佳建设码头地点，因为此时 $\angle APC$ 与 $\angle CPB$ 相等。

（2）液体表面之间的夹角为 120°时张力最小。

在自然界中，液体表面之间的夹角为 120°时张力最小。例如，肥皂泡之间的夹角呈 120°时，是一个相对稳定状态，符合优化平衡原理。将一个平面 360°分成 3 份，各呈 120°就是均衡分配，可以把这理论运用到选址与布置中。

【例 3-3】连接四点距离最短方法。为了便于计算，以图 3-19（a）中正方形为例，思考如何连接 4 个顶点所用管道最短。

方法一：3 个直角边相连，若边长为 a，则总长为 3a，如图 3-19（b）所示。

方法二：对角线相连，总长度为 $2\sqrt{2}a$，如图 3-19（c）所示。

方法三：每条连线夹角为 120°，总长度为（$1+\sqrt{3}$）a，为最短，如图 3-19（d）所示。

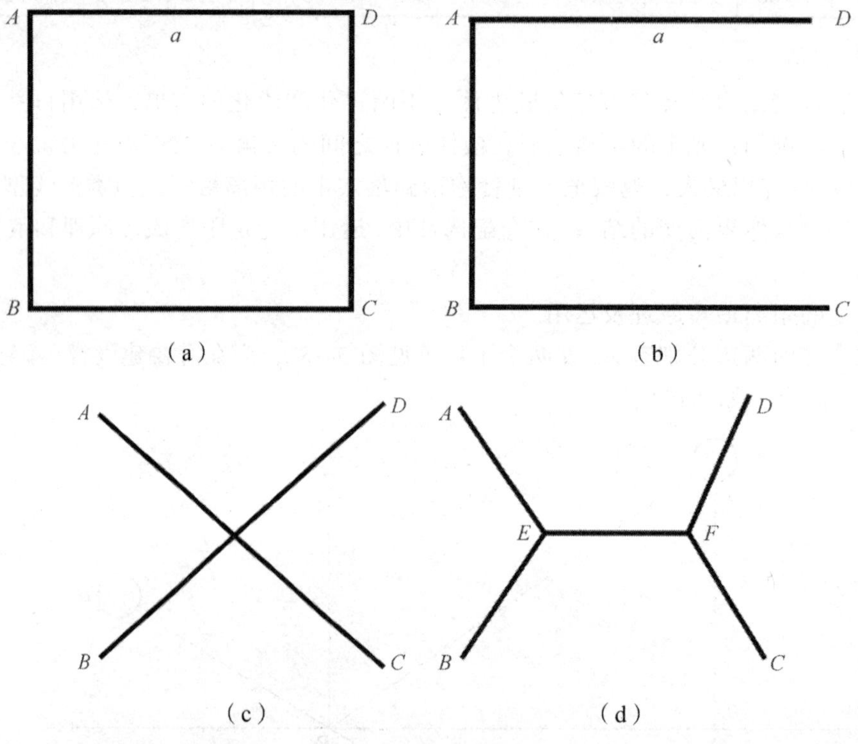

图 3-19　连接示意图

只要按方法三连接，所用管道就短。这就可以解决给 4 个企业建立 1 个污水处理厂，在何处建，如何铺设最短管道这类问题。其他任意 4 点及 4 点以上只要连接之间互成 120°，其连线就最短。在图 3-19（d）中正方形内寻找两点 E、F，使其角度互为 120°，连接 A、B、C、D 4 点的线段总长度最短。

3. 加权评分法

这种方法与简单评分法不同，直接给出重要程度比重。每项指标满分可以表示为 100 分，也可以表示为其他数值，如 10 分等；然后看权重计算总分，分数最高的为最佳方案。

【例 3-4】假设 A 公司需要建立仓配中心，其中要考虑 6 个重要因素。每个因素根据调研和综合分析后给出一定权重（见表 3-5）。A 公司一共选定 4 个位置，并针对影响因素做出 4 个方案。A 公司聘请专家根据相关因素对方案进行打分后得到最佳方案为方案一。

表 3-5　方案信息

选址因素	权重	方案一	方案二	方案三	方案四	方案五
交通环境	0.3	95	89	93	94	89
劳动力供给	0.2	98	87	94	95	87
基础设施	0.1	90	86	93	93	83
当地政府政策	0.2	97	85	95	92	98
环境保护法规	0.1	96	88	91	93	92
生活环境	0.1	97	89	93	91	91
总计	1	95.8	87.4	93.4	93.3	90.3

4. 综合评分法

加权评分法的计算相对较为简单，但是需要长时间做市场调查确定加权比重。如何确定加权比重存在一定难度，且加权比重的设置存在诸多争议和条件限制，所以加权评分法存在一定缺陷，不能被大众接受。而综合评分法则规避了加权评分法的部分缺陷，将实际数据转换为分数后再确定加权比重。

$$转换分数=[（实际数值-基础数值）\times 40/（理想值-基础值）]+60$$

【例 3-5】某生产公司需要租用仓配中心，现有 5 个仓配中心可供考虑，就实际情况探测后主要考虑 4 个指标：距离客户运输距离、仓库可用仓库面积、仓库租金价格、周边生活环境。通过对备选 5 个仓库调研后，得出 5 套方案，生产公司也有自己的理想方案。理想方案和实际 5 个方案的基础数据如表 3-6 所示。

表 3-6　方案信息

权重	0.1	0.25	0.35	0.3
指标	距离/km	仓库面积/m^2	租金价格/（元/月）	周边环境
理想值	1	9 500	45 000	100
方案 A	3	8 200	52 000	75
方案 B	7	8 500	60 000	75
方案 C	10	9 300	48 000	60
方案 D	6	7 500	62 000	90
方案 E	5	7 900	53 000	90
基础值	12	6 500	62 000	60

通过表 3-6 可以看出，主要参考的 4 个因素因为单位不同无法直接对其进行加权打分，需要将其转换成标准分数后才能加权打分。所以需要依据理想值和基础值使用公式对其进行分数转换后，再加权打分（见表 3-7）。

表 3-7　方案信息

权重	0.1	0.25	0.35	0.3	
指标	距离/km	仓库面积/m^2	租金价格/（元/月）	周边环境	最终得分
理想值	1	9 500	45 000	100	
方案 A	92.7	82.7	83.5	75	81.7
方案 B	78.2	86.7	64.7	75	74.6
方案 C	67.3	97.3	92.9	60	81.6
方案 D	81.8	73.3	60.0	90	74.5
方案 E	85.5	78.7	81.2	90	83.6
基础值	12	65 000	62 000	60	

方案 A 距离分数转换=[（3-12）×40/（1-12）]+60=92.7

计算得出方案 E 的分数最高。

5. 运输模型法

运输模型法是指在供需平衡后使用运费最小值进行配比后得出最优选址的方法。其根本原理是计算供需配比平衡后，计算运输成本最小值，从而获得最优方案。

【例 3-6】某产品市场销售良好，目前已经建成 3 个生产场地和 3 个销售配送中心。现拟新建配送中心，共有两个地址 D 和 E 备选。运价和供需关系如表 3-8 所示，请使用运输配比模型计算最优方案。

表 3-8　方案信息　　运价：万元

产地	配送中心					
	B1	B2	B3	D	E	供给量/kg
A1	12	9	10	10	8	19
A2	1	3	4	2	5	15
A3	8	4	12	5	3	17
需求量	13	18	14	6	6	

由表 3-8 可以看出，产地和需求供给平衡，需要从 D、E 两地选择建设配送中心，以满足配送需求。

先计算 D 配送中心最优配送方案和配送模型（见表 3-9）。

表 3-9　方案信息　　运价：万元

产地	配送中心				
	B1	B2	B3	D	供给量/kg
A1	12	9	10	10	19
A2	1	3	4	2	15
A3	8	4	12	5	17
需求量	13	18	14	6	

在最优配送模型中，先找出运费最低点，A2、B1 运费为每千克 1 万元，为最便宜的运输费用。所以从此地开始配平，依次进行供需配平，保证运费最低时，且供需平衡，得到最优运输方案（见表 3-10）。

表 3-10　方案信息

产地	配送中心				
	B1	B2	B3	D	供给量/kg
A1	0	1	14	4	19
A2	13	0	0	2	15
A3	0	17	0	0	17
需求量	13	18	14	6	

计算运输成本：13×1+1×9+17×4+14×10+4×10+2×2=274（万元）

D 点的运输成本为 274 万元。

按照以上方法依次计算 E 配送中心最优配送方案和配送模型（见表 3-11 和表 3-12）。

表 3-11　方案信息　运价：万元

产地	配送中心				
	B1	B2	B3	E	供给量/kg
A1	12	9	10	8	19
A2	1	3	4	5	15
A3	8	4	12	3	17
需求量	13	18	14	6	

表 3-12　方案信息　运价：万元

产地	配送中心				
	B1	B2	B3	E	供给量/kg
A1	12	9	10	8	19
A2	1	3	4	5	15
A3	8	4	12	3	17
需求量	13	18	14	6	

计算运输成本：13×1+5×9+2×3+11×4+14×10+6×3=266（万元）

E 点的运输成本为 266 万元。

由此可见，在 E 点建设配送中心，成本较低。

任务六　仓配一体化应用

一、仓配 ERP 体系

仓储配送 ERP（Enterprise Resource Planning），即“企业资源规划”，本身就是一整套的仓储配送解决方案，又称仓储配送 ERP 系统，目前在我国适用范围非常广泛，匹配我国大部分生产制造商的仓配系统。简言之，ERP 系统就是现代企业管理系统，将企业的数据信息都统一到一个平台上，消除企业内部的信息孤岛，达到提高企业员工工作效率的目的，从而提升企业自身的经济效益。仓配或仓储 ERP 系统是 ERP 系统中的一个模块，在企业中也发挥着很大的作用。

（一）仓配 ERP 系统

仓储配送 ERP 系统是指对仓储货物的收发、结存等活动的有效控制，其目的是保证仓储货物完好无损，确保生产经营活动的正常进行，并在此基础上对各类货物的活动状况进行分类记录，以明确的图表方式表达仓储货物在数量、品质方面的状况，以及目前所在的地理位置、部门、订单归属和仓储分散程度等情况的综合管理形式。

采用仓储配送 ERP 系统的目的在于解决仓库管理常见问题。例如，未对物料或品类进行分类管理；账物不符，管理混乱，经常找不到货；有漏发、错发现象；不遵守先进先出原则，产生废料；终端送货不及时，货损严重，配送成本过高。

（二）仓储配送 ERP 系统解决方案

仓储配送 ERP 系统作为仓储管理的技术手段，就是为了解决传统仓管手工操作、滞后管理的弊端，实施超前计划，前馈管理，通过信息导入、数据分析，实施过程预测，提高仓储系统的反应速度和纠错能力，使仓储活动与配送活动实现无障碍衔接，真正实现仓配一体化管理。

（三）仓储配送 ERP 系统的功能

1. 物料数据的维护

（1）划分物料类别。很多企业需要分析不同类别的物料的采购数据等，那么就需要在系统中对物料进行分类。例如，按低值易耗品、办公用品、快消品等进行划分。分类确定后，就可以在仓储配送 ERP 系统中按类别查找，企业若需要查看某个类别物料近一个月的出入库情况，这时此功能就有使用价值了。

（2）创建物料基础数据。每一笔物料都由公司数据、销售数据、采购数据、库存数据、成本数据等组成，维护好每一笔数据关系到后面的收发存管理。仓储配送 ERP 系统有一个集成维护的功能，此功能在开始创建物料数据时就可以一起维护，创建任何物料只需要开启集成维护功能就可以一次完成维护，无须分笔操作。仓储配送 ERP 系统将物料按种类进行编号，编好后将物料名称、编号等信息录入二维码，结合 RFID 扫描枪进行管理。这样既可方便查找，又可在第一时间知道库存情况。此外，安全库存提醒也可以降低停工带来的风险。

2. 仓储配送 ERP 系统的库存状态

同一物料存放在仓库中会因为品质不同，存在多种状态，如可用、待处理、废品等。此时，就可以通过库存状态来区分。相同的库存状态可以按照不同的存货属性来设置。仓储配送 ERP 系统预设了 5 种库存状态供使用，可针对线上与线下新零售模式，包括：自有库存、VMI 库存、客供库存、寄售托管库存、委外托管库存等形式。

3. 出入库管理

仓库所有物料的出入库信息，都可以直接记录在出入库记录中，包括采购入库、领用出库等。仓储配送 ERP 系统通过不同业务的出入库确认功能，统一产生出入库记录，不需要进行转单流程，直接生成相应单据作为入账凭证。

4. 库存初始化

期初数据录入完成后，可以通过库存管理结束初始化功能，完成库存管理的初始化动作。结束初始化以后，不允许再更改库存的期初数据。

仓储配送 ERP 系统可以帮助企业很好地进行仓库管理工作，不仅能降低企业的仓储物流支出，还能提高企业仓库管理的劳动效率。目前，行业普遍应用的是 SaaS 级库存管理系统，该类系统服务于中小企业的库存管理，是具有物料消单（BOM）的在线库存管理系统，方便企业及时了解原材料和产成品在仓库中的动态，并且运用 ERP 系统，实时更新仓储数据，并可设置各种预警机制。仓储配送 ERP 系统软件的目标是实现零库存，让所有企业的资金周转顺畅。

【延伸阅读】

易仓科技提供的管理系统有哪些优势？

易仓 ERP 主要分两大模块：订单管理模块和仓配管理模块。

订单管理就是从平台抓取订单到系统，然后进行订单处理的一系列工作，如审核、退换货、客服等。仓配管理就是从产品开发到采购到收货发货等整个供应链的管理。

易仓 ERP 平台对接 eBay、亚马逊、全球速卖通、Wish、Lazada、Shopee、Cdiscount、Soug、沃尔玛等主流跨境电商平台。通过制定订单规则自动匹配发货仓库和物流邮寄方式，支持无库存、有库存见单采购和有库存备货采购 3 种订单处理模式。

资料来源：http://Dbs.cccang.com/articles/1020，作者有删改。

二、仓配 SCM 体系

供应链管理（Supply Chain Management，SCM）是在企业资源规划（ERP）的基础上发展起来的。SCM 就是集合供应链所有功能需求和管理，如供应管理、需求、原材料采购、市场需求、生产管理、库存管理等，包括产品从原材料的采购、生产、发货、运输、销售到顾客的每一个环节。同时从宏观角度将所有采购、生产、库存、销售等数据合并在一起统筹管理。综合分析外部环境对各环节的影响，使其成为商业生态系统，也是互联网经济、共享经济背景下所产生的管理革新。供应链管理的主要职能是整合供应链各节点信息，综合分析信息价值后规划和决策并建立符合信息化基础架构的供应链解决方案。其根本目标是优化供应链效率和效能，在现有资源下达到最高客户价值的满足，其功能覆盖于所有供应链公司的 ERP 和交易处理过程。

其主要内容如图 3-20 所示。

【延伸阅读】

ASN 即预先发货清单（Advanced Shipping Note），是生产厂家或者批发商在发货时利用电子通信网络提前向零售商传送货物的明细清单。这样零售商事前可以做好货物进货准备工作，同时可以省去货物数据的输入作业，使商品检验作业效率化。购买商也可以凭借此清单核对订单交货数量、剩余数量等，及时更正数量上的错误。

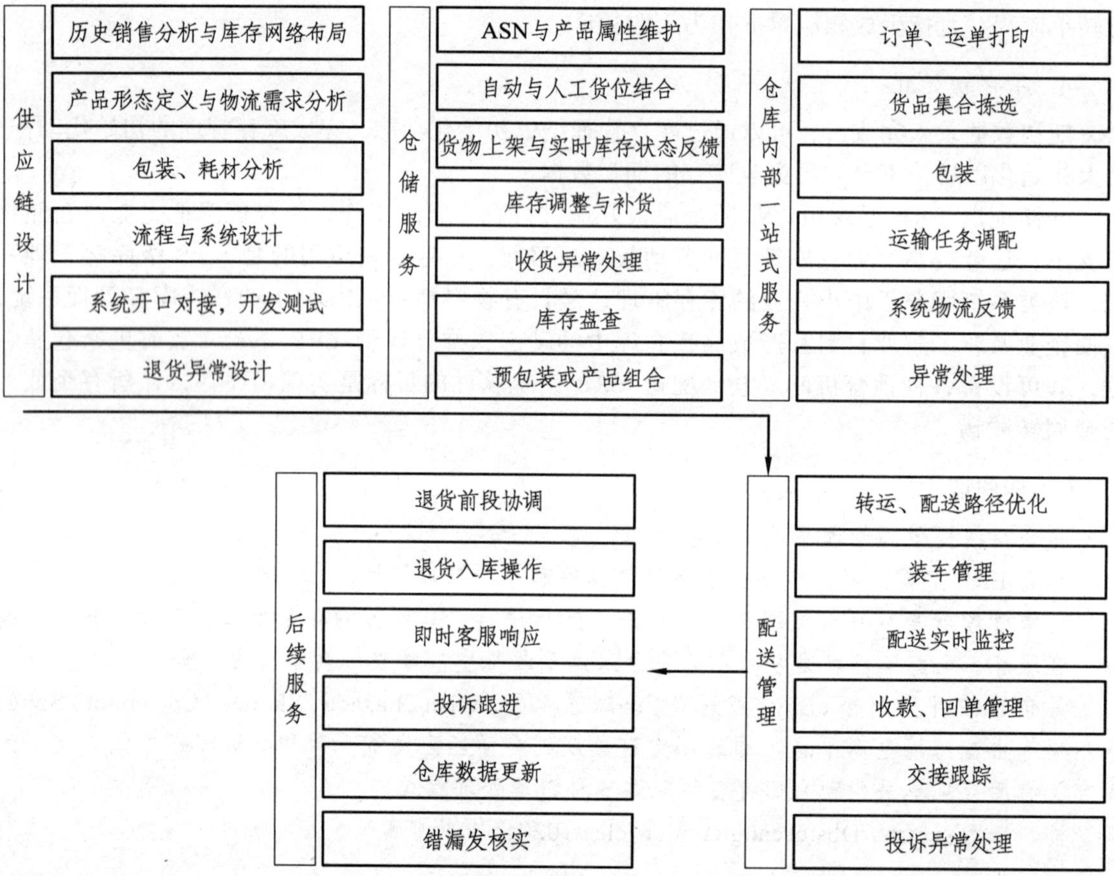

图 3-20　供应链管理

（一）仓储管理在仓储配送 SCM 系统中的核心地位

由图 3-20 可以看出，仓储管理在仓储配送 SCM 系统中具有核心地位。从物流业的发展过程可以看出，在现代供应管理中“牛鞭效应”是物流管理中需求问题的放大，解决该问题的核心是以研究合理库存为起点，建立合理仓配流程，改变生产方式，实行订单生产，将静态的库存管理转变为动态的 JIT 配送，实现降低库存数量和周期的目的。在这个过程中，尽管仓库越来越集中，每个仓库覆盖的服务范围越来越大，仓库吞吐的物品越来越多，操作越来越复杂，但是仓储的周期越来越短，单位成本呈现不断递增的趋势。但是现代化、智能化、数字化仓储设施设备的投入从根本上解决了成本问题。初期成本投入巨大，但是随着时间的推移，后期成本逐渐下降。

【延伸阅读】

1. 牛鞭效应

“牛鞭效应”是经济学中的一个术语，指供应链上的一种需求变异放大现象。信息流从最终客户端向原始供应商端传递时，无法有效地实现信息共享，使信息扭曲而逐级放大，导致需求信息出现越来越大的波动。此信息扭曲的放大作用在图形上很像一个甩起的牛鞭，因此被形象地称为“牛鞭效应”。

“牛鞭效应”在如今的供应链管理中无疑表现得最为突出。1998 年，在英国举办的供应链管理专题会议上，一位与会者提及，在他的欧洲日杂公司，生产、供应环节发生着这样的现象：从渔场码头得到原材料，经过加工、配送到产品的最终销售需要 150 天，虽然消费者得到这样的商品没有感觉到不好，而且所有的中间环节也都是按照他们原本的最优效率运转着，但是这位管理者做了一个数据对比后，感到非常惊愕：产品加工整个过程仅仅占用了 150 天中的 45 分钟。为什么供应链条被拖得这么长，而真正最有价值的只有 45 分钟，大部分时效被如何浪费掉了呢？在整条供应链上，各个环节：零售商、批发商、分销商和制造商等，每一个节点企业的订单都会产生波动，需求信息都有扭曲发生（不过是或多或少罢了）。这样下来，通过零售商、批发商、分销商、制造商，逐级而上，信息的扭曲越来越严重。美国著名的供应链管理专家 HauL.Lee 教授解释为：尽管特定产品的顾客需求变动不大，但是这些商品的库存和延期交货波动水平却相当大。

2. JIT

准时制生产方式（Just in Time，JIT），又称无库存生产方式（Stockless Production）、零库存（Zero Inventories）、一个流（One-piece Flow）或超级市场生产方式（Supermarket Production）。

准时制是日本丰田汽车公司在 20 世纪 60 年代实行的一种生产方式。1973 年以后，这种方式对丰田公司度过第一次能源危机起到了突出的作用，后引起其他国家生产企业的重视，并逐渐在欧洲和美国的日资企业及当地企业中推行开来。这一方式与源自日本的其他生产、流通方式一起被西方企业称为“日本化模式”。

准时制核心思想是将必要的零件以必要的数量在必要的时间送到生产线，并且只将所需要的零件、只以所需要的数量、只在正好需要的时间送到生产。这是为适应 20 世纪 60 年代消费需要变得多样化、个性化而建立的一种生产体系，以及为此生产体系服务的物流体系。所以准时生产制的出发点就是不断消除浪费，减少库存，进行持续的循环式的改进。

（二）基于仓储配送 SCM 系统的仓储管理

随着智能化仓库、智慧化仓库数量的增加以及立体仓库技术的普及，多数企业开始布局现代仓储设施的智能化仓配一体中心。其优点是：自动存储系统与整个企业的生产系统集成在一起，形成完整的合理化物流体系。这种集成的趋势表现在将企业内部的物流系统向前与供应商的物流系统连接，向后与销售体系的物流集成在一起，使社会物流与生产物流、生产物流与销售物流、销售物流与消费物流融合在一起，形成以市场需求为导向的全程全域供应链生态系统。

基于仓储配送 SCM 系统的仓储管理是一个适用于第三方物流配送中心的仓储配送管理，它支持条形码、RFID 等物流信息识别技术，可与射频数据采集终端进行实时信息互动，以及可对自动立体仓储的全自动仓储作业，如入库、出库、移库、移位等进行直接监控，从而真正实现了对仓储作业的到货检验、入库、出库、移库、库存查询等各个作业环节的系统管理。

【延伸阅读】RFID

无线射频识别即射频识别技术（Radio Frequency Identification，RFID），是自动识别技术的一种，通过无线射频方式进行非接触双向数据通信，利用无线射频方式对记录媒体（电子标签或射频卡）进行读写，从而达到识别目标和数据交换的目的。其被认为是 21 世纪最具发展潜力的信息技术之一。

无线射频识别技术通过无线电波不接触快速信息交换和存储技术，通过无线通信结合数据访问技术，然后连接数据库系统，以实现非接触式的双向通信，从而达到识别目的，用于数据交换，串联起一个极其复杂的系统。在识别系统中，通过电磁波实现电子标签的读写与通信。根据通信距离，可分为近场和远场，为此读/写设备和电子标签之间的数据交换方式也对应地被分为负载调制和反向散射调制。

三、仓配 CRM 体系

仓配一体化趋势是基于互联网迅猛发展，市场不断成熟，新媒体发展带动下新零售产业迅猛成长的需求导向而发展起来的。从传统以生产为中心、销售产品为目的的营销市场战略逐步被以客户需求为中心、服务为目的的市场战略所替代，仓储作为物流环节中的重要节点，发挥重要的推动作用，仓储与配送不再割裂，仓配一体化发展战略才能更好地体现以客户为中心的服务目的，也成为供应链服务效益的体现。

客户关系管理（Customer Relationship Management，CRM）就是对物流客户关系进行管理的一种思想和技术。简言之，客户关系管理是一种“以客户为中心”的经营理念，它借助于信息技术在企业的市场、销售、技术支持、客户关系管理等各个环节的应用，以改善和增进企业与客户的关系，实现以更优质、更快捷、更富个性化的服务保持和吸引更多客户的目标，并通过全面优化面向客户的业务流程，使保留老客户和获取新客户的成本达到最低化，最终使企业的市场适应能力和竞争实力有一个质的提升。基于互联网的客户关系管理是一个完整地收集、分析、开发和利用各种客户资源的系统。

（一）仓配活动客户关系管理的基础

客户关系管理的实施，要求企业以客户为中心来构架，完善对客户需求快速反应的组织形式，规范以客户为核心的工作流程设计与实施，建立以客户需求为驱动的商品流转和服务机制，进而培养客户对品牌的忠诚度，扩大市场份额。

实现这一管理需要有以下 3 大基础：

首先，需求拉动。随着市场竞争的加剧，智能化、智慧化和信息技术的不断发展，许多企业面临着共同问题：信息的不对等，企业的营销、销售、客户服务部门难以获得客户的一手交易互动信息。信息缺乏流动，企业业务销售、客户服务、配送中心、仓库仓储等部门的信息分散在企业内部，营销人员缺乏专业技能以致难以快速获取或者有效分析和利用各个部门的信息。因而造成信息不对等和缺乏流动，使营销人员无法分析市场需求。所以需要将各部门面向客户的各项信息进行集成，组建一个以客户为中心的部门，综合对所有面向客户的活动进行全面管理，从而获取市场有用信息，真正做到需求拉动。

其次，技术的推动。计算机、通信技术、网络应用的飞速发展使客户关系管理系统的运用成为可能，办公自动化程度、员工计算机应用能力、企业信息化水平、企业管理水平的提高为客户关系管理系统的产生创造了条件。

最后，管理理念更新。当前，一些先进企业的经营管理重点正经历从以产品为中心向以客户为中心的转变。客户联盟的概念正在逐步被企业接受，也就是与客户建立共同获利的关系，达到双赢的效果。在引入客户关系管理的理念和技术时，不可避免地要改变企业原有的管理方式。变革、创新的思路有利于员工接受新的工作方式，而物流业务流程的再造则为工作方式、方法的改进提供了现实的思路和方法。

（二）仓配活动客户关系管理的特点

客户关系管理的主要业务是集合了营销、客服、价值分析、销售几大模块，其最主要的特点就是以客户为导向，也涵盖以下几个新特点。

首先，对企业内部仓储数据进行整合，形成正确、完整、统一的客户信息，为各部门所共享，使仓配客户信息在企业内部高度一致，形成高度统一的集成活动。

其次，仓储配送客户与公司交往的各种信息都能在对方的客户数据库中得到体现，能最大限度地满足客户个性化的需求。

最后，统一集成共享的仓储客户信息可以在技术部门的分析和指导下进行准确的分析，判断客户的需求特性，以便有的放矢地开展客户服务，提高客户忠诚度与满意度。

（三）仓配活动客户关系管理的创新方式

随着互联网的高速发展，通过传统管理的方式和方法已尽不能满足瞬息万变的市场需求，且互联网带给人们的不仅是一种方法的改进，也触发了企业的组织架构、工艺流程的再造以及整个社会管理思想的变革，因此，客户关系管理是现代物流企业生存和发展的一种不可缺少的手段。而对仓储配送客户关系管理系统进行业务需求分析是整个项目实施过程中的重要环节，可以通过以下管理创新获取有效的管理方式。

首先，通过现代互联网交流基础方式，如微信、QQ、虚拟社区及电子邮件的交流方式，搭建便于客户了解企业物流信息的渠道，在企业公众号上推送实时客户物流信息、企业产品信息。

其次，搭建网络社区，培养稳定的客户群。社区建立的原则基于社会心理学常识：一般人不喜欢改变，不喜欢决策。他们寻求某种大目标的时候，就会融入一个团体。因而可以创造一种环境，让客户在其中培养良好的感觉，认识到他们是被理解的，成为强势集团的成员；运用网站公告板，供仓储配送客户在网上、群里公开发表意见；通过邮件列表，定期或不定期向不同的仓储配送客户群体发送不同的信息。

最后，设计客户服务实体体验专区。客户服务体验专区可以存放每一个客户的信息，便于客户跟踪、查询订单的执行，应该包括服务前、服务中、服务后，这样便提高了服务过程的透明度。在长期的客户关系中，客户导向的服务比产品的技术含量更加重要，服务管理模块应具有以下功能：客户对象管理、保修检查、服务合同管理、服务请求管理、服务订单处理、零配件供应、发票和报表管理。良好的客户服务不再是解决服务后问题，而是应该从刚刚接触客户的那一刻开始，在问题出现之前做好预防工作。快速响应是反映服务质量的第一表现，然后是对客户意见集中且投诉比率大和需要快速订单跟踪的提供服务。这些服务对客户满意程度具有重要影响，其中包括存货水平、订货信息、订货周期、快速装运、运输、系统准确性、订货方便性以及服务替代性等。

【思考题】随着互联网的高速发展，除以上 3 种创新联系客户方式，还有其他创新吗？

（四）仓配活动客户关系管理的创新优势

仓储配送中客户关系管理作为一种全新的商务运作方式，不仅改变了现行的物流运营系统和盈利模式，而且改变了人们贸易和消费的方式，主要有以下几大优势：

（1）降低成本，增加收入。

在降低成本方面，客户关系管理使销售和营销过程自动化，大大降低了销售费用和营销费用。由于仓储配送客户关系管理使企业与客户产生高度互动，可以帮助企业实现更准确的仓储配送客户定位，所以可以使企业留住老客户，使获得仓储配送新客户的成本显著下降。在增加收入方面，由于仓储配送客户关系管理过程中掌握了大量的客户信息，可以通过数据挖掘技术，发现客户的潜在需求，实现交叉、体验式、可视化销售，所以可带来额外的新收入。由于采用了客户关系管理，所以与客户的关系更加紧密，从而增加订单的数量和频率，减少核心客户的流失。

（2）提高业务运作效率。

信息技术的使用，智能化、智慧化、信息化的高度发展，在企业内部范围实现了信息共享，业务流程处理自动化大幅度提高，业务流程时间缩短，物流业务流程逐步简化，企业内部各项业务效率有效提升，保证客户在最短的时间内得到最满意的服务。

（3）保留客户，提高客户忠诚度。

仓储客户可以通过多种现代技术与企业交流从而获取信息，企业客户数据库可以分析客户需求，为其提供个性化服务，向每一位客户提供“一对一”的产品和服务，而且企业可以根据客户的不同交易记录提供不同层次的优惠措施，鼓励客户长期与企业开展业务活动。

（4）有助于拓展市场。

仓储配送客户关系管理系统具有对市场活动、销售活动的预测、分析能力，能够从不同角度提供有关产品和服务成本、利润数据，并对客户分布、市场需求趋势的变化做出科学的预测，以更好地把握物流市场机会。

（5）挖掘仓储配送客户的潜在价值。

每一个企业都有一定数量的客户群，如果能对客户的深层次需求进行研究，则可带来更多的商机。仓储配送客户关系管理过程中产生了大量有用的客户数据，只要深入利用即可发现客户的潜在需求。

【项目作业】

1. 基于所在城市交通、地理、政策等情况，为“A 品选购”仓配中心选择合适的地址，并阐明原因。

2. 基于选址情况和“A 品选购”平台特色规划仓配内部功能区域。

项目四　入库管理

A 公司高层对于选址方案、内部规划比较满意，并且一致认为该项目匹配 A 品选购平台需求。所以本项目的负责人需要对仓配一体化进行详细的工作任务和流程设计，以及工作岗位的分配等工作。A 公司的电商平台，面对客户订单千姿百态，所以要求设计一份完整的入库流程，其中包含各个环节的细致工作职责。

学习目标

【知识目标】

掌握入库作业环节的基本流程，以及各个流程之间的关联性和工作要求，以理解组托、储位分配等基本原则。

【技能目标】

学会编制入库流程，相关单据缮制，审核；
掌握入库验收基本操作；
能够完整地安排入库工作。

【素质目标】

建立事务关联逻辑思维能力；
培养基本运筹管理思想。

由图 4-1 可知，入库管理流程包括 4 个基本步骤：验货、上架准备、商品上架、信息录入，并可进一步细分为入库准备流程、验货流程、上架等诸多流程。其中入库验收是仓配一体化流程中最重要的一步。

【思考题】验收入库管理中最重要的步骤之一，入库验收前入库准备流程应当如何设计？

【延伸阅读】

一、铁路专线接货

铁路专线接货指铁路部门将转运的物资直接运送到仓库内部专用线的一种接运方式，一般按照以下 6 个步骤执行接货流程。

1. 接车卸货准备

接到车到站通知后，接货人员应该首先确定卸车位置，力求缩短场内搬运距离，并准备好卸车所需的人力和工具，确保能够按时完成卸车作业。同时接货人员在接到车到站的确切报告后，应及时赶到现场，引导货车停靠在预定的位置。

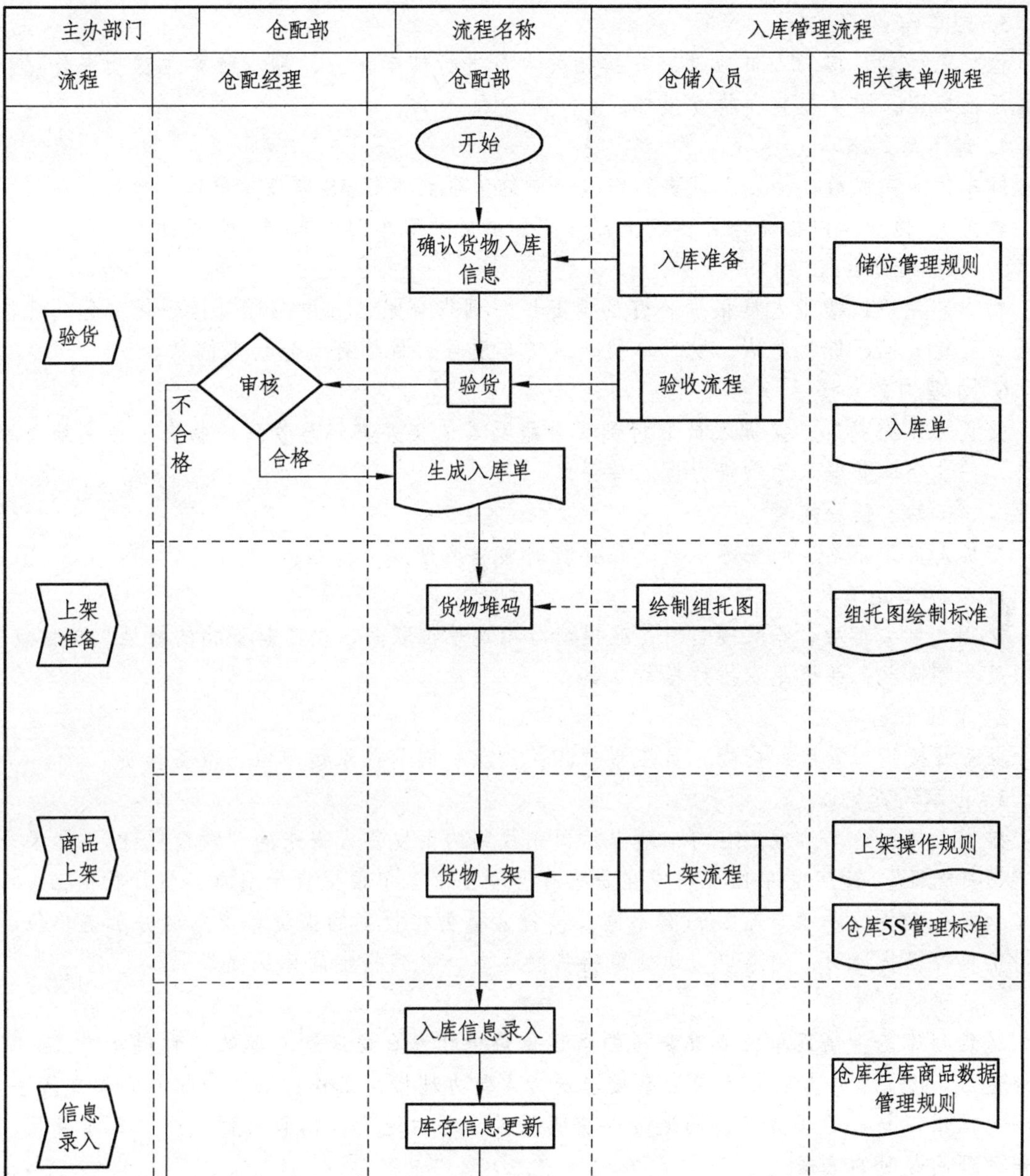

图 4-1 入库管理流程

2. 卸车前的检查

在进行卸货作业前，接货人员首先对车中的货物进行大致检查，以防止误卸，并划清商品运输事故的责任；检查中若发现问题，接货人员应会同铁路在库值班的司检人员当场复查确认，并编制详细的记录，以留作日后处理问题的依据。

3. 卸车作业

检查无误后，接货人员应及时安排相关人员进行卸车作业，卸货时要注意物资外包装上的指示性标识，防止包装和物资损坏。

4. 卸车后的清理

卸车作业完成后，接货人员要组织人员对卸货现场进行5S整理（整理、整顿、清扫、清洁、素养），检查车内物资是否已经全部卸完，然后关好车门、车窗，并通知车站取车。

5. 填写到货台账

物资卸完后，接货人员根据物资的情况填写到货台账，其中应该包括到货名称、规格、数量、到货日期、货物发站、发货单位、送货车皮号、货物有无异状等信息。

6. 办理内部交接

接货工作完成后，接货人员应将到货台账及其他相关资料与收到的物资一并交给仓库管理员，并让仓库管理员为物资办理入库手续。

二、车站、码头接货

接货人员到车站、码头等承运单位接货时应当遵循以下流程：

1. 安排接运工具

接货人员去车站、码头接货时，应提前与承运单位联系，以了解货物的特性、单位重量、外形尺寸等情况，并据此安排好接货工具。

2. 前往承运单位

准备好接货工具后，接货人员应带领相关人员一同前往承运单位，准备接货。

3. 出示领货凭证

接货人员到达车站后，应向车站出示预先收到的由发货人寄来的“领货凭证”。如果未收到“领货凭证”，也可凭单位证明或在货票存套联上加盖单位提货专用章，将货物提回。

到码头提货的手续与车站稍有不同，接货人员需在收到的提货单上签名并加盖单位公章或附上单位提货证明，到港口货运处取得货物运单，并到指定的库房提货。

三、送货到库

送货到库是指供货单位或其委托的承运单位将物资直接送达仓库的一种供货方式。当物资到达后，接货人员与验收人员应直接与送货人员办理接运工作，当面验收并办理交接手续。如果有差错，仓库管理员应该同送货人查明原因，并由送货人出具书面证明、签章确认，以留作处理问题时的依据。

四、自提货

自提货是指接货人员到供货单位提货的接货方式，一般按照以下流程：

1. 做好接货准备

接货人员在收到提货通知后，应根据所提商品的性质、规格、数量，准备好提货及验收所需的设备、工具和人员。

2. 前往供货单位

做好接货准备后，接货人员应将检验人员及设备与工具一同带往供货单位。在前往供货单位前，可以先电话联系供货单位，让其先做好产品出库的准备。

3. 办理收货手续

验收合格后，接货人员应该与供货单位办理好货物的交接手续，填写收货单。

4. 装卸

对于检查无误的物资，接货人员应该安排装卸人员对其进行装卸，并将物资安全地运到企业仓库。

5. 进行质量复检

对于需要进一步进行质量检验的商品，接货人员应通知质量检验部门进行质量检验并提交报告。

6. 办理入库手续

对验收合格的商品，接货人员通知仓库管理人员办理入库手续，并放入仓库妥善保存。

任务一　验收流程

一、验收的内涵

货物验收按照规定流程需要进行数量和质量的检验，这是保证仓配一体化流程的一个重要指标。入库检验一般分为全检和抽检两种。全检主要是针对重要的商品在批量到货或抽检发现问题时进行的。对于大批量到货的商品、规格尺寸和包装整齐的商品，多数采用抽检的方式进行抽样检查。商品检验方式、抽样检查方案（如抽检样本大小、判断接受标准等），一般由供货方和接货方双方通过签订协议或在合同中明确规定。

入库验收的流程如图 4-2 所示。

二、验收的基本内容

货物验收的主要依据是货主的入库单、客户订单、订货合同、采购计划、调拨通知单等。

商品验收是仓储业务中的一个重要环节，包括证件验收、数量验收、外观验收、质量验收 4 个方面的内容，即复核货物数量是否与入库凭证相符，货物质量是否符合规定的要求，货物包装能否保证储存和运输过程中的安全（见图 4-3）。

（一）证件验收

物资运抵仓库后，仓库检验人员需要对物资凭证进行核对，判定物资是否准确送达。核对单据包括以下 3 种：

（1）核对企业采购部门或企业部门提供相关物资的入库通知单、订货合同、协议书。

（2）供货单位提供的质量说明书或合格证、装箱单或磅码单、检验单及发货明细单。

（3）运输单位提供的运单、商务记录及保管员、提运员、接运员或送货员提供的交接记录。

仓库检验人员对单证和物资进行的两项核对分别是证证核对和物证核对。

（1）证证核对：需要根据货物运送的过程，将对应的证件进行分类整理，然后根据证件之间的相关性，核对各种证件的真实性及准确性。

（2）物证核对：根据证件所列的送货单位、收货单位、物资名称、规格数量等具体内容，与货物的实际情况进行核对。

仓库检验人员对证件核对无误后，将物资移交至待检区。

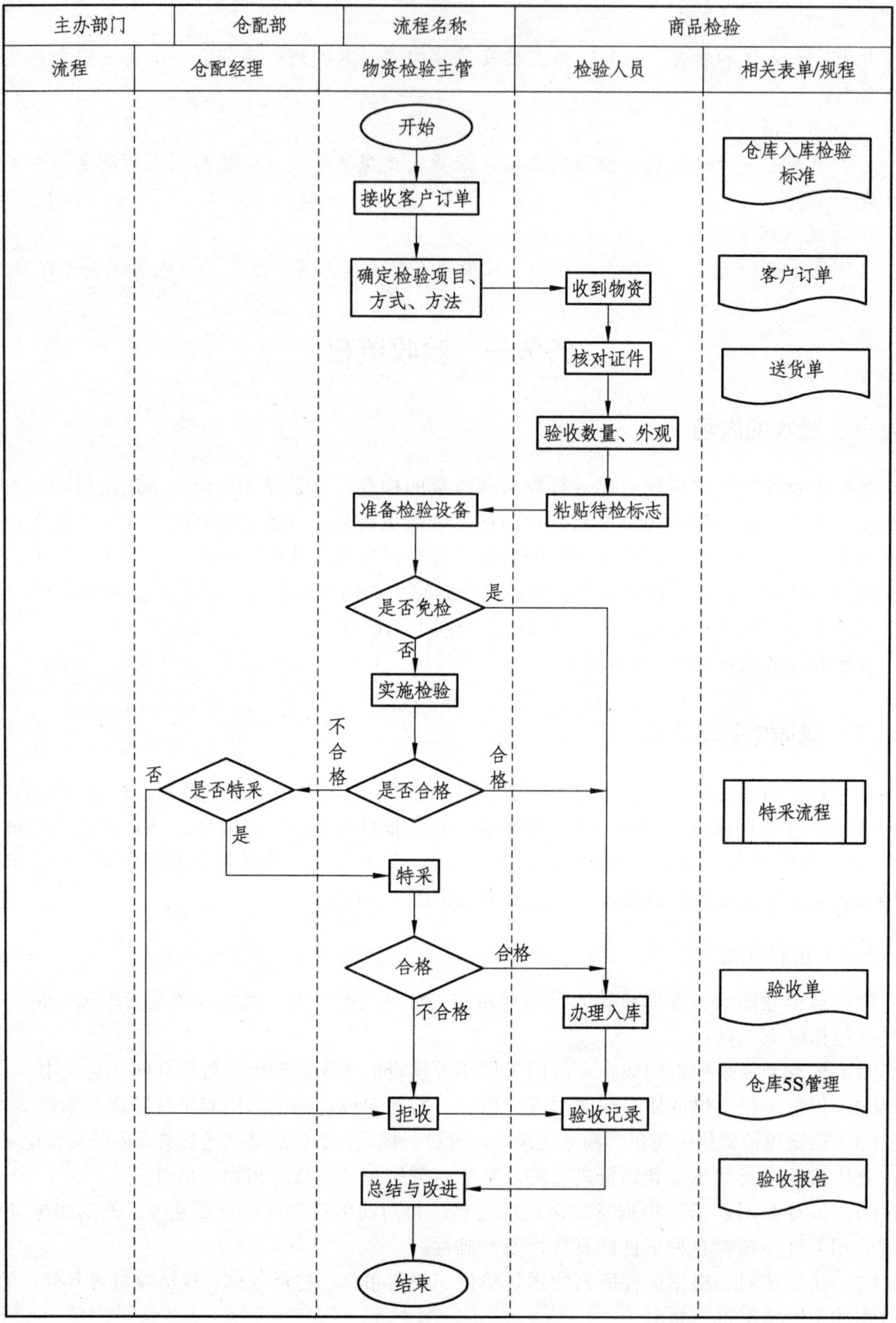

图 4-2　入库验收管理流程

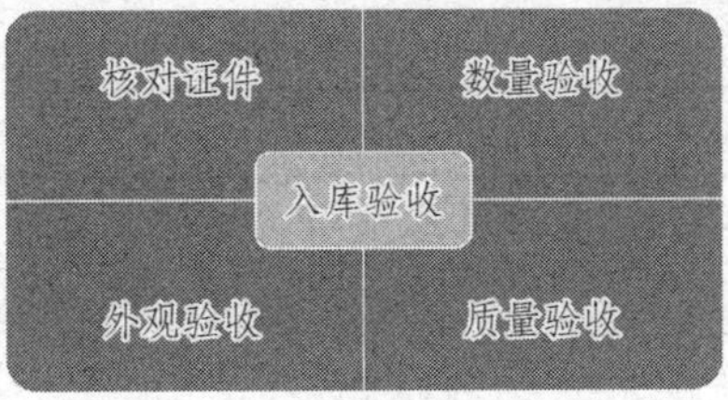

图 4-3 入库验收管理

(二) 数量验收

物资入库数量验收一般包括计件法和计数法两种。

1. 计件法

仓库检验人员对计件物资进行检验时需要对物资进行清点，清点过程中根据物资特性，选择适当的验收方法，一般包括逐渐点数法、集中堆码点数法、抽检法和重量换算法（见表 4-1）。

表 4-1 计件法

方法名称	具体内容	适用条件
逐件点数法	使用机械计数器，逐一对物资数量进行计件清点，最终累计得出总数	适用散装，非定量包装物资
集中堆码点数	物资按照堆码基本原则进行组托堆码后通过计算得出总数	适合标准包装物资，且包装一致
抽检法	按照一定比例对物资进行开箱点数	批量较大，定量标准包装物资
质量换算法	过磅得出物资重量，换算物资数量	包装标准、物资标准、重量一致

一般情况下，物资数量验收实行数量全验收，但是某些特殊情况发生或者某些特殊物资到货可以采取抽检法，但是确定验收比例时要考虑货物性质特点、货物价值、货物生产技术条件、货物储藏运输条件、供货单位信誉、包装情况、气候等条件。某些特殊物资如电子设施设备、危险化学品等在检验时应根据国家相关标准做好检验人员防护措施逐一检验。

2. 计数法

对按重量计算的物资，仓库管理员要对其重量进行验收。仓库管理员在确定重量是否合格时，可以根据验收的磅差率与允许磅差率相比较进行判断。若验收的磅差率未超出允许磅差率范围，说明该批物资合格；若验收的磅差率超出允许磅差率范围，说明该批物资不合格。

在重量验收的过程中，如果合同规定了验收方法，仓库管理员应该按照合同规定的验收方法进行验收，以防止人为造成磅差；如合同未对验收方法进行明确，仓库管理员需根据物资的特征选择验收方法，并需在出库验收时采用同样的方法检验物资。

计数法一般包括直接测量法和净重计算法。

（1）直接测量法。

对于那些没有包装或包装所占重量比较小的物资，仓库管理员可选择直接测量法，将物资直接过磅，以测量其实际重量。常用的方法如表 4-2 所示。

表 4-2 直接测量法

名称	公式	适用范围
检斤验收法	实际磅差率=（实收重量-应收重量）/应收重量×1000‰	指对物资进行打捆、编号、过磅，并填制码单的验收方法，适合非定量包装的、无码单的物资
抄码复衡抽验法	抽验磅差率=（Σ 抽验重量-Σ 抄码重量）/Σ 抄码重量×1000‰	指根据采购时合同规定的比例，抽取一定数量物资，对其进行过磅的验收方法，适合定量包装并附有码单的物资

（2）净重计算法。

对于有包装且占物资重量比重较大的物资，仓库管理员可采用净重计算法，即在验收过程中要除去物资的包装，计算其净重。常用的方法如表 4-3 所示。

表 4-3 净重计算法

名称	方法	注意事项
平均扣除皮重法	指按一定比例将物资包装拆下过磅，确定包装的平均重量，然后将未拆除包装的物资过磅，从而求得该批物资的全部皮重和毛重	必须合理地选择应拆包装物，以使净重更准确
除皮核实法	指选择部分物资分开过磅，分别求得物资的皮重和净重，再对包装上标记的重量进行核对，核对结果未超过允许差率即可依其数值计算净重	
整车复衡法	整车引入地磅，扣除空车质量，即可求得物资净重	适用于大宗无包装的、散装、块状、粉状物资验收，如煤炭、生铁、矿石等
理论换算	通过物资长度、体积等便于测量的物资，利用公式计算物资重量方法	适合定尺长度金属材料，塑料管材等物资

（三）外观验收

外观验收主要是对物资包装进行验收。物资包装验收在初验时进行，主要包括：检验物资包装是否破损、开缝，包装是否污染等不良情况；检查包装是否符合有关标准要求，包装材料、规格、制作工艺、标志、打包方式等是否符合标准；检查包装材料的含水量。包装材料的含水量是影响物资保管质量的重要指标，一些包装物含水量高表明货物已经受损，需要进一步检验。常见包装物的安全含水量如表 4-4 所示。

表 4-4 含水量

包装材料	含水量	说明
木箱	18%～20%	内装易霉、易锈货物
	8%～23%	一般货物
纸箱	12%～14%	五层瓦楞纸的外包装及纸板衬垫
	10%～12%	三层瓦楞纸的外包装及纸板衬垫
胶合板箱	15%～16%	
布包	9%～10%	

（四）质量验收

完成包装检验后，检验人员可以依照相关流程对物资进行质量检验。仓库对到库货物进行质量验收是根据仓储合同的约定来实施的，合同没有约定的，按照货物的特性和惯例确定。由于新产品不断出现，不同货物具有不同的质量标准，仓库管理员应认真研究各种检验方法，必要时可要求客户、货主提供检验方法和标准，或者要求收货人员共同参与验收。

常用的货物质量验收方法主要包括以下几种：

1. 感官检验

感官检验一般可以直接通过看、听、摸、嗅进行判断。

看：在充足的光线下，利用视力观察货物的状态、颜色、结构等表面状态，检查有无变形、破损、脱落、变色、结块等损害情况，以判定质量。同时检查货物标签、标志是否具备、完整、清晰等，检查标签、标志与货物是否一致。

听：通过摇动、搬运、轻度敲击货物听声音，鉴别质量有无缺陷。

摸：用手感鉴定货物的细度、光滑度、黏度、柔软度等来判断货物有无结块、干涸、融化、受潮等。

嗅：根据某些货物所特有的气味等判定是否新鲜，有无变质。

2. 测试仪器检验

利用各种专用测试仪器对货物进行性质测定，如含水量、密度、黏度、成分、光谱等测试。

3. 运行检验

对货物进行运行操作，如检验电器、车辆操作功能是否正常。

【延伸阅读】

1. 化妆品检验标准规范

（1）产品名称；

（2）制造者名称、地址；

（3）内装物量、净含量、净容量；

（4）日期标注、生产日期、保质期、生产批号；

（5）生产许可证号、卫生许可证号、产品批号；

（6）进口化妆品卫生许可证文号；

（7）特殊用途化妆品卫生批准号；

（8）安全警告；

（9）使用指南；

（10）储存条件。

2. 其他物资检验标准规范

（1）小百货、文具等物资抽样检验；

（2）外观检查，标识检查；

（3）国家强制认证和按照安全生产许可证进行生产的物资，必须按照国家对有关证件的要求进行检查、核对。

（4）检查认证证书、认证标志、生产许可证、卫生许可证、质量证明书、企业合法性证明文件等。

在货物验收过程中，如发现货物数量与入库凭证不符、质量不符合规定、包装出现异常等情况时，必须做出详细记录。同时将有问题的货物另行堆放，采取必要的措施，防止损失继续扩大，并立即通知业务部门或邀请有关单位现场查看，以便及时做出处理。

对于不需要进一步质量检验的物资，仓库管理员在完成上述检验并判断物资合格后，就可以为物资办理入库手续。而对于那些需要进一步进行内在质量检验的物资，仓库管理员应该通知质量检验部门对物资进行质量检验，待检验合格后方能办理物资的入库手续。

三、验收中的问题处理

完成验收工作后，满足入库流程并且合格单产品即可办理入库手续，进入入库流程，但是在验收中出现问题后应该即时处理，面对不同问题，处理的流程和基本准则不同。

（一）证件不符

检验人员在核对过程中发现证件不齐或者不符合等情况，需与货主、供货单位、承运单位和有关业务部门及时联系并解决。在证件验收中常遇到以下两种类型的问题。

1. 必要证件不齐

检验人员在验收过程中，必要证件不齐或者不符合应当将物资作为待检物资处理，堆放于待检区域，等待证件齐备后再进行验收。在此之前不能对商品进行验收、入库以及发货处理。

2. 必要证件与物资不符

检验人员在检验过程中可能遇见证、物不符合情况，如证件已经到库，物资却未按照规定时间到库，或者单据与物资不符合等情况。出现此类情况时，检验人员应当及时联系采购部门、供货单位或者运输部门进行核实。

（二）数量不符

数量不符是入库验收中最常见的问题，一般有如下处理方式：

1. 合理误差

数量短缺或者溢出在合同规定的误差范围内，或者在相关规定中的合理范围内，应按照实际验收数量填写验收记录，予以入库。

2. 数量不符

数量超出或者短缺较大时，应填写完整的验收记录和磅码单，交由主管部门办理交涉。交涉方式分为以下两种情况：数量短缺超出合理范围，可选择按实际数签收后并通知供货单位退回货款或者及时补货；数量溢出较大时，可以选择将货物退回或补发货款。

（三）外观不符

完成检验后出现外观不符时，检验人员应当熟练掌握和运用物资破损等级标准。等级标准如表 4-5 所示。

表 4-5　破损等级

等级	破损程度描述	处理对策
A 级	物资外包装破损程度高于 40%，物资本身受损，物资有关技术性能达不到质量标准	按实际情况填写验收单，通知采购负责人货损情况，采购人员联系供应商办理退货或换货
B 级	物资外包装破损程度高于 40%，物资外观受损，但不影响货物使用价值	按实际情况填写验收单，通知采购负责人货损情况，采购人员同供应商协商解决或换货，或按降价接收
C 级	物资外包装破损程度高于 40%，丝毫不影响物资性能及美观价值	按照实际情况填写入库单，准予入库

【思考题】简述物资破损处理流程。

（四）质量不符

质量检验后如发现物资质量与合同不符，应当根据合同或者相关标准计算物资合格率，并通过合格率判定货物验收结果。

整批合格率在允许误差范围内，应填写验收合格记录单，准予入库，办理入库手续。

整批货物质量合格率高于允许误差范围，则判定货物不符合入库标准，填写不合格记录单，及时通知有关部门进行协调解决，并对不合格物资进行暂时隔离处理，及时提供残次样品和质量检验报告。

解决办法如下：

（1）物资质量同标准相差较大，有关技术性能完全不达标，相关部门与供应商交涉，办理退货、换货。

（2）物资质量不达标，但不影响使用及最终产品质量，可以执行特采，并同供应商协商折价处理。

（3）物资规格不符合或者错发，将错误规格记录交由相应部门，办理退货。

任务二　组托与编码

完成物资验收接运后，如物资为整托运输的可以直接入库，否则需要进行组托后再进行编码，完成上架。

一、货垛式堆码

货物堆码是指将货物整齐、规则地摆放成货垛的作业，具体指根据货物的包装、性质、形状、重量、特点和数量等因素，结合季节和气候情况及仓库储存条件，将货物按一定的规律码成各种形状的货垛。

（一）堆码的原则

（1）整齐原则：堆码整齐，货物不超过托盘边缘。

（2）堆码原则：托盘利用最大化，货位承重不做要求。

（3）牢固原则：奇数层与偶数层尽量交叉摆放。

（4）方便原则：每层个数尽量相同，便于盘点。

（二）堆码方式

货物堆码方式主要取决于货物本身的包装、性质、形状、重量、特点和数量等因素。利用货物或其包装外形进行堆码，这种堆码方式能够增加货垛高度，提高仓容利用率，有利于保护货物的质量。

常见的堆码方式有以下 5 种：

1. 重叠式堆码

重叠式堆码方式是逐层向上重叠堆高，适用于硬质板形货物和箱形货物（见图 4-4）。采用此种方式时，货垛整齐牢固，工人操作速度快，承重力大，但是容易发生塌垛，货物量小时稳定性好，装卸操作省力。

图 4-4　重叠式堆码

2. 纵横交错式堆码

相邻两层货物的摆放旋转 90°角，一层横向，一层纵向，纵横交错（见图 4-5）。此种摆放方式有咬合效果，稳定性相较于重叠式有所提高但是咬合强度不是很好。

图 4-5　纵横交错式堆码

3. 仰伏相间式堆码

仰伏相间式堆码适合特殊物品堆码，如说钢轨等物品，一层仰放，一层伏放，层层相扣，露天存放时一头稍高，便于排水。生活中订书钉就是按这种形式摆放的（见图 4-6）。

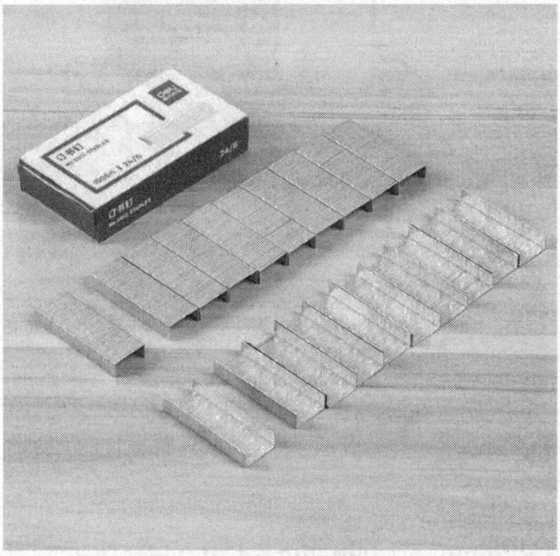

图 4-6　仰伏相间式堆码

4. 旋转交错式堆码

采用此种方式时，第一层相邻两个包装互为 90°，两层间码放相差为 180°，相邻两层互相咬合交叉，货体稳定性较高，不易塌垛，但是码放难度较大，中间形成空穴，降低托盘使用率（见图 4-7）。旋转交错式用于所有箱装、桶装及裸装货物堆码，起到通风防潮、散湿散热的作用。

图 4-7　旋转交错式堆码

5. 压缝交错式堆码

采用此种方式堆码时，底层排列成正方形或长形，上层压缝堆码，每件货物压住下面两层货物。压缝交错式堆码适用于长形材料的堆码，可以增强货垛的稳定性（见图 4-8）。

图 4-8　压缝交错式堆码

（三）堆码计算

国际通用托盘尺寸为 1 200 mm×1 000 mm×150 mm，所以组托的长和宽已被限制，需要考虑托盘承重、货架称重、货位高度，以及极限堆码限制等后，综合考虑堆码方式。

【例 4-1】仓库接到完成验收的 4 种入库商品，需要对货物进行组托，通过对在库商品历史数据分析后得出白猫洗洁精和海天酱油因为周转率较高需要放置仓库货架第一层，苏打饼干次之放置第二层，打印机放置第三层。货架总计为 3 层，货位尺寸第二层、三层均为 L1 200×W1 000×H1 100，第一层为 L1 200×W1 000×H1 000，每个货位承重为 500 kg，第二层以上需要使用叉车入库，所以需要预留 150 mm 作业空隙。包装规格、重量、入库数量如表 4-6 所示。现需要对商品进行组托，计算需要使用的货位数量和托盘数量。

表 4-6　入库单

序号	商品名称	包装规格（长×宽×高）/mm	重量/kg	入库数量/箱
1	海天酱油	400×250×250	20	26
2	苏打饼干	500×400×300	15	12
3	打印机	500×400×200	15	20
4	白猫洗洁精	400×250×300	35	18

解：通过对已知条件货物基本信息，货架基本信息分析如表 4-7 所示。

表 4-7　物资分析

商品名称	货品面/m^2	平面放置货物数量	总重量/kg	放置层	货位高度/m	货位限高/m	需要托盘数量	备注
海天酱油	0.1	12	520	1	1	1	2	
苏打饼干	0.2	6	180	2	1.1	0.95	1	使用叉车
打印机	0.2	6	300	3	1.1	0.95	1	
白猫洗洁精	0.1	12	630	1	1	1	2	

通过以上分析可以看出，酱油和洗洁精因为超重需要两个托盘和货位，其余产品需要一个托盘一个货位。

海天酱油总重量超过 500 kg，所以需要 2 个托盘。

遵循完整组托原则，第一个托盘组托 24 箱，每层 12 箱，第二个托盘组托 2 箱（见图 4-9 ~ 图 4-11）。

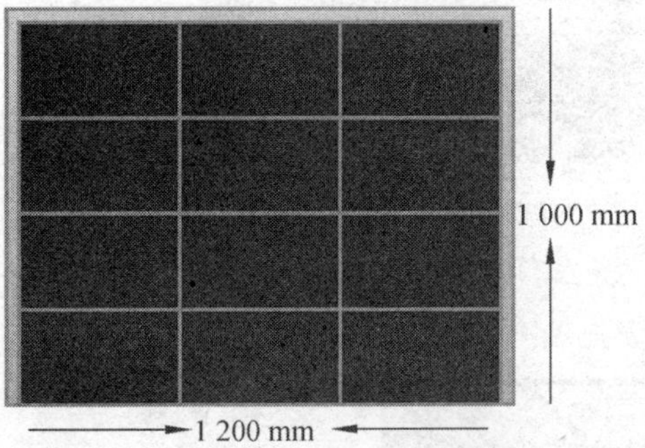

海天酱油第一个托盘奇数层俯视图

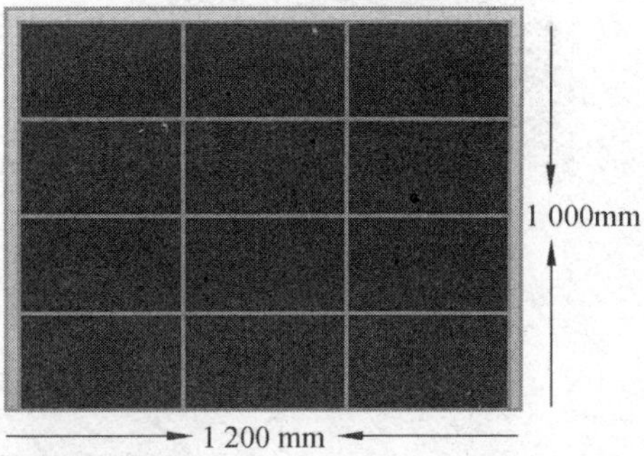

海天酱油第一个托盘偶数层俯视图

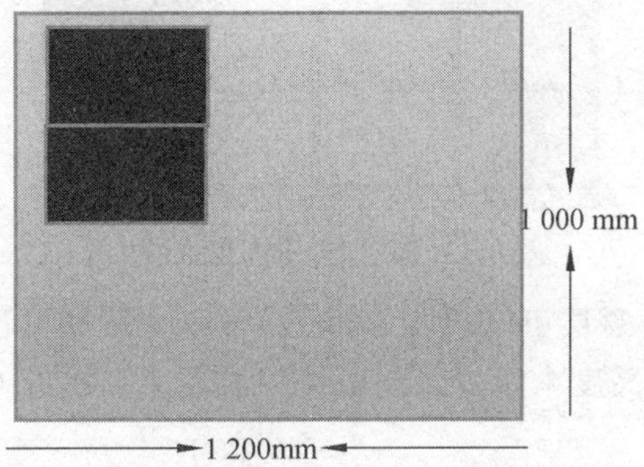

海天酱油第二个托盘俯视图

图 4-9　海天酱油托盘俯视图

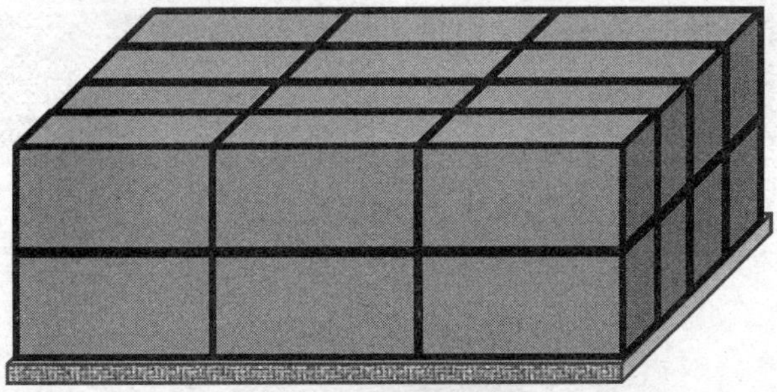

图 4-10　海天酱油第一个托盘立体图

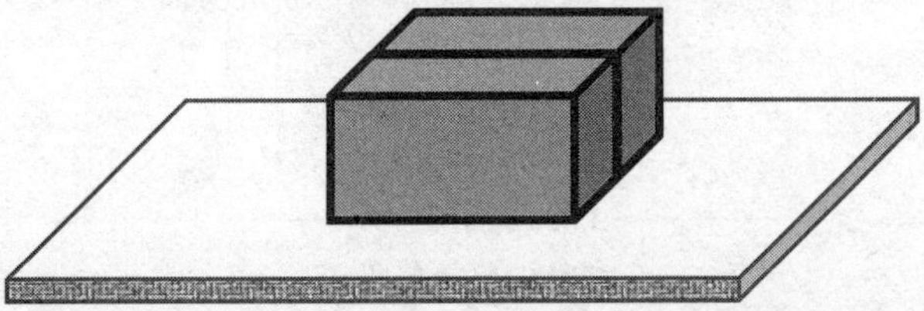

图 4-11　海天酱油第二个托盘立体图

苏打饼干一共入库 12 箱，每层可以放置 6 箱子，放置 2 层即可，且货物总重和高度未超过限制条件，需要 1 个托盘（见图 4-12 和图 4-13）。

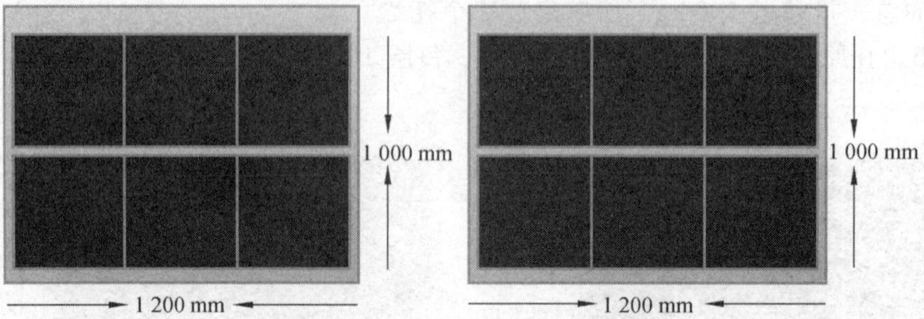

苏打饼干奇数层俯视图　　苏打饼干偶数层俯视图

图 4-12　苏打饼干托盘俯视图

图 4-13　苏打饼干托盘立体图

打印机一共入库 20 箱，每层可以放置 6 箱子，放置 4 层即可，第一层到第三层各放 6 箱，顶层放 2 箱，且货物总重和高度未超过限制条件，需要 1 个托盘（见图 4-14 和图 4-15）。

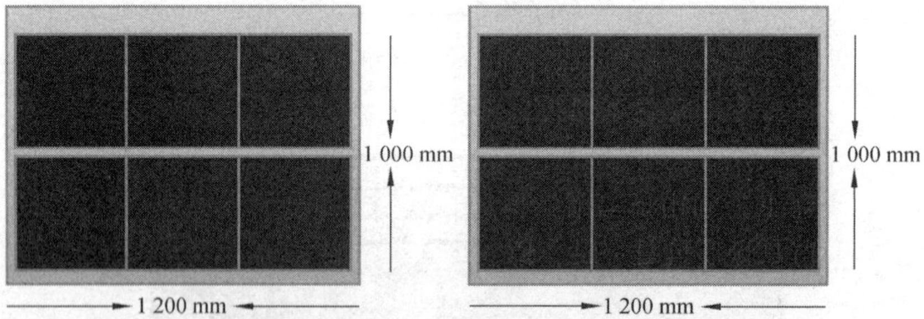

打印机奇数层俯视图　　打印机偶数层俯视图

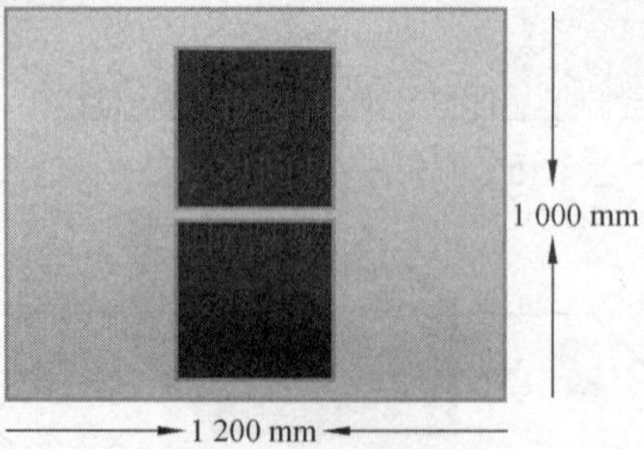

打印机顶层俯视图

图 4-14　打印机托盘俯视图

图 4-15　打印机托盘立体图

洗洁精一共入库 18 箱，总重量超过 500 kg，所以需要 2 个托盘。遵循完整组托原则，第一个托盘组托 12 箱，第二个托盘组托 6 箱，每个托盘一层（见图 4-16 ~ 图 4-18）。

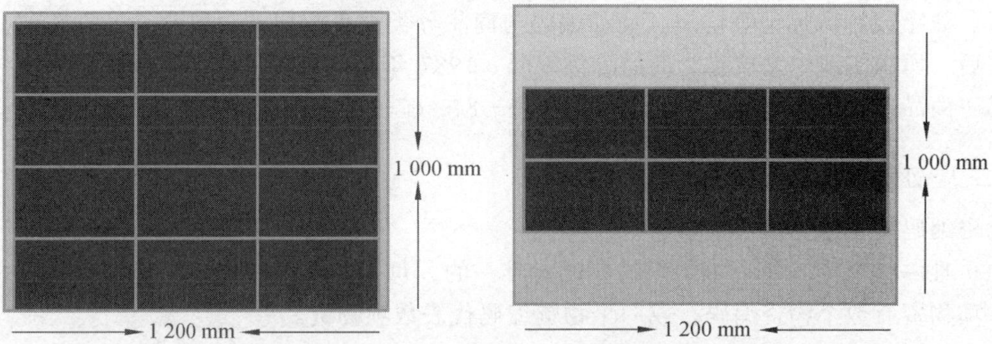

白猫洗洁精第一个托盘俯视图　　白猫洗洁精第二个托盘俯视图

图 4-16　白猫洗洁精托盘俯视图

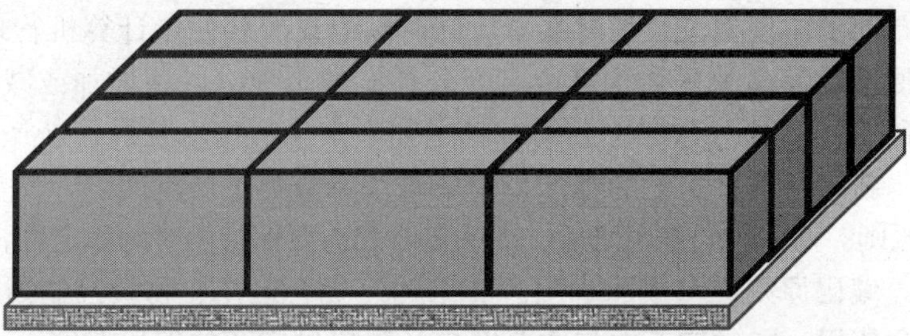

图 4-17　白猫洗洁精第一个托盘立体图

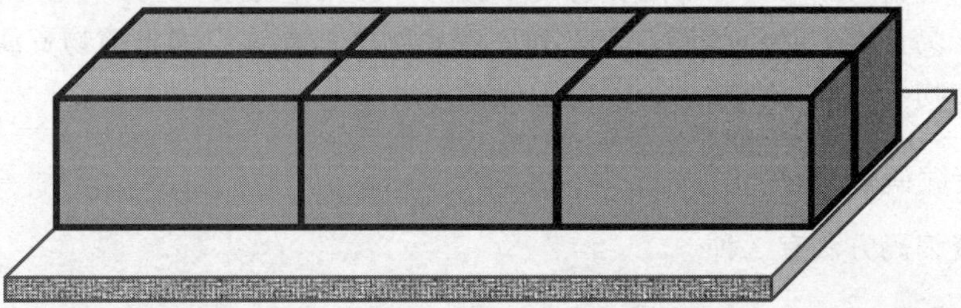

图 4-18　白猫洗洁精第二个托盘立体图

【思考题】大型特殊设备或者散货如煤炭、矿石等不能使用托盘组托的物资，应该如何堆码呢？

二、物资编码

物资进行组托完成后需要对其进行编码，现代仓配一体化都使用计算机进行自动编码管理，但是如何正确使用计算机软件来管理好库存商品，并进行有关资料的处理，必须对物资实行商品编码。科学合理地编码，能够使计算机管理达到最佳效果。

虽然入库物资很多都有商品条码，但为了管理统一与方便，仓库一般都会对货物进行重新编码。

（一）物资编码的内涵

物资编码，又称商品货号或商品代码，它赋予商品以一定规律的代表性符号。符号可以由字母、数字或特殊标记等构成。商品编码与商品分类关系密切，一般商品分类在前，商品编码在后，所以实践中又被称为商品分类编码。1987 年经国务院批准，我国发布了全国工农业产品（商品及物资）分类代码标准 GB 7635—87，统一了全国商品的分类和代码。

（二）物资编码的原则

物资编码需要遵循以下基本原则：

（1）唯一性原则。每一个编码的代码是唯一的，每一个代码所代表的物资也是唯一的。不能一项物资有数个物资编码，或一个物资编码代表数项物资。

（2）简明性原则。代码应简单、明了，易记、易校验，不宜太长，既要将商品种类化繁为简，便于管理，又要便于计算机储存与处理，以有利于工作，减少错误发生。

（3）标准性原则。商品编码要与国家商品分类标准相一致，与国际通用商品分类编码制度协调一致，才有利于信息交流、信息共享。同时编码设置要便于计算机管理。

（4）可扩性原则。商品编码结构应留有充分扩充的余地，以备增加或减少商品类目时，无须破坏商品编码系统的相对稳定性。同时考虑到未来生产技术发展，新产品推陈出新，所以要考虑新产品、新材料发展扩充的情形，为编码留下分类扩展空间。

（5）稳定性原则。商品代码确定之后，在一定时期内要保持相对的稳定性，不宜经常变更。

（6）综合性。编码原则应与成品、生产、采购、货仓运作、物资控制财务、使用软件系统等相关方面配合使用，同时应考虑与主要客户及重要供应商的编码兼容。

（7）效率性。编码原则要考虑是否有助于提高日常操作的效率。

（8）易读，易记性。物资编码应当做到一看到物资就能够识别出该物资属于哪一类的物资。编号应当和物资之间存在联系，以便于记忆。

（三）物资编码的方法

常用的物资编码方法有 3 种。

1. 层次编码法

这种方法是按照商品类目在分类体系中的层次顺序，依次进行编码，主要采用线分类体系。如：大类，用一位数表示（1 ~ 9）；中类，用一位数表示（1 ~ 9）；小类，用两位数表示（01 ~ 99）。

【延伸阅读】

某仓库采用层次编码法进行商品编号，编号准则为：商品编码分为五部分，依次是商品部组、商品大类、商品中类、商品小类、商品具体型号。其中前四类分别用 1~9 中的一位数字表示，而具体型号则用 01~99 中的两位数字编号。

依照上述编码准则，仓库内某散装苏打饼干的编码为 63521-9，各号码的释义如下：

6 是部组编码：食品部组，编号是 6；

3 是大类编码：副食品组，编号 3；

5 是中类编码：散装食品组，编号 5；

2 是小类编码：饼干小类，编号 6；

1-9 是商品型号编码：××型号，编号是 1-9。

2. 平行编码法

这是以商品分类面编码的一种方法，即每个分类面确定一定数量的码位，各代码之间是并列平行的关系。如服装的分类，可先按服装的面料、式样、款式分为 3 个互相没有隶属关系的“面”，给每个面编号（1，2，3，…），每个面又可分成若干类目，再赋予每个类目一定的编号（A，B，C，D，…）。使用时将有关类目搭配起来，便成了一个复合类目的平行码。

【延伸阅读】

某鞋品仓库采用平行编码法对物资进行编号，编号准则如下：

（1）将鞋分为真皮和人造两面，并给每个面编号。

（2）每个面又可分成若干类目，具体如表 4-8 所示。

表 4-8　分类表

类目编码	面编码	
	A	B
1	真皮	人造
2	运动	休闲

3. 混合编码法

这种方法是层次编码法与平行编码法的结合运用。如把分类商品的自然属性或特征列出来后，其某些属性、特征用层次编码法，而另一些属性或特征则用平行编码法，以扬长避短。

【思考题】简述物资编码的流程设计。

任务三　上架流程

物资完成编码和组托后即可进行上架处理，在货物上架之前先要确定物资的储存货位。仓配一体化储位管理主要包括以下几种方式：随机存储策略、定位存储策略、分级存储策略和混合存储策略。

随机存储策略虽然占用空间少，但当货物量大时，拣货查找就会浪费时间。

定位存储策略给每类货物分配存储空间，便于货物的存取，但空间浪费大。

分级存储策略按照一定规律分为 A、B、C 三级，为了缩短存取货时间，A 级应放到离出入口最近的地方，B 级次之，C 级则应放在最远处，每种货物可以在同级别指定的区域内随机放置。

混合存储策略是指对仓库不同的存储区分别采用不同的策略。

一、储位管理的基本原则

合理地分配和使用货位可以减少货物搬运的成本，降低货物在存储过程及搬运过程中的损耗，从而降低物流业务本身的成本，提高收益。储位分配时应考虑以下原则：

（1）货架受力均匀，上轻下重。重的货物存放在下面的货位，较轻的货物存放在高处的位置，使货架受力稳定。

（2）加快周转，先进先出。同种货物出库时，先提取入库早的货物，加快货物周转，避免长期积压产生变形、变质及其他损坏造成的损失。

（3）提高可靠性，分巷道存放。同种货物分散在不同的巷道进行存放，防止因某巷道堵塞影响某种货物的出库。

（4）提高效率，就近进出库。一般将货物就近放置在出库口附近。

二、储位分配方法

目前，常用的货位分配方法有人工分配、计算机辅助分配和计算机全自动分配三种方式。

1. 人工分配

人工分配就是管理者根据经验分配货位，因凭借的是管理者的知识和经验，所以其效率会因人而异。

2. 计算机辅助分配

计算机辅助分配是利用图形监控系统收集货位信息，并显示货位的使用情况，提供给货位分配者实时查询，为货位分配提供参考，最终还是由人工下达货位分配指示。

3. 计算机全自动分配

利用图形监控储位管理系统和各种现代化信息技术，条形码扫描器网络技术、计算机系统等，收集货位有关信息，通过计算机分析后直接完成货位分配工作，整个作业过程不需要人工分配作业。

三、储位分配

首先根据货物的属性确定存储库区，然后根据 ABC 分类的结果确定具体的库位，制定好库存管理方式后通过计算机辅助确定上架货位，最后完成货物上架作业过程。

【例 4-2】仓库接到完成验收的 4 种入库商品，通过订单已知产品为某商超配货产品，进入 X 商超产品重型货架存储区域。该区域重型货架为 3 层，目前空余货架有 2 排。X 商超物资入库信息、1 ~ 6 周历史周转数据如表 4-9 ~ 4-10 所示，分类标准如表 4-11 所示。空余货位、在库存储货物如图 4-19 和图 4-20 所示。使用分级存储法对入库产品储位进行规划。

表 4-9　入库信息

供货商：Y 经销商		销售商：X 商超		
序号	商品名称	包装规格（长×宽×高）/mm	质量/kg	入库数量/箱
1	海天酱油	400×250×250	20	26
2	苏打饼干	500×400×300	15	12
3	打印机	500×400×200	15	20
4	白猫洗洁精	400×250×300	35	18

表 4-10　周转量　　单位：箱

序号	货品编码/条码	货品名称	出库量	出库量	出库量	出库量	出库量	出库量
1	6904567000012	海天酱油	198	120	256	169	82	119
2	6904567000036	冰红茶	430	336	259	312	120	256
3	6904567000050	白猫洗洁精	660	730	1 032	659	1 201	802
4	6904567000074	维达纸巾	26	34	40	22	55	12
5	6904567000081	维维饼干	198	86	20	80	78	166
6	6904567000043	联想电脑显示屏	31	39	25	35	25	22
7	6904567000098	打印机	20	19	0	21	15	15
8	6904567000067	康师傅苏打饼干	431	106	67	0	198	106
9	6904567000029	王老吉饮料	540	965	1 070	436	213	250
10	6904567000104	五粮液	38	4	13	13	13	13
11	6934024512166	恰恰瓜子	98	49	34	33	86	94
12	6900077001736	鲁花花生油	56	56	13	59	50	66
13	6934024512163	宝洁卷筒纸	49	142	54	50	93	50
14	6901028016406	龙眼干	60	22	36	54	46	50
15	6901028016407	农夫色拉油	12	37	75	18	46	45
16	6901028016408	安神香皂	78	31	32	24	10	26
17	6901028016412	心相印纸巾	21	23	27	5	28	36
18	6901028016415	川贝粉	18	28	28	22	15	13
19	6901028016416	长城干白葡萄酒	36	24	20	5	14	16
20	6901028016420	金锣火腿肠	28	8	25	9	23	6
21	6901028016422	六神花露水	12	20	14	18	8	27
22	6901028016434	娃哈哈	30	15	15	0	30	3
23	6901028016477	西门子微波炉	30	20	1	20	20	0
24	6901028016409	奇妙洗发水	69	44	58	0	56	48
25	6934024512161	德芙巧克力	15	1	22	5	25	20

表 4-11　分类标准

品目累计百分数	0＜A≤20	20＜B≤50	50＜C≤100
出库量比重累计	0＜A≤70	70＜B≤90	90＜C≤100

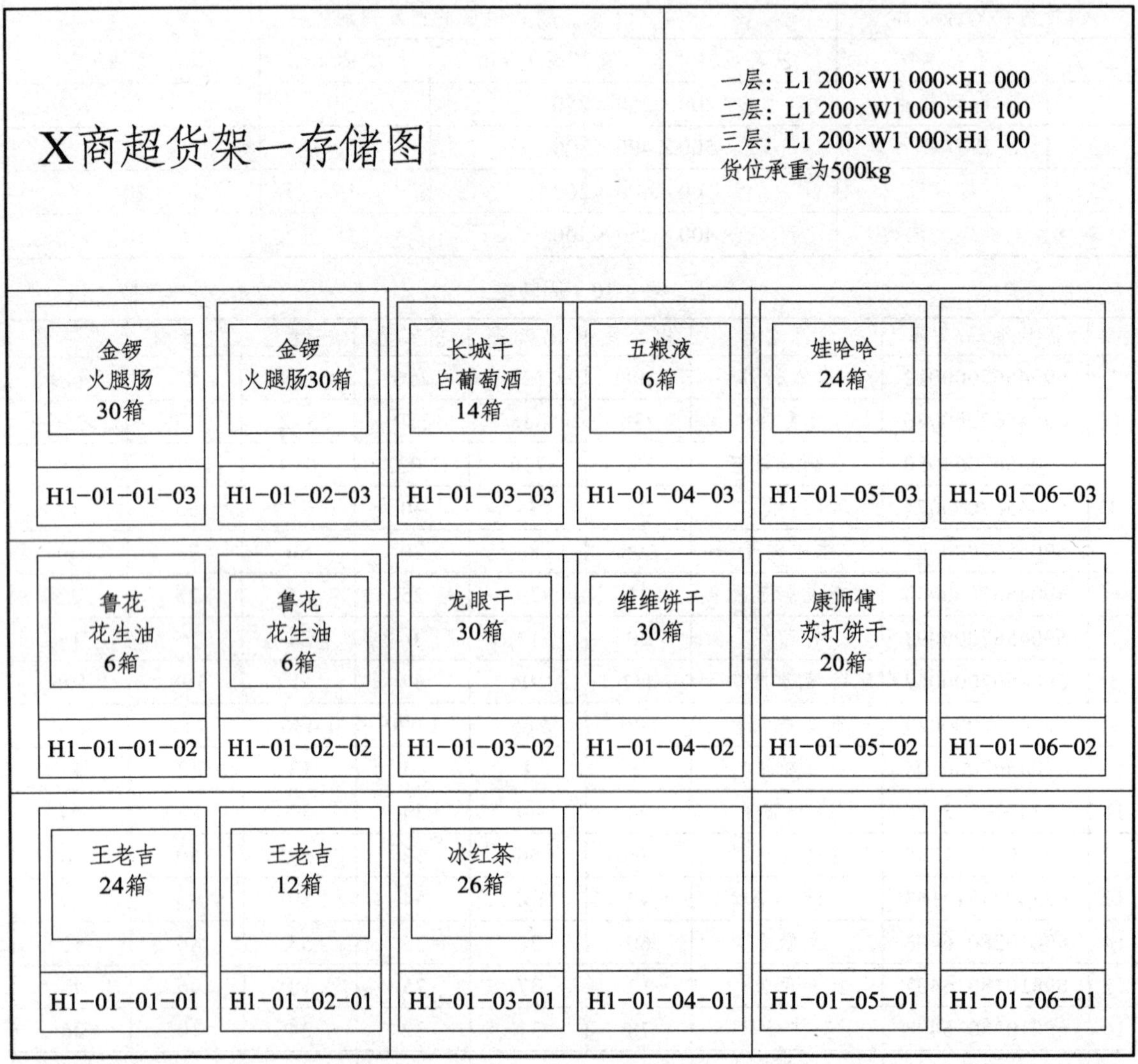

图 4-19　X 高超货架—存储图

通过已知条件可以看出，X 商超货架按照物资用品已将物资进行大类划分，所以白猫洗洁精和打印机出库二号货架，海天酱油和苏打饼干入库一号货架。

一号货架剩余 5 个货位，二号货架剩余 7 个货位。入库 4 种类型商品如何确定货位，首先需要计算入库物资历史周转量、周转累计比重、品目累计比重等。通过历史数据计算，确定物资周转分类后，对物资进行货位分配。

第一步：使用 ABC 分类法通过历史数据计算分类标准。

通过分类标准进行分类，分类结果如表 4-12 所示。

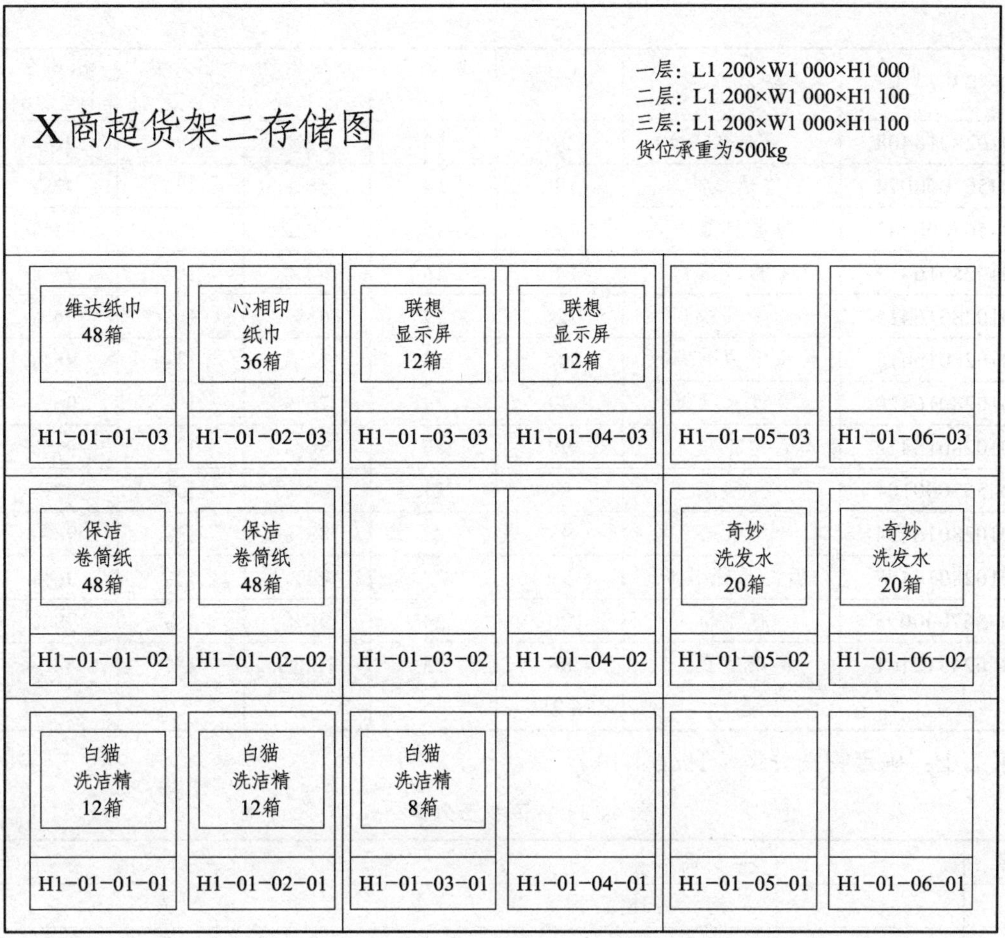

图 4-20　X 商超货架二存储图

表 4-12　分类结果

货品编码/条码	货品名称	周转量	累计品目数	品目累计百分数	出库量所占比重	出库量比重累计	分类
6904567000050	白猫洗洁精	5 084	1	4%	31%	31%	A
6904567000029	王老吉饮料	3 474	2	8%	21%	53%	
6904567000036	冰红茶	1 713	3	12%	10%	63%	
6904567000012	海天酱油	944	4	16%	6%	69%	
6904567000067	康师傅苏打饼干	908	5	20%	6%	74%	B
6904567000081	维维饼干	628	6	24%	4%	78%	
6934024512163	宝洁卷筒纸	438	7	28%	3%	81%	
6934024512166	恰恰瓜子	394	8	32%	2%	83%	
6900077001736	鲁花花生油	300	9	36%	2%	85%	
6901028016409	奇妙洗发水	275	10	40%	2%	87%	
6901028016406	龙眼干	268	11	44%	2%	88%	
6901028016407	农夫色拉油	233	12	48%	1%	90%	

续表

货品编码/条码	货品名称	周转量	累计品目数	品目累计百分数	出库量所占比重	出库量比重累计	分类
6901028016408	安神香皂	201	13	52%	1%	91%	C
6904567000074	维达纸巾	189	14	56%	1%	92%	
6904567000043	联想电脑显示屏	177	15	60%	1%	93%	
6901028016412	心相印纸巾	140	16	64%	1%	94%	
6901028016415	川贝粉	124	17	68%	1%	95%	
6901028016416	长城干白葡萄酒	115	18	72%	1%	96%	
6901028016420	金锣火腿肠	99	19	76%	1%	96%	
6901028016422	六神花露水	99	20	80%	1%	97%	
6904567000104	五粮液	94	21	84%	1%	97%	
6901028016434	娃哈哈	93	22	88%	1%	98%	
6901028016477	西门子微波炉	91	23	92%	1%	98%	
6904567000098	打印机	90	24	96%	1%	99%	
6934024512161	德芙巧克力	88	25	100%	1%	100%	
	合计	16 259					

第二步：确定物资分类（见表 4-13）。

表 4-13　入库物资分类结果

序号	商品名称	分类
1	海天酱油	A
2	苏打饼干	B
3	打印机	C
4	白猫洗洁精	A

由第一步和第二步可以看出，海天酱油和白猫洗洁精因为周转量较高，通过 ABC 分类法计算得出属于 A 类产品，苏打饼干属于 B 类，打印机属于 C 类。查询货物后初步判断，海天酱油入库一号货架一层，苏打饼干一号货架二层，白猫洗洁精二号货架一层，打印机二号货架三层。

第三步：组托。

完成第一、二步确定货位基本信息后，可以进行组托，判断使用货位的数量，通过组托计算推断货位数量（见表 4-14）。

表 4-14　确定货位数量

序号	商品名称	分类	货位数量
1	海天酱油	A	2
2	苏打饼干	B	1
3	打印机	C	1
4	白猫洗洁精	A	2

第四步：根据就近原则安排货物上架，并对货物进行编码（见表 4-15）。

表 4-15　货物编码

序号	商品名称	分类	货位数量	货位编号	条码	入库数量/箱
1	海天酱油	A	2	H1-01-05-01		24
				H1-01-06-01		2
2	苏打饼干	B	1	H1-01-06-02		12
3	打印机	C	1	H2-01-05-03		20
4	白猫洗洁精	A	2	H2-01-04-01		12
				H2-01-05-01		6

第五步：上架，并更新数据（见图 2-21 和图 2-22）。

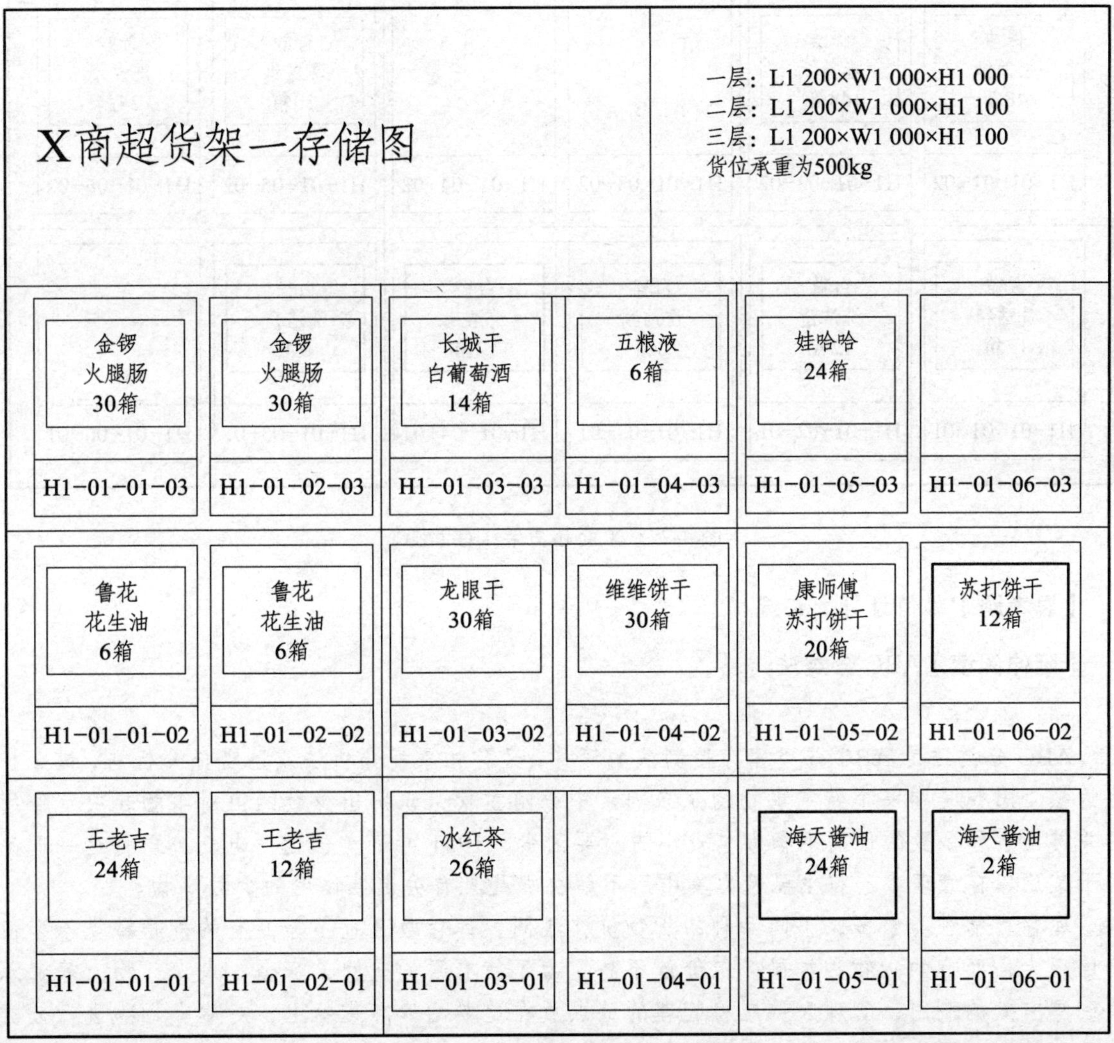

图 4-21　X 商超货架一存储图

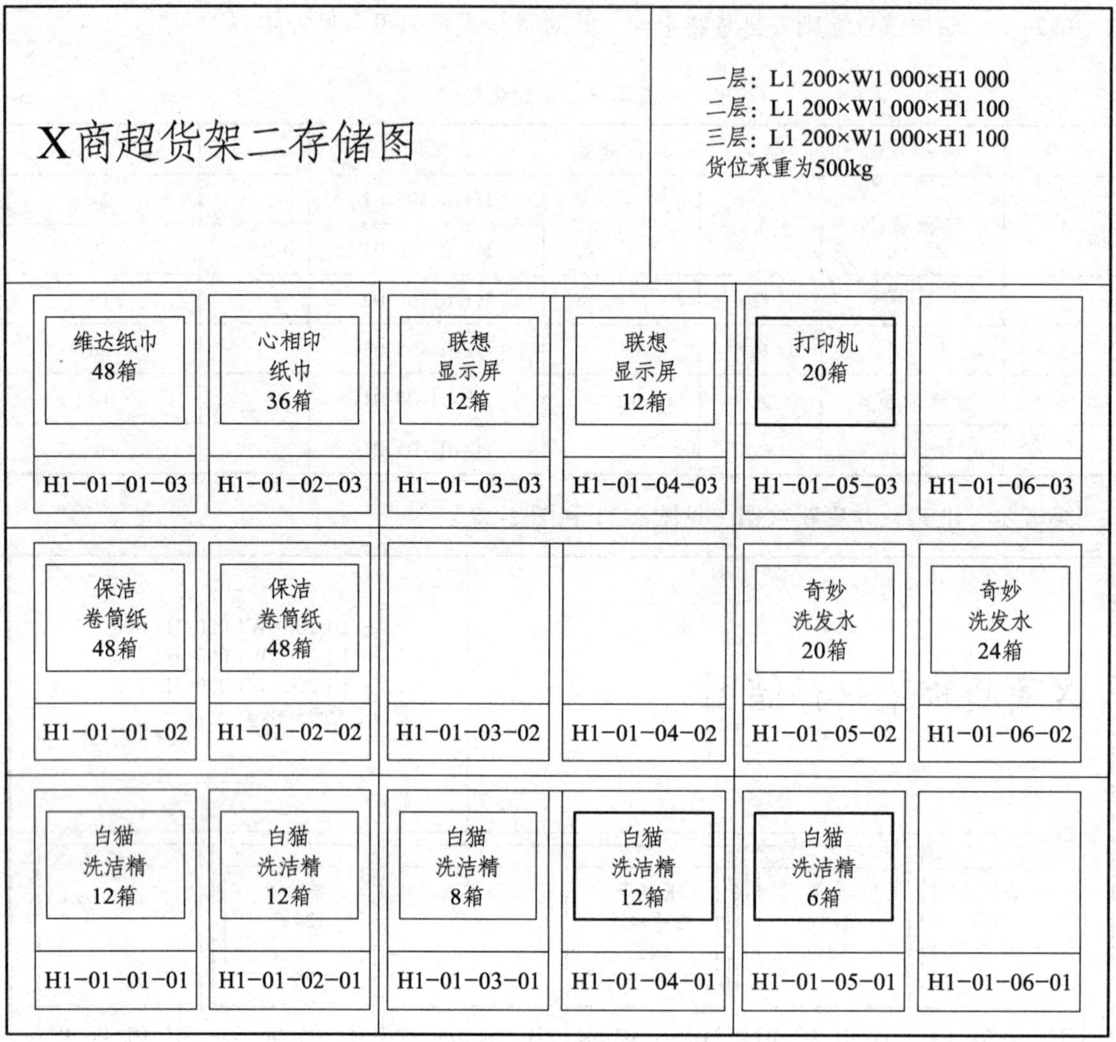

图 4-22　X 商超货架二存储图

【思考题】如何设计上架流程?

【延伸阅读】ABC 分类法

一、基本原理

ABC 分类法是 ABC 分类库存控制法的简称，又称帕累托分析法或巴雷托分析法，该分析法的核心思想是在一个特定事物的众多因素中分清主次，识别出少数的但对事物起决定作用的关键因素和多数的但对事物影响较小的次要因素。1951 年，美国通用电气公司将这一理论用于某厂库存管理中，将主要精力集中用于解决那些具有决定性作用的少数事物。

库存货物种类繁多，不同品种的货物价格不同，库存数量也不等，有的货物种类不多但价值很大，而有的货物种类很多但价值不高。为了使有限的时间、资金、人力、物力等资源得到更有效的利用，管理人员应将管理的重点放在重要的库存货物上，对库存货物进行分类管理和控制，即依据库存货物重要程度的不同，分别进行不同的管理。

ABC 分类法的基本原理是：将库存货物按品种和占用资金的多少分为非常重要的货物（A类）、一般重要的货物（B 类）和不太重要的货物（C 类），然后针对不同重要级别分别进行管理与控制。其核心是“分清主次，抓住重点”。其中，A 类品种数目占总品种数目的 10%左右，资金额占总库存资金额的 70%左右；B 类品种数目占总品种数目的 20%左右，资金额占总库存资金额的 20%左右；C 类品种数目占总品种数目的 70%左右，资金额占总库存资金额的 10%左右。

二、管理方法

1. A 类物资

（1）勤进货，最好随买随用，以降低库存量，减少资金占用量，提高资金周转率。

（2）同供应商建立良好的关系，关注进货价格，保证进货质量和供货及时。

（3）注意储存条件，确保货物的保存质量。

2. B 类物资

（1）正常控制，采用比 A 类货物相对简单的管理方法。

（2）B 类货物可以采用定期订购的方式或定期与定量混合的订购方式。

3. C 类物资

（1）将一些货物不列入日常管理的范围、价值低的货物不作为日常盘点的货物，并可规定出库的最低数量，以减少处理的次数。

（2）这类货物价值较低，安全库存量可以大一些，以减少订购次数，降低费用。

（3）减少这类货物的盘点次数。

（4）给予最低的优先作业次序。

【项目作业】依据所学内容为“A 品选购”平台分配中心设计入库流程以及岗位设置和工作职责。

项目五 在库管理

A 公司对于 A 产品选购入库作业设计比较满意，但是目前基于未来仓储发展，需要部分商品在库存储，所以需要设计在库管理流程。

学习目标

【知识目标】

学会在库管理基本流程；
掌握库存管理的基本方法、特点；
掌握在库物资的一般养护、特殊物资养护需求。

【技能目标】

学会使用在库物资订货的方法，区别定期订货法、定量订货法的使用条件并正确选用。
学会在库物资的基本养护、危险品等特殊物资的养护。

【素质目标】

建立事务关联逻辑思维能力；
学会基本订货思想，能够准确使用质量分析和数量分析；
培养基本运筹管理思想。

在库作业是仓配一体化作业流程中核心作业环节之一，也是衔接后续出库作业和配送作业的重要基础。科学化的在库作业流程设计不仅能够保证在库物资的价值不流失，甚至能够有效增强其附加值，从根本上有效降低物流成本，提高物流效率，符合物流管理的基本内核。

物资经过验收入库后，便进入在库作业管理阶段。物资的在库作业管理主要是根据仓库的实际条件、物资的属性与特点，采用合理经济的储存方法对在库货物进行保存和养护，实施库存现场 5S 管理[①]及盘点，确保存储的物资数量与质量。在库作业是否合格主要依据以下 3 个重要指标（见图 5-1）：

质量指标：物资质量是其价值体现的首要决定性因素。如何保证物资质量是仓配一体过程中最重要的一项作业要求，其中在库管理是仓配一体化中占用物资时间最长的时效。良好的在库管理技术能够有效保证物资质量，所以在制订物资存储计划或保管计划时需要详细了

① 5S 管理起源于日本，是指生产现场对人员、机械、材料、方法等生产要素进行有效管理。

解物资装配、存储、养护等科学方法，制定符合物资基本属性的物资存储质量体系。

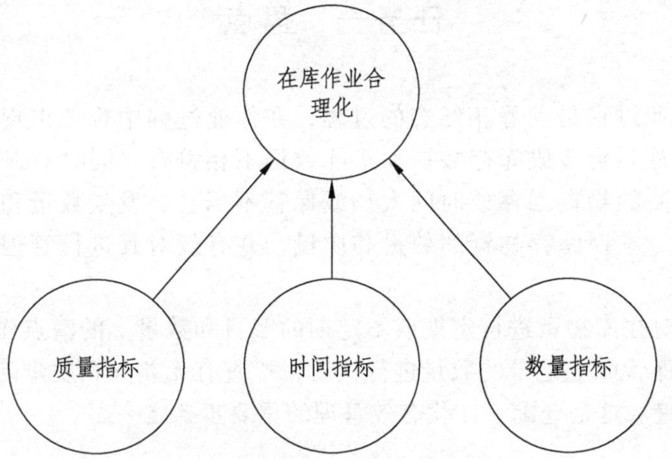

图 5-1　在库合理化标志

数量指标：物资数量是仓配一体化合理的重要指标之一，各种物资数量的确定，特别是生产企业中原材料、半成品等物资数量的确定取决于供货周期，由出库方式、设施设备选用、运输方式特点等决定。所以优化和科学管理仓配一体化中在库物资的数量既能满足生产或消费需求，又能节约成本，满足仓储服务质量需求。可见，数量指标尤为关键。

时间指标：一般反映仓配一体化的效率，如周转天数、周转次数、周转效率等。周转天数越短，次数越多，说明仓配一体化服务效率越高。

如何实现仓配一体化的高效率、低成本，主要依据合理的库存管理办法如定期订货法、定量订货法、经济订货批量，以及有效的在库物资存储方法、合理的盘点、科学的理货方法。所以在库作业流程一般包括盘点、理货、补货、保管。

【延伸阅读】

在库工作人员基本职责：

（1）熟悉物资品种、规格、型号、产地及性能，对物料标明标记，分类存储、科学管理与养护。

（2）借助库存管理系统，随时掌握库存动态，控制货物库存数量与质量，保证货物及时供货及服务水平，降低物流成本。

（3）通过盘点查明商品实际在库数量，核对库存账面资料与实际库存数量是否一致。

（4）借助科学方法和手段，检查在库物资质量有无变化，运用库存管理系统，自动预警物资的有效期和剩余保质期天数，检查有无长期积压等现象，确保货物质量，减少浪费。

（5）检查不同种类物资的保管条件是否与各种物资的保管要求相符合，堆码是否合理牢固，库内温度、湿度、空气成分等是否符合存货要求，各类计量器具是否准确等。

（6）检查各种安全措施和消防设备、器材是否符合安全要求，防水和防火等安全措施是否妥当，建筑物和设备是否处于安全状态，货物存储、摆放是否安全、可靠，及时消除不安全因素。

任务一　盘点

仓配一体化作业过程是动静相结合的过程，在作业过程中难免出现差错。如若不及时发现和处理，日积月累会造成库存数据和实际数据不相符合，同时对保管作业计划的制订也存在干扰。被忽略的物资因存放时间太长或保管不当，会发生数量和质量的变化。为了真实、客观地反映、掌握库存物资的数量和质量，并有效对其进行管理和控制，盘点作业必不可少。

盘点作业是指对在库物资进行定期或不定期的账目和数量上的清点作业，即对仓库现有物资的实际数量与保管账上记录的数量进行核对，检查有无差异和质量问题，以便准确掌握物资保管数量和质量。这是仓配一体化有效管理的重要步骤之一。

一、盘点的目的

1. 核查实际物资库存

盘点可以查清实际库存数量，并通过盈亏调整使库存账面数量与实际库存数量一致。账面库存数量与实际存货数量不符的主要原因有：收发作业中产生的误差，验收出现误差，存储作业中发生的意外事故造成的损失等。通过盘点，管理人员能及时清查实际库存与账面的数量和质量是否相符，及时查明出现的问题以及原因，一方面能即时止损，另一方面能了解作业流程方式是否存在疏漏，及时更新仓配作业管理机制，避免损失扩大或造成安全隐患。

2. 计算企业资产的损益

库存物资总金额直接反映企业流动资产的使用情况。库存量过高，流动资金的正常运转将会受到威胁，因此为了能准确地计算出企业实际损益，必须进行盘点，从而有效控制和计算企业资产损益。

二、盘点内容

1. 查数量

通过点数、计数查明在库物资的实际数量，核对库存账面资料与实际库存数量是否一致，并进行账卡核对和账账核对。

2. 查质量

检查在库物资质量有无变化及变化的趋势，有无超过有效期和保质期，及有效期和保质期剩余天数，有无长期积压等现象以及产生的原因，必要时还必须对物品进行技术检验，掌握质量状况。

3. 查保管条件

检查保管条件是否与各种物品的保管要求相符合，如堆码是否合理稳固，库内温度、湿度是否符合要求，各类计量器具是否准确等，尤其是易腐蚀、易霉变等物资的保管条件是否妥当。

4. 查库容空间利用率

检查物资摆放是否科学合理，在满足各种约束条件下的摆放数量、方式是否最佳，充分利用库容空间。

5. 查库存安全状况

检查各种安全措施是否落实，消防设备、器材是否符合使用要求，建筑物和设备是否处于安全状态，危险品保管是否处于安全状态。

三、盘点作业方法

（一）定期盘点法

定期盘点法又称全面盘点法、一齐盘点法，是指仓库管理员定期对库存物资进行盘点的方法。一般情况下，由仓库主管会同其他仓库管理员按月度、季度、年度，对库存物资进行一次全面的清查盘点。其优点是：通过对库存物资进行全面盘点后，对库存物资的整体情况有所了解，准确率较高。因为是对物资的全面盘点所以存在一定缺陷，进行盘点时仓库会全面停止工作，占用大批人力资源。

定期盘点法因采用的盘点工具不同，又可分为盘点单盘点法、盘点签盘点法、料架签盘点法 3 种。

（1）盘点单盘点法：以物料盘点单总记录结果的盘点方法，对盘点单盘点法进行总记录，在整理列表上十分方便，但在盘点过程中，容易出现漏盘、重盘、错盘的情况。

（2）盘点签盘点法：采用一种特别的盘点签，盘点后贴在实物上，经复核后撕下。对于物料盘点与复盘核对方便又准确，对于紧急用料仍可照发，临时进料也可以照收，核账与做报表均非常方便。

（3）料架签盘点法：以原有的料架签作为盘点的工具。盘点计数人员盘点完毕即将盘点数量填在料架签上，待复核人员复核后，如无错误即揭下原有料架签换上不同颜色的料架签，之后清查部分料架签未换下的原因，最后再依料、账顺序排列，进行核账与编制报表。

在盘点过程中对物资进出动态频率高的，或者是容易损耗的，或者是昂贵、重要的物资应进行重点盘点，以控制重点物资的动态，严防差错。

（二）循环盘点法

循环盘点法是指按照物资入库的先后次序，将物资逐区、逐类、分批、分期分库，有计划地对库存保管的物资循环不断地进行盘点。保管人员每天按照计划盘点一定量的在库物资，直至把全部库存物资盘点完毕，再继续开始下一循环。循环盘点法包括盘点、计算库存量、盘点数据对比、追究差异原因 4 个步骤（见图 5-2）。

循环盘点法常用的盘点方法有分区轮盘点法、分批分堆盘点法、最低存量盘点法 3 种。

（1）分区轮盘点法：由仓库管理员将仓库分为若干区，依序号清点仓库物资存量，过一段时期后周而复始地进行盘点。

（2）分批分堆盘点法：准备一张某批收料记录签放置于透明塑胶袋内，挂在该批收料的包装件上，一发料即在记录签上记录并将领料单副本存于透明塑料胶袋内。盘点时，对尚未动用的包装件可承认其存量毫无差误，只需对动用的存量进行盘点。若不相符，应马上查核记录签与领料单。

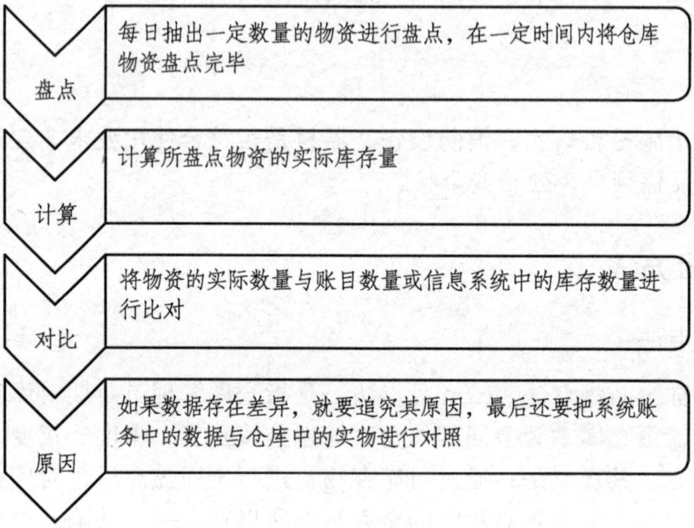

图 5-2　循环盘点法的基本步骤

（3）最低存量盘点法：指库存物资达到最低存量或订购点时即通知仓库管理人员清点仓库。盘点后开出对账单，以便查核误差的存在。最低存量盘点法对于经常收发的物料相当有用，但对于呆料来说则不适合。

循环盘点法是在仓库管理员的日常工作中进行的，盘点时不必停止仓库作业。

（三）临时盘点法

临时盘点又称突击性盘点，是根据需要在日常盘点没有及时跟上、仓库管理员办理交接、发生意外事故的情况下，或在台风、梅雨、严寒等季节进行的临时突击盘点。临时盘点的内容根据实际需求确定，此方法具备灵活性，能弥补日常盘点的不足，及时了解物资实际存储情况，但是缺乏计划性，可能影响仓配正常作业计划。

（四）账面盘点法

账面盘点法又称永续盘点法，指按库存货物的种类、规格设置存货明细分类账，逐日逐笔登记存货收入、发出的数量和金额，并及时给出存货结存的数量和金额。

账面盘点法对各个物资项目都设置经常性库存记录，并根据存货的增减变动进行连续记录，同时对每个会计期末进行实地盘点，查明物资盘盈、盘亏以及毁损、变质等情况及原因。此方法有利于收益计算的准确性，有利于存活控制与监督，但是核算工作相对烦琐。

四、盘点流程

从图 5-3 可以看出，盘点作业一般分为 4 大基本流程：盘点准备、开始盘点、盘点分析、盘点处理。

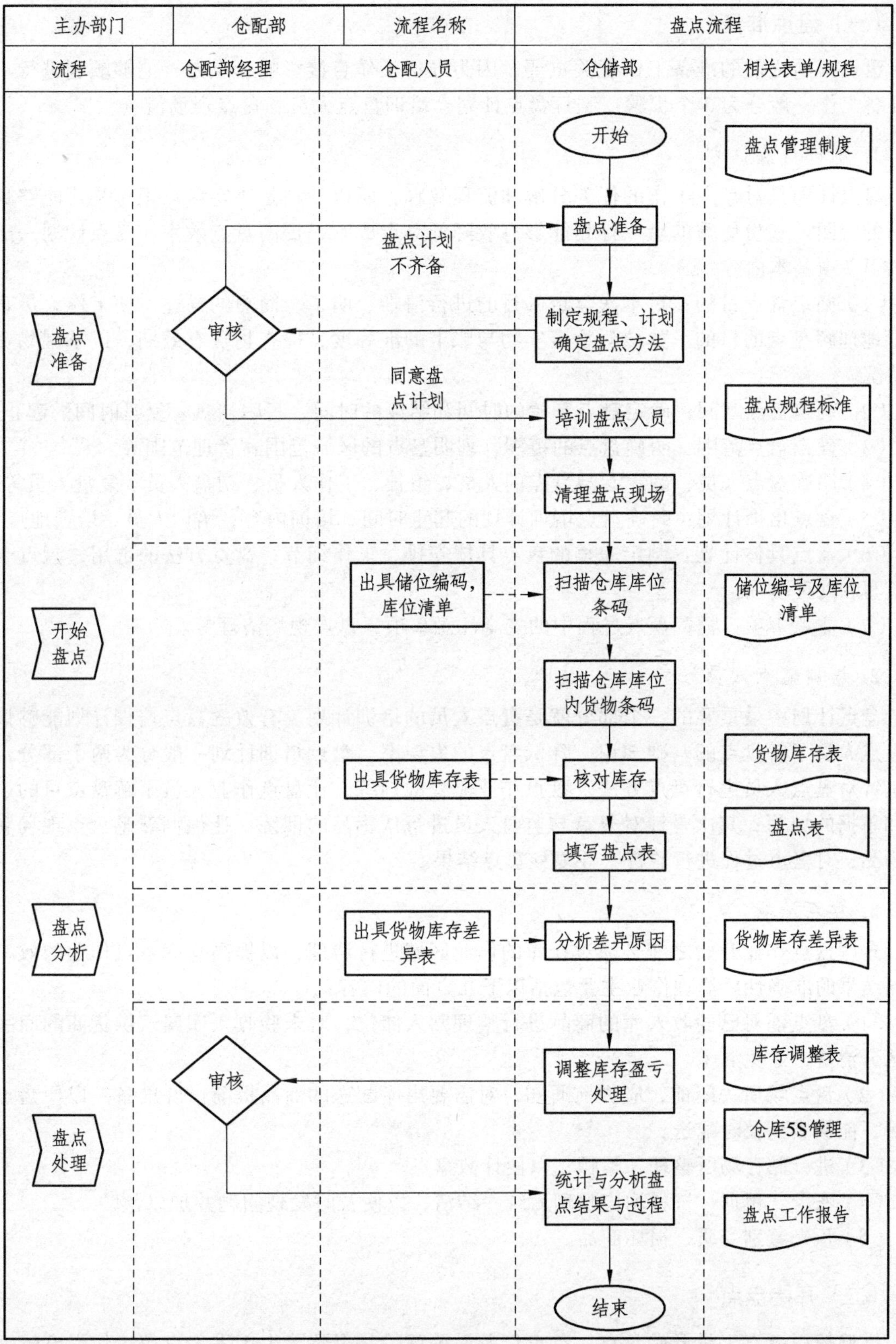
主办部门
仓配部
流程名称
盘点流程
流程
仓配部经理
仓配人员
仓储部
相关表单/规程
开始
盘点管理制度
盘点准备
盘点计划
不齐备
审核
制定规程、计划
确定盘点方法
盘点
准备
同意盘
点计划
培训盘点人员
盘点规程标准
清理盘点现场
出具储位编码，
库位清单
扫描仓库库位
条码
储位编号及库位
清单
开始
盘点
扫描仓库库位
内货物条码
货物库存表
出具货物库存表
核对库存
盘点表
填写盘点表
出具货物库存差
异表
分析差异原因
货物库存差异表
盘点
分析
库存调整表
审核
调整库存盈亏
处理
仓库5S管理
盘点
处理
统计与分析盘
点结果与过程
盘点工作报告
结束

图 5-3　盘点工作流程

（一）盘点准备

盘点开始之前的准备工作至关重要，因为准备工作直接影响盘点是否能够顺利进行。盘点准备工作一般分为 3 个步骤：制订盘点计划、培训盘点人员、盘点现场清点。

1. 制订盘点计划

盘点计划是对盘点工作的任务分解和流程解释，所以计划是决定盘点工作是否能够顺利进行的蓝图。一份优秀的盘点计划能够有效降低盘点成本，提高盘点效率。盘点计划一般包含以下 7 项基本内容：

（1）确定盘点目的：对本次盘点的目的进行清晰、明了、简短的描述，使工作人员直接明了地理解盘点的目的。如核对物资实物与账卡的准确度，检查物资有效期，以掌握物资损益情况。

（2）确定盘点时间：确定盘点开始的时间和结束的时间，写明初盘、复盘时间的起止。

（3）确定盘点范围：明确盘点的范围，列明盘点的区域范围、管理范围等。

（4）明确盘点人员：确定参与盘点的人员、组长、工作人员、初盘人员、复盘人员等。

（5）盘点培训计划：明确盘点培训计划的起止时间、培训内容、培训人员、培训地点等。

（6）盘点具体计划：制定完整的盘点具体安排、工作细节，盘点方法的选用，盘点卡片的填写和处理事项。

（7）注意事项：物资盘点过程中的安全注意事项、盘点现场清理等。

2. 培训盘点人员

盘点计划中最重要的一个部分就是盘点人员的培训计划。有效的盘点培训计划能够快速使盘点人员了解盘点的基础知识，降低盘点的失误率。盘点培训计划一般分为两个部分：首先是针对盘点人员进行盘点方法及盘点作业流程的训练，让盘点作业人员了解盘点目的、表格和单据的填写；其次是针对复盘与监盘人员进行认货品的训练，让他们熟悉盘点现场和盘点物品，对盘点过程进行监督，并复核盘点结果。

3. 盘点清场

仓库盘点作业开始之前必须对仓库的作业区域进行清理，以提高仓库盘点作业的效率和盘点结果的准确性。清理作业主要包括以下几方面的内容：

（1）盘点前对已验收入库的商品进行整理归入储位，对未验收入库属于供货商的商品，应区分清楚，避免混淆。

（2）盘点场所关闭前，应提前通知，对需要出库配送的商品提前做好准备，以便盘点结束后，能够做到及时配送。

（3）进行储存场所整理、整顿，以便计数盘点。

（4）账卡、单据、资料均应整理后统一结清，以便及时发现问题并加以预防。

（5）预先鉴别变质、损坏商品。

（二）开始盘点

准确使用盘点工具开始盘点，盘点作业最关键的是点数。由于手工点数工作强度较大，容易出现差错，可以借助点数器或者使用 RF 射频和条形码技术，使用智能设备进行扫描盘点，从而提高盘点的精确性。盘点完成后填写盘点单（见表 5-1）、盘点表（见表 5-2）统计库存信息等，形成盘点文件。

表 5-1　盘点单

盘点部门					仓库						盘点日期						
序号	物资编号	物资名称	计量单位	规格型号	账面数			实际盘点数			盘盈			盘亏			备注
					数量	单价	金额	数量	单价	金额	数量	单价	金额	数量	单价	金额	

表 5-2　盘点表

盘点日期			编号			
物资基本信息			盘点			
物资编号	物资名称	货位号码	盘点数量	盘点人	复核数量	复查人

（三）盘点分析

通过盘点发现账物不符，而且差异超过相关标准或者合同允许误差时，应立即追查差异的主要原因。产生盘点差异的原因主要有如下几个方面：

（1）物资入库时发生错误，如登记账卡时看错数字。

（2）运转途中发生的损耗，在入库检查中未被发现。

（3）盘点时计算有误，或计算方法不符。

（4）由货物本身的情况而产生的自然损耗。

（5）因气候或温度影响而发生腐蚀、硬化、变质、生锈、发霉等导致货物失去原有使用价值而发生数量短缺。

（6）液体货物容器破损而损耗。

（7）物资拆包或者拆零时发生错误造成数量短缺。

（8）衡器、量具不准或使用方法不当引起数量错误。

对盘点结果的差异进行分析并查明原因后，针对结果进行处理。

（四）盘点处理

通过盘点结果分析可以得出，物资一般出现盘盈和盘亏，其中又分为合理盘盈亏和非合理盘盈亏，具体处理方法如下：

（1）规定内盈亏：盘点后的盈亏数量或价值在规定标准内是企业允许的盈亏误差，此时可以申报部门领导审批，批准后进行核销。

（2）规定外的盈亏：查明原因后做出分析、变质报告，报主管部门审批后根据相关规程处理。

（3）此多彼少，总数相符：属于同一品种、不同规格型号的，可经过客户同意后进行规格数量调整，不同类物资，或属于同一品种但客户不同意调整规格的，按照标准盈亏处理。

（4）质量变化：盘点结果中物资出现质量问题的，查明原因后做好记录，并积极采取挽救措施，对完全变质、失效物资及时按照相关规定申请报废处理，但也需要查明变质原因，分清责任，总结保管经验。

（5）货物积压：盘点结果中如出现长期无动态积压物资或超期保管物资，应及时查明入库相关资料，编制物资积压报告，递交上级部门审批。

完成盘点工作后应编制盘点差异分析表（见表 5-3），同时对质量变化的物资、超期物资等通过审批后在后续理货流程中一并处理。

表 5-3　盘点差异分析表

编号							日期			
物资编码	库存数量	实盘数量	差异数量	差异率	单价	金额	差异原因	累计盘盈盘亏数量	累计盈亏金额	对策
制表人：										

【思考题】简述盘点结果处理流程。

【延伸阅读】盘点工作相关绩效指标

1. 盘点工作质量指标

盘点工作质量可用如下指标进行衡量：

盘点数量误差=实际库存-账面库存

盘点数量误差=盘点数量误差率/实际库存数

盘点次数比率=盘点误差次数/盘点执行次数

2. 仓储工作质量指标

仓储工作质量可用如下指标进行衡量：

吞吐量=到库货物总量+出库货物总量

年平均库存量=（年初货物总量+年末货物总量）/2

货物收发差错率=全年错收错发货物总量/年平均库存量×100%

物资损坏率=损坏变质货物量/年平均库存量×100%

任务二　理货

仓配一体化作业流程中，进出库高速运转。理货过程是基于盘点任务结束后对接盘点所产生的任务流程，一般分为两部分：呆滞物资处理和移库管理。

一、呆滞物资处理

仓配一体化流程完成盘点作业后，出现部分盘盈、盘亏结果和长期积压物资以及呆滞品、废品物资。通过上级审批后，需要对其进行处理。根据物资实际情况分为呆料处理和废料处理。

（一）呆料处理

呆料是指在盘点过程中出现的长期积压的物资，其质量没有发生变化，可以继续使用，但是因某些特殊原因长期积压在库存中未使用，如入库错误、生产技术改变、物资采购过剩等，通过盘点后报批上级主管部门同意后方可对其进行处理。一般处理方法如下：

（1）调拨其他需要的部门使用；

（2）对呆滞物资进行必要的质量修改后加以利用；

（3）打折出售或者退换给原有供应商；

（4）与其他有需求的公司进行物物交易；

（5）作为废品处理。

呆滞物料处理记录单如表 5-4 所示。

表 5-4　呆滞物料处理记录表

编号				日期：	
物料名称		物料编号		数量	
处理方法					
处理说明			处置部门		
损失分析					

（二）废料处理

废料是指在盘点或者生产过程中产生的废品、废料。其本质已经发生改变，不能继续使用。废料的处理一般如下：

1. 出售

废料的基本功能虽已经发生改变，但是其质地可以进行再利用，经过处理可以出售。在规模较小的企业，废料累积到一定程度后进行出售。

2. 回收

对于一些特殊材质废料物资经过特殊处理后可以回收再利用，规模较大企业，自身拥有回收技术，可以将废料集中进行解体后按照国家相关标准进行回收再利用，最大限度地降低成本，同时减少对环境破坏。

物资报废申请表和废料处理统计表如表 5-5 和表 5-6 所示。

表 5-5　物资报废申请表

物资名称	物资种类	物资编号	报废数量	用途或者制造编号	
报废原因			处置成本		
成本核算			价值评定		
材料		分摊费用		单位成本	
人工		合计		合计单位	
经理		价值评定		填表人	
入账		填表日期		审核人	

表 5-6　废料处理统计表

编号					日期			
项目	物料名称	编号	数量	原单价	原价值	处理方式	处置	
							费用	收入
主管			制表		日期			

【延伸阅读】

1. 呆料预防措施

（1）销售：加强销售计划的稳定性，对销售计划的变更加以详细地规划；加强订单管理，不要让客户随意取消订单；及时反馈客户需求变更。

（2）生产：加强产销的协调，增加生产计划的稳定性，并妥善处理紧急订单；加强生产线发料、退料的管理；合理安排新旧产品更替，防止旧料变成呆料。

（3）仓库：加强物料计划，防止计划不当形成的呆料；加强库存管理、盘点机制，及时掌握仓库库存变动，并反馈给生产及采购部门。

（4）采购：加强采购管理，减少物资的不当请购、订购；及时与供应商沟通，并对其进行辅导，提高购进物料的质量。

（5）检验：建立完善的进料检验制度，并要求检验人员严格执行；采用更加有效的抽样方法；加强检验仪器的精良化。

2. 废料预防措施

（1）加强对仓库中物资的养护工作，预防虫蛀、霉腐、锈蚀等现象的发生，从而减少废料的产生。

（2）提高物料的使用效率，减少边角料的产生。

（3）建立先进先出的物料收发制度，及时处理呆滞料，避免堆积过久而成为陈腐报废的物料。

二、移库管理

（一）移库的原因

仓配一体化在库管理中，为了确保高效的作业效率，秉承高效利用仓容率基本原则，出现以下情况需要对物资进行移库。

（1）入库管理过程中收发货托盘不够；

（2）拆零货物出库后需要拼拖；

（3）出货时需要对散拖货物进行平托；

（4）对呆废料处理完成后部分货物出现空缺；

（5）盘点完成时或者因季节因素等进行大批量库位调整。

（二）移库的基本原则

（1）一切移库作业，都要具备可追溯性。

（2）移库时要做到及时、细心、准确、无误，不论是先填写移库单还是先将实物进行移库，都要及时将后续工作完成。

（3）完成移库后，仓库组长要及时将移库单交接给系统文员。

（4）系统文员要及时在系统中按照移库单做库位调整。

（5）进行移库时，优先考虑相邻库位，就近为先，相同货物优先；拼托时以一层库位优先，同区域为主。

（6）大批量移库作业时，调整库位后应相对集中存放（相同货物）；先找好目的库位，填写好移库单，审批后再进行操作。

（三）开始移库

从移库流程图（见图 5-4）可以看出，移库分 3 大基本流程：移库准备、执行移库、库存数据更新。

1. 移库准备

根据业务部门销售的需求和仓储部门货物存储的需要提出移库方案，以及盘点作业的带废料处理记录等相关资料对现有货位进行统计，制订移库计划。

2. 执行移库

按照移库计划精确地对需要移库的物资进行组托，同时秉承先进先出原则，保证物资移库后的管理。同时移库时部分物资需要重新出库和入库，所以参照出入库基本流程严格执行。

3. 库存数据更新

完成移库后要对系统数据进行即时更新，保证实际库存货位与系统数据匹配。

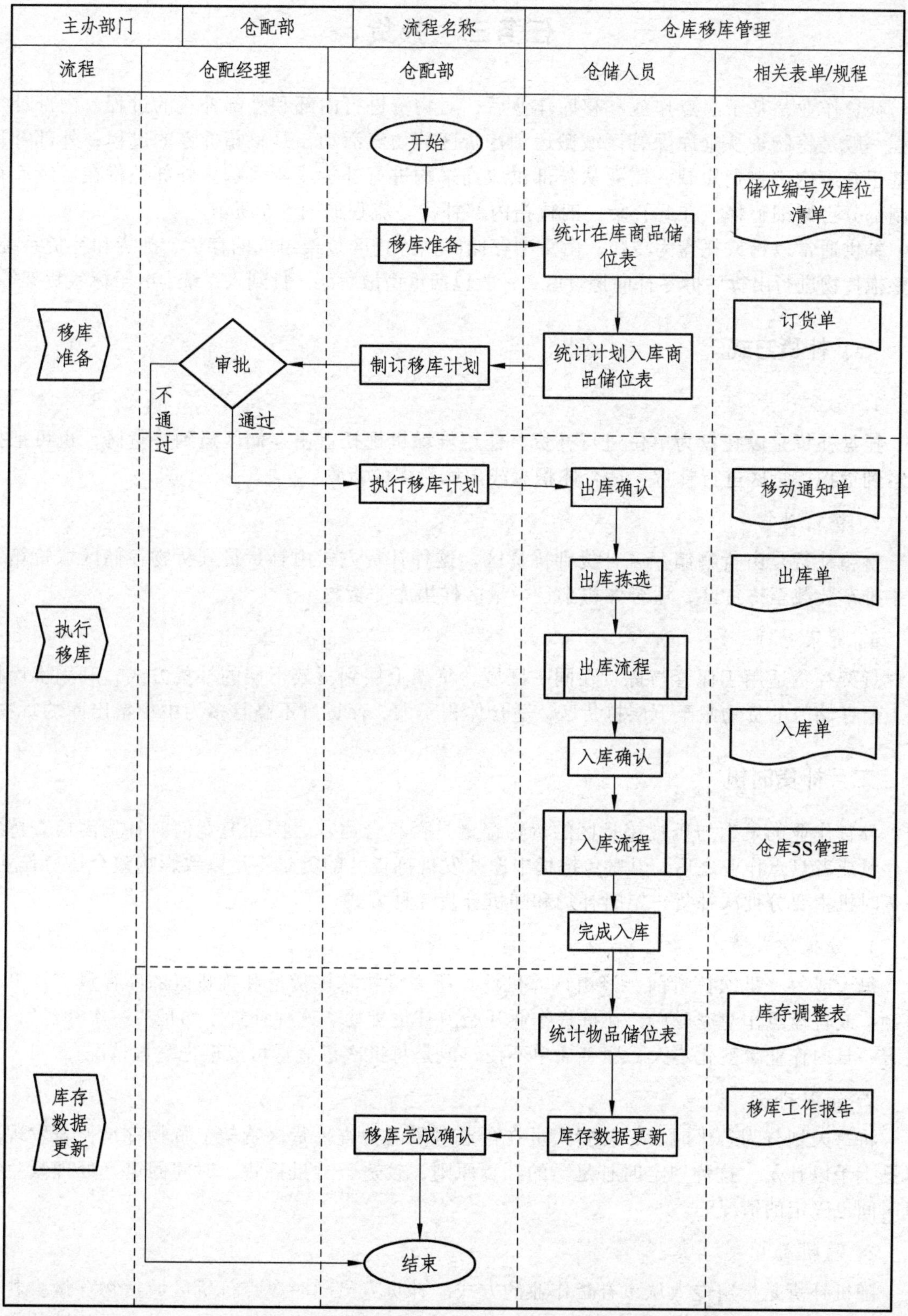
主办部门
仓配部
流程名称
仓库移库管理
流程
仓配经理
仓配部
仓储人员
相关表单/规程
开始
移库准备
统计在库商品储位表
储位编号及库位清单
订货单
统计计划入库商品储位表
制订移库计划
审批
不通过
通过
移库准备
执行移库计划
出库确认
移动通知单
出库拣选
出库单
出库流程
执行移库
入库单
入库确认
入库流程
仓库5S管理
完成入库
统计物品储位表
库存调整表
移库工作报告
库存数据更新
移库完成确认
库存数据更新
结束

图 5-4　移库作业流程

任务三　补货

补货作业是基于盘点作业和移库作业后，对物资进行内部和外部补货的过程。内部补货过程一般是将物资从仓库保管区域搬运到拣货区的物流活动，是整箱拆零的过程；外部补货是基于仓库内部物资短缺，需要从外部供应商采购进行补货或者采购。外部补货在后续库存控制部分会详细解释，在此补货一般代指内部补货。流程如图 5-5 所示。

补供通常以箱或托盘为单位，由重型存储区到拣货区货架组成的存货、拣货和补货系统，对整拖货物进行出货后拆零补向拣货区，一般包括重型散货架、货到入系统、电子标签货架等。

一、补货方式

1. 托盘补货

托盘补货是以托盘为单位进行补货，使用堆垛机把托盘由存储区运到拣货区，也可把托盘运到货物拣货区进行补货，适合体积大或出库量多的货物。

2. 整箱补货

整箱补货是由货物储存区补货到拣货区。这种补货方式由补货员到货物存储区取货箱，用手推车装载至拣货区，适合体积小且少量多样出库的货物。

3. 货架补货

货架补货适用于保管与拣货在同一区域，货架上层到货架下层的补货方式，利用堆垛机将上层存储区的货物搬至下层拣货区，适合体积不大、存货量不高且多为中小量出库的货物。

二、补货时机

补货作业的发生与否视拣货区的货物存量是否符合需求，因而究竟何时补货需检查拣货区存量或者盘点作业之后，以避免拣货中途才发现拣货区的货量不足以致影响整个拣货作业。补货时机主要分批次补货、定时补货和随机补货 3 种方式。

1. 分批次补货

每天或每一批次拣货前，经由计算机计算所需货物总拣货量和拣货区的库存量，计算出差额，或者盘点作业完成后，在拣货作业开始前补足货物。这种补货原则是“一次补足”，较适合一日内作业量变化不大，紧急插单不便，或是每批次拣货量可以事先掌握情况。

2. 定时补货

将每天划分为若干时段，补货人员在盘点时段内检查拣货区货架上货物存量，若发现不足马上予以补足。这种“定时补足”的补货原则，较适合分批拣货、时间固定、处理紧急订货时间也固定的情况。

3. 随机补货

随机补货是指定专人从事补货作业的方式。补货人员随时盘点拣货区域货物存量，若有不足随时补货。这种“不定时补足”的补货原则，较适合每批次拣货量不大，紧急插单多，以致一天内作业量不易事前掌握的场合。

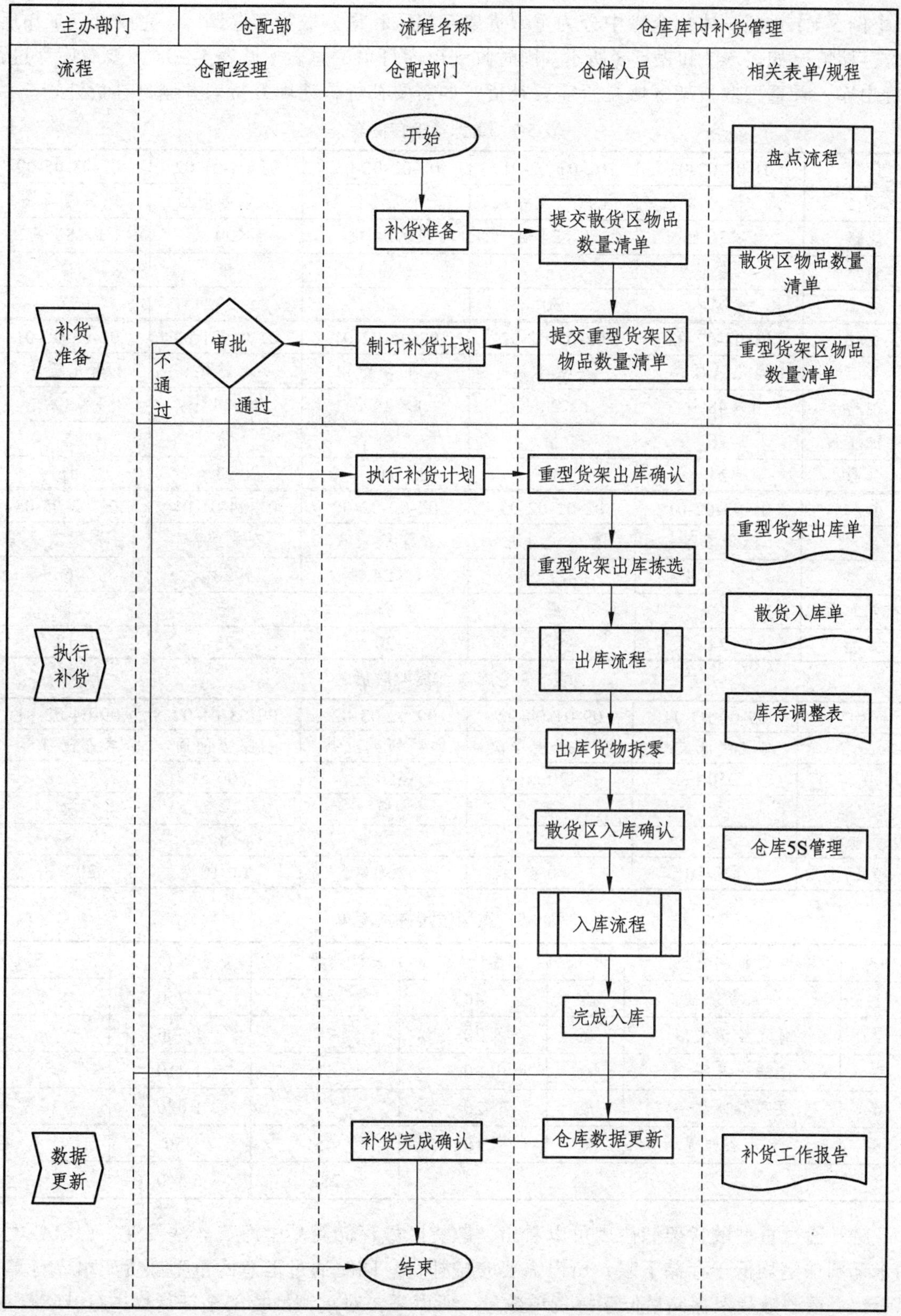
主办部门
仓配部
流程名称
仓库库内补货管理
流程
仓配经理
仓配部门
仓储人员
相关表单/规程
开始
补货准备
提交散货区物品数量清单
提交重型货架区物品数量清单
制订补货计划
审批
不通过
通过
盘点流程
散货区物品数量清单
重型货架区物品数量清单
补货准备
执行补货计划
重型货架出库确认
重型货架出库拣选
出库流程
出库货物拆零
散货区入库确认
入库流程
完成入库
重型货架出库单
散货入库单
库存调整表
仓库5S管理
执行补货
补货完成确认
仓库数据更新
补货工作报告
数据更新
结束

图 5-5　补货作业流程

【例 5-1】仓配一体化仓库中分为重型货架存储区和重型散货架存储区。完成盘点工作后，货位存储情况如表 5-7 和表 5-8 所示。同时收到出库订单汇总表（见表 5-9），需要对库存进行拣货出库，看重型散货架区域是否需要补货？如需要补货，请填补货表并制订补货计划。

表 5-7 重型货架存储表

货位	01-03-02-03	02-01-02-01	02-02-02-03	01-04-01-02	02-03-05-02
品名	海飞丝洗发液	佳洁士洗手液	康师傅冰红茶	白象方便面	米菲圆珠笔
规格	1×36 瓶	1×24 瓶	1×24 瓶	1×24 盒	1×80 盒
存储单位	箱	箱	箱	箱	箱
数量	24	30	20	23	18
货位	01-03-02-02	02-01-02-02	02-02-02-01	01-04-01-03	02-03-05-01
品名	婴儿纸尿裤	夹心年糕	心相印纸巾	可乐磁化杯	多乐儿童牙膏
规格	1×48 片	1×24 袋	1×24 包	1×24 个	1×80 支
存储单位	箱	箱	箱	箱	箱
数量	24	30	20	23	18
货位	01-03-02-01	02-01-02-03	02-02-02-02	01-04-01-01	02-03-05-03
品名	陈记香油	蟹味儿生抽	安溪铁观音	安化黑茶	科利尔碳素笔
规格	1×12 瓶	1×24 瓶	1×24 罐	1×24 盒	1×60 支
存储单位	箱	箱	箱	箱	箱
数量	24	30	20	23	18

表 5-8 仓库重型货架散货区

货位	09-02-03-04	09-01-04-02	09-02-03-02	09-03-01-02	09-04-02-01
品名	海飞丝洗发液	佳洁士洗手液	康师傅冰红茶	白象方便面	米菲圆珠笔
规格	250 g	420 ml	650 g	500 g	12 支
拣选单位	瓶	瓶	瓶	盒	盒
补货前数量	2	25	27	8	8
存储上/下限	120/10	60/8	70/10	60/10	200/20

表 5-9 重型散货拣货库单

序号	商品名称	单位	单价/元	订购数量	金额/元	备注
1	白象方便面	盒	40	44	1 760	
2	海飞丝洗发液	瓶	20	75	1 500	
3	佳洁士洗手液	瓶	30	47	1 410	
4	康师傅冰红茶	瓶	20	51	1 020	
5	米菲圆珠笔	盒	10	65	650	
合计				282	6 340	

解：通过重型散货架储位表可以看出，散货区域存储商品中海飞丝洗发液、白象方便面和米菲圆珠笔均低于存储下限，所以需要安排补货。同时通过汇总的重型散货架出库订单可以看出，重型散货架存储量低于拣货单数量，所以需要对重型散货架全部货物进行补货作业。（见表 5-10 和表 5-11）

表 5-10　补货转换量

序号	商品名称	单位	库存	订购数量	规格单品/箱	补货数量	单位	出库后库存	单位
1	白象方便面	盒	8	44	24	2	箱	12	盒
2	海飞丝洗发液	瓶	2	75	36	3	箱	35	瓶
3	佳洁士洗手液	瓶	25	47	24	2	箱	26	瓶
4	康师傅冰红茶	瓶	27	51	24	2	箱	24	瓶
5	米菲圆珠笔	盒	8	65	80	1	箱	23	盒
合计			70	282		10		120	

表 5-11　补货计划

序号	品名	源货位	目标货位	补货数量/箱
1	白象方便面	01-04-01-02	09-03-01-02	2
2	海飞丝洗发液	01-03-02-03	09-02-03-04	3
3	佳洁士洗手液	02-01-02-01	09-01-04-02	2
4	康师傅冰红茶	02-02-02-03	02-02-02-03	2
5	米菲圆珠笔	09-04-02-01	02-03-05-02	1

任务四　库存控制

在补货流程中提出，补货分为内部补货和外部补货。外部补货的最基本原因是库存不能满足客户生产销售需求需要向供应商发出订货需求，这一过程称为外部补货。外部补货需求中需要多少补货？什么时候补货？这就是库存管理中最需要解决的问题。

一、库存管理

库存管理又称库存控制，是指对制造业或服务业生产、经营全过程的各种货物、制成品其他资源进行管理和控制，使其储备保持在经济合理的水平上的行为。库存管理的重点在于确定如何订货、订购多少、何时订货等问题。传统的观念认为仓库里的货物多，表明生意兴隆，现在则认为零库存是最好的库存管理。库存多，则占用资金多，利息负担就会加重。但是如果过分降低库存，会加大短缺成本，造成货源短缺。库存管理不当会导致库存不足或过剩。库存不足将会使企业错过销货机会，降低销售额，甚至失去客户，商誉下降，库存过剩则会加大库存的持有成本。

二、库存管理的目标

为了保证企业正常的经营活动，库存是必要的，但库存又占用了大量资金。怎样既能保证经营活动的正常进行，又能使流通资金的占用量最小，即在客户期望的服务水平和相关的库存成本之间寻找平衡，是库存管理人员最关心的问题。若不对库存进行控制，可能既满足不了正常经营活动的需要，同时又造成大量货物的积压，占用大量的库存资金。

库存管理涉及各个方面的管理，库存管理的目标就是防止超储和缺货，在企业现有资源的限制下，应以最合理的成本为客户提供满意的服务。对任何一种货物的仓储来说，库存成本与客户服务水平两者之间往往是矛盾的，存在着效益背反现象。为了提高服务水平，需要保持相当多的库存以满足需求的不确定性，这又需要增加库存成本。最佳的库存管理就是平衡库存成本与库存收益的关系，从而确定一个合适的库存水平，使库存占用资金带来的收益比此笔资金投入其他领域的收益高。

从成本核算的角度看，库存成本是一个财务上的目标，它将随着经济和企业财务状况的变化而变化。例如，如果企业的流动资金紧缺，那么企业需要对库存成本进行严格的控制。尽管企业库存会带来一系列的耗费，但是也不能因此无条件地降低库存，在平衡库存成本与客户服务水平时，应注重客户所期望的服务水平。

三、库存控制方法

（一）定期订货法

定期订货法是固定时间或者周期盘查库存后对现有库存和目标库存进行核算，出现差值时进行订货，所以其盘点的时间和订货时间间隔基本一致，是固定订货间隔和订货点的流程。补货时间点才会下单补货，订货间隔周期一致。

定期订货法最基本的要求是按固定的检查周期对库存量进行盘点，并根据检查盘点的实际库存量和下一个进货周期的预计需求量来确定订购批量。所以定期库存控制法是以“定期不定量”为特征的，即订购周期固定，如果备运时间相同，则进货周期也固定，而订购点和订购批量不定。

由此可见，使用定期订货法需要确定 3 个主要参数：订货周期、目标库存、订货批量。

1. 订货周期确定

采用定期订货法，因订货间隔固定，订货周期的确定一般主要考虑生产计划的周期时间，从费用角度出发考虑费用最小。

订货周期的计算公式为：

$$T=\sqrt{\frac{2C}{KD}}$$

式中，C 为每次订货成本；K 为货物年度保管费用；D 为物资年度需求量。

【例 5-2】仓库生产原材料 A 物资年需求量为 16 000 箱，保管费用为 20 元，每次订货成本为 1 600 元。试用定期订货法确定订货周期，一年按照 360 天计算。

解：

$$T=\sqrt{\frac{2C}{KD}}=\sqrt{\frac{2\times1\,600}{20\times16\,000}}=-\frac{1}{10}=36\text{（天）}$$

2. 目标库存

目标库存水平是满足订货期加上提前期的时间内的需求量。它包括两部分：一是订货周期加提前期内的平均需求量；二是根据服务水平保证供货概率的保险储备量。

定期订货法的最高库存量是用以满足 $T+L$ 期间内的库存需求的，所以我们可以用 $T+L$ 期间的库存需求量为基础。考虑到可能随机发生不确定的库存需求，再设置一定的安全库存。公式如下：

$$目标库存：Q_0=(T+L)r+Q_1$$

式中，T 为订货周期；L 为订货提前期；r 为平均日需求量；Q_1 为安全库存。

同时因为定期订货法是在固定间隔周期进行订货，所以订货频率一致，符合正态分布。

$$目标库存：Q_0=(T+L)r+ZS_2$$

$$S_2=S_0\times\sqrt{T+L}$$

式中，T 为订货周期；L 为订货提前期；r 为平均日需求量；Z 为服务水平保证的供货概率正态分布表对应的 t 值；S 为订货期加提前期内需求变动的标准差；S_0 为日需求变动标准差；S_2 为 $T+L$ 期内需求变动标准差；T 为订货周期；L 为订货提前期；Q_0 为目标库存。

3. 订货批量

定期订货法没有固定不变的订货批量，每个周期订货量的大小等于该周期的最高库存量与实际库存量的差值。实际库存量，是指盘点时仓库实际具有的能够用于销售供应的全部物品的数量。考虑到订货点时的在途到货量和已发出出货指令尚未出货的待出货数量，则每次订货的订货量的计算公式为：

订货量=最高库存量-现有库存量-订货未到量+顾客延迟购买量

或 $Q=Q_0-Q_T$

式中，Q_0 为目标库存；Q_T 为 T 期盘查时现有库存量。

【例 5-3】某仓库 A 商品订货周期为 18 天，平均订货提前期为 3 天，平均库存需求量为每天 120 箱，安全库存为 360 箱，在途货物为 600 箱，完成盘点后实际库存为 1 500 箱，待出库货物为 500 箱。计算 A 商品目标库存和订货批量。

解：$Q_0=(T+L)r+Q_1$

$Q_0=(18+3)\times12+360=2\ 880$（箱）

订货批量=最高库存量-现有库存量-订货未到量+顾客延迟购买量

订货批量=2 880-1 500-600+500=1 280（箱）

【例 5-4】某货品需求服从正态分布，日均需求量 r100 件，标准差 20 件，订购提前期 6 天，需求服务水平 Z 为 95%，每次订购成本为 450 元，年度保管费率 20%，货品单价 1 元，企业全年工作 250 天，本次盘存量 800 件，经济订货周期 30 天，计算目标库存与本次订购批量（查正态分布中 95%对应 1.96）

解：$S_2=S_0\times\sqrt{T+L}=20\times\sqrt{6+30}=120$

目标库存 $Q_0=(T+L)r+ZS_2=(6+30)\times100+1.96\times120=3\ 835$

订购批量 $Q=Q_0-Q_T=3\ 835-800=3\ 035$

【思考题】某货品的需求量服从正态分布，其日均需求量为 200 件，标准差为 25 件，订购的提前期为 5 天，要求的服务水平为 95%，每次订购成本为 450 元，年保管费率为 20%，货品单价为 1 元，企业全年工作 250 天，本次盘存量为 500 件，经济订货周期为 24 天。计算目标库存水平与本次订购批量。（查出正态分布表中 95%对应 1.96）

4. 适用范围

具有下列特点的物品可以考虑采用固定间隔期系统实行库存控制。

（1）需要定期盘点和定期采购的物资。

（2）具备相同供应源的物资。供应商属于同一个或者统一地区，可以采用统一采购策略，不仅能够节约订货和运输费用，而且可以获得一定的价格折扣，降低购货成本。另外，还可以保证统一采购的顺利进行。

（3）供货渠道较少或供货来自物流企业的物资，其库存管理可采用定期管理系统进行控制。

但是从上例的计算结果可以看出，在同样的服务水平下，固定订货期限系统的保险储备量、订购批量都要比固定订货量系统的保险储备量、订购批量大。这是因为在固定订货期系统中需满足订货周期加提前期内需求量和防止在上述期间发生缺货所需的保险储备量。这就是为什么一些关键物品、价格高的物品不用固定订货期法，而用固定订货量法的原因。

（二）定量订货法

定量订货法是指随机盘查库存，盘查时间随机，库存量下降到预定的最低库存量（订货点）时，按规定数量进行订货的库存控制法则，且每次订货批量使用经济订货批量为准。在实际仓配一体化过程中使用定量订货法需要关注最低库存量、需求量、订货提前期、安全库存、订货批量几个变量。

1. 确定最低库存

如果原材料需求稳定，也就是总体需求稳定，且供应商供货稳定就意味着订货提前期与需求稳定，每次订货时供应商可以即时发货，则不需要设置安全库存，但是如果供应商多变，且因部分客观因素致使订货提前期存在不稳定因素，则需要设置安全库存才能保证仓配一体化正常运营。使用定期订货法确定最低库存（订货点）时需要分两种情况讨论。

（1）订货提前期间确定计算最低库存。

在需求和订货提前期确定的情况下，安全库存的存在只会增加物流成本，所以不需要设置。

最低库存（订货点）=生产期间每天平均需求量×订货提前期（天）

【例 5-5】A 商品每年 360 天出库量总计为 36 000 箱，该商品供货是战略合作伙伴，供货稳定，订货提前期为 20 天。计算该商品库存低于多少箱时，需要向供应商发出订货请求？

解：A 商品平均需求=36 000/360=100（箱）

最低库存=生产期间每天平均需求量×订货提前期（天）=100×20=2 000（箱）

（2）订货提前期间不确定计算最低库存。

订货提前期不确定的情况有很多种类，如某些客观因素物流运输变更、供货商不稳定、战争等。在此情况下，仓库需要设置安全库存才能保证仓库正常运转，所以考虑最低库存时首先要设置安全库存。

最低库存量计算公式如下：

最低库存（订货点）=统计期平均需求量×最大订货提前期+安全库存

安全库存是基于库存需求而产生的变动值，通过统计仓库中缺货次数后所计算的缺货概率。统计出的安全系数值如表 5-12 所示。

表 5-12　安全系数表

缺货概率/%	安全系数
1.0	2.33
1.4	2.20
2.0	2.05
2.3	2.00
2.9	1.90
3.6	1.80
4.0	1.75
5.0	1.65
5.5	1.60
6.7	1.50
8.1	1.40
10.0	1.28
11.5	1.20
13.6	1.10
15.0	1.04
16.0	1.00
20.0	0.84
25.0	0.68
27.4	0.60
30.0	0.54

安全库存的计算公式：

$$安全库存=安全系数\times\sqrt{最大订货提前期}\times需求变动值$$

需求变动值在计算时分为两种情况，连续统计需求量中统计期数相对较少，可以使用标准差进行精确计算。如果统计期数过大，则使用极差进行计算。使用极差时需要考虑统计期数而变动的 d_2 值，其中 d_2 与统计期数相关，通过查询随统计期数变动 d_2 值表可得（见表 5-13）。

标准差方法下计算需求变动的公式：

$$需求变动=\sqrt{\frac{\sum(实际需求量-平均需求量)^2}{统计期数}}$$

极差下计算需求变动的公式：

$$需求变动=\frac{（最大需求量-最小需求量）}{d_2}$$

表 5-13　随统计期数变动 d_2 值

n	d_2	$1/d_2$
2	1.128	0.886 5
3	1.693	0.590 7
4	2.059	0.485 7
5	2.326	0.429 9
6	2.534	0.394 6
7	2.704	0.369 8
8	2.847	0.351 2
9	2.907	0.344 0
10	3.078	0.324 9
11	3.173	0.315 2
12	3.258	0.306 9
13	3.336	0.299 8
14	3.407	0.293 5
15	3.472	0.288 0
16	3.532	0.283 1
17	3.588	0.278 7
18	3.64	0.274 7
19	4.689	0.213 3
20	3.735	0.267 7
21	3.778	0.264 7
22	3.82	0.261 8
23	3.858	0.259 2
24	3.896	0.256 7

【例 5-6】某便利店，A 商品在过去 3 个月中实际需求量如表 5-14 所示，最大订货提前期间为 2 个月，缺货概率统计为 5%。求该商品最低库存。

表 5-14　需求量表

时间	1 月	2 月	3 月
需求量	126	110	127

解：平均每月需求量：（126+110+127）/3=121

缺货概率为 5%，查表得：安全系数=1.65

$$需求变动=\sqrt{\frac{\sum(实际需求量-平均需求量)^2}{统计期数}}=\frac{\sqrt{(126-121)^2+(110-121)^2+(127-121)^2}}{3}=7.79$$

安全库存=安全系数× $\sqrt{最大订货提前期}$ ×需求变动=1.65× $\sqrt{2}$ ×7.79=18.17（箱）

最低库存=统计期平均需求量×最大订货提前期+安全库存

=121×2+18.17=260.17

【例 5-7】某仓库 B 商品需求值如表 5-15 所示，最大订货提前期为 2 个月，缺货率 5%，单位商品保管费 2 元，采购成本 30 元。求 B 商品订货点及订货量。

表 5-15　需求量表

月份	1	2	3	4	5	6	7	8	9	10	11	12	合计
需求量	258	263	262	260	260	256	260	212	234	234	256	245	3 000

$$解：需求变动=\sqrt{\frac{(最大需求量-最小需求量)}{d_2}}=\frac{(263-212)}{3.528}=15.653$$

查表缺货率为 5%时对应 1.65。

安全库存=安全系数× $\sqrt{最大订货提前期}$ ×需求变动=1.65× $\sqrt{2}$ ×15.653=36.52

统计期平均需求量=总需求/统计期=3 000/12=250

最低库存=统计期平均需求量×最大订货提前期+安全库存=250×2+36.52=536.52

$$经济订货批量=\sqrt{\frac{2DC}{K}}=\sqrt{\frac{2\times 3\,000\times 30}{2}}=300$$

2. 适用范围

（1）库存连续盘点。

物资盘点计划设定为连续，随机盘点，盘点周期不确定。

（2）价值相对较低，但是需求数量巨大的物资或贵重物资。

这些均是需要重点控制的物资，应该考虑采用连续检查的控制方式控制。前者是因为此类物资价低量大，采用连续盘点方式可以简化控制程序；后者是因为连续检查控制方式可以及时收集库存信息，较灵活地优化库存控制与管理。

（3）物资供应商选择较多。

采用连续盘点方式，订货的时间无法确定，是因为该物资并非紧俏物资，市场上供应商选择相对较多，价格稳定，随时可以采购到。

3. 特点

优点：订货点、订货批量一经确定，定量订货法的操作就很简单；当订货量一定时，收货、验收、保管和批发可以利用现成的规格化器具和结算方式，可节省搬运、包装等方面的工作量；充分发挥了经济订货批量的作用，可以使平均库存量和库存费用最低。

缺点：要随时盘存，会花费较多的人力和物力；订货模式过于机械；订货时间不能预先确定，所以难于加以严格的管理，也难于预先做出较精确的人员、资金、工作等的安排计划。

此外，在实际工作中具体应用定量订货法时，还要注意它适用的环境条件。

【思考题】如何科学选用定期订货法和定量订货法。

【延伸阅读】

1. 相关概念

（1）标准差：

在概率统计中最常用作统计分布程度（Statistical Dispersion）的测量，是总体各单位标准值与其平均数离差平方的算术平均数的平方根。它反映组内个体间的离散程度，测量分布程度的结果。

（2）极差：

最直接也是最简单的方法，即用最大值—最小值（也就是极差）来评价一组数据的离散度。这一方法在日常生活中最为常见，如比赛中去掉最高最低分就是极差的具体应用。极差=最大标志值-最小标志值。

（3）经济订货批量：

经济订货批量（Economic Order Quantity），简称 EOQ，是平衡订货成本与存储成本时所计算出的最优订货批量。订货成本中最核心的成本是存储成本和订货成本，存储成本随着订货批量的上升而逐渐上升，成本与订货批量呈正比。订货成本是随着订货批量的上升而逐渐下降，两者呈反比。平衡存储成本和订货成本即可得到最优订货批量（见图 5-6）。

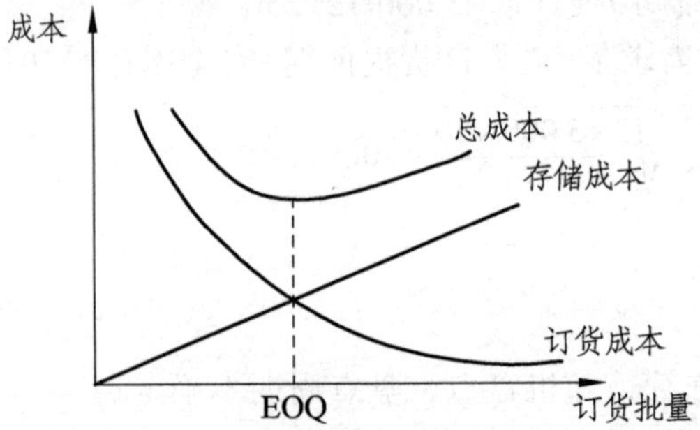

图 5-6　EOQ

总成本=采购成本+订货成本+储存成本

采购成本=$D\times P$

订货成本=$C\times D/\text{EOQ}$

储存成本=$(\text{EOQ}\times K)/2=(\text{EOQ}\times P\times F)/2$

式中，EOQ 为经济订货批量；D 为全年需求量；C 为一次订购成本；K 为单位物资年储存费；P 为物资单价；F 为单位物资年保管费率。

通过订货成本=储存成本进行数学推导后得出：

$$\text{经济订货批量 EOQ}=\sqrt{\frac{2DC}{K}}=\sqrt{\frac{2DC}{PF}}$$

2. 前瞻型库存计算和回顾型库存计算

计算库存时分为前瞻型视角（Forward-looking Perspective）和回顾型视角（Fistorical Pespective），两者的区别是基于现实已有数据和预测未来数据。如安全库存中前瞻型视角方法得出的是一个用于估计为达到理想服务水平所需库存的数学公式。回顾型视角则是计算过去实际持有的安全库存。如何选择合适的方法呢？理想的情况是，指定一个特定的服务水平，使用前瞻型方法计算出所需的安全库存量，一段时间后再使用回顾型方法得出一个安全库存量，不难发现最后两个结果近乎相同。

【思考题】

1. 定期订货法与定量订货法是前瞻性还是回顾型计算？
2. 设计定期订货法与定量订货法使用流程。

任务五　保管

一、物资保管

从图 5-7 的流程图不难看出，物资保管最核心的内容是根据物资实际情况制定合适的物资保管方案。存储物资按照物资自身特性可以分为常温存储物资、危化品物资、冷藏物资、冷冻物资等。在物资存储过程中如存储不当会发生不同类型的化学变化、物理变化和生化变化造成物资损失。物理变化如挥发、破碎变形、溶化、串味、渗漏等，化学变化如锈蚀、氧化、腐蚀、燃烧爆炸、分解等生化反应如霉腐等。所以需要针对不同物资特性制定不同物资养护方案。养护方案包括温湿度控制、防病虫害、防腐防霉、防锈等。

（一）温湿度控制

1. 温湿度的相关概念及控制流程

在温室控制中最关键的是对温度和湿度的把控，其中温度是指空气的冷热程度。一般而言，距地面越近气温越高，距地面越远气温越低。在仓库日常温度管理中，用摄氏度表示，零摄氏度以下的温度，在度数前加一个“-”号，即表示零下多少摄氏度。

湿度一般指空气中水汽含量的多少或空气干湿的程度，主要有以下几种：

（1）绝对湿度：单位容积的空气里实际所含的水蒸气量。

（2）饱和湿度：在一定温度下，单位容积空气中所能容纳的水蒸气的最大限度。如果超过这个限度，多余的水蒸气就会凝结，变成水滴。此时的空气湿度便称为饱和湿度。饱和湿度不是恒定不变的，受温度影响较大。

（3）相对湿度：空气中实际含有的水蒸气量（绝对湿度）与距离饱和状态（饱和湿度）程度的百分比。

$$相对湿度=绝对湿度/饱和湿度\times 100\%$$

$$绝对湿度=饱和湿度\times 相对湿度$$

相对湿度越大空气越潮湿，反之越干燥。

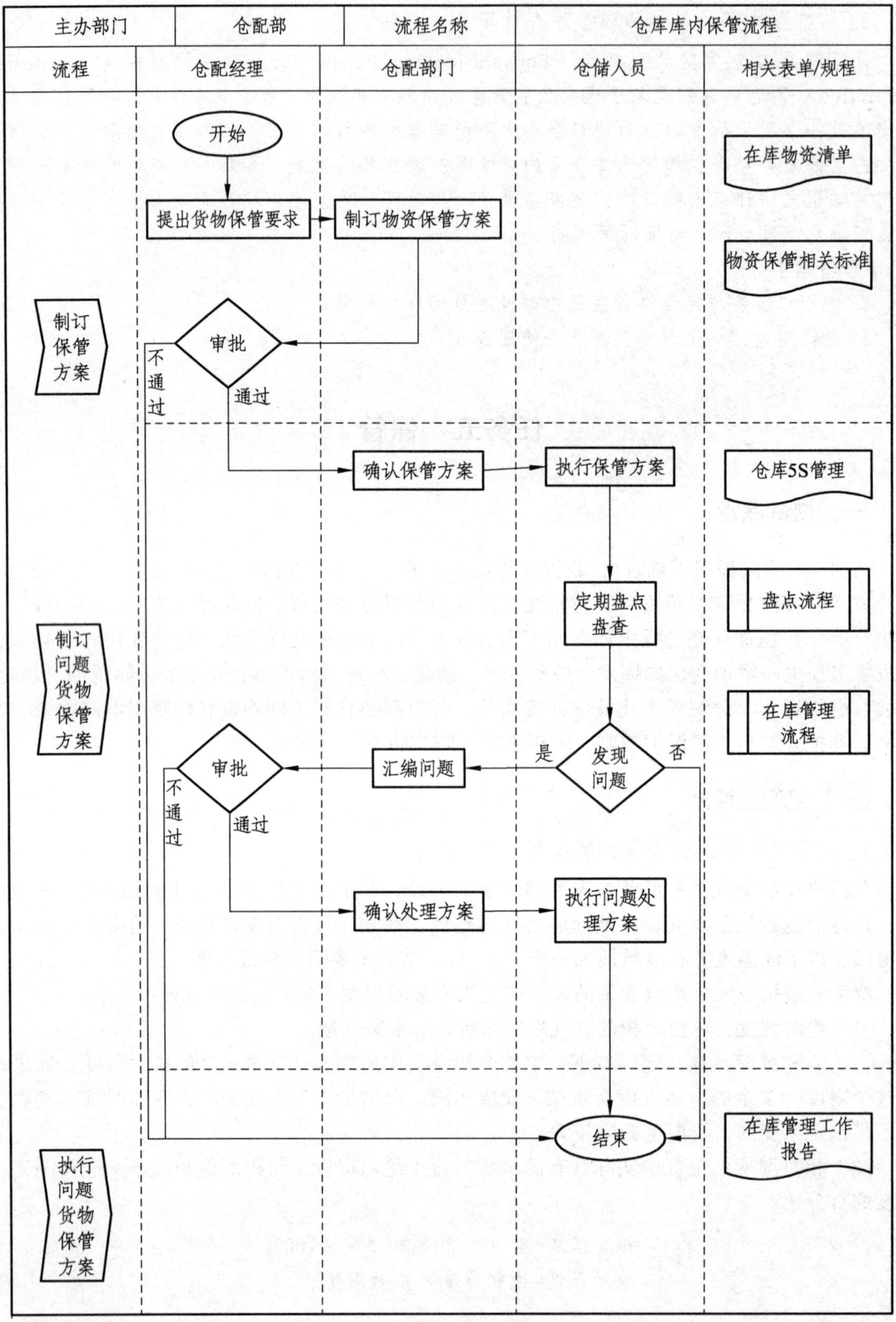
主办部门
仓配部
流程名称
仓库库内保管流程
流程
仓配经理
仓配部门
仓储人员
相关表单/规程
开始
提出货物保管要求
制订物资保管方案
审批
不通过
通过
确认保管方案
执行保管方案
定期盘点盘查
发现问题
是
否
汇编问题
审批
不通过
通过
确认处理方案
执行问题处理方案
结束
制订保管方案
制订问题货物保管方案
执行问题货物保管方案
在库物资清单
物资保管相关标准
仓库5S管理
盘点流程
在库管理流程
在库管理工作报告

图 5-7　保管流程

（4）露点：含有一定量水蒸气（绝对湿度）的空气，当温度下降到一定程度时所含的水蒸气就会达到饱和状态（饱和湿度）并开始液化成水，这种现象叫作结露。水蒸气开始液化成水时的温度叫作“露点温度”，简称“露点”。如果温度继续下降到露点以下，空气中超饱和的水蒸气就会在商品或其他物料的表面上凝结成水滴，俗称物资“出汗”。

温湿度控制流程如图 5-8 所示。

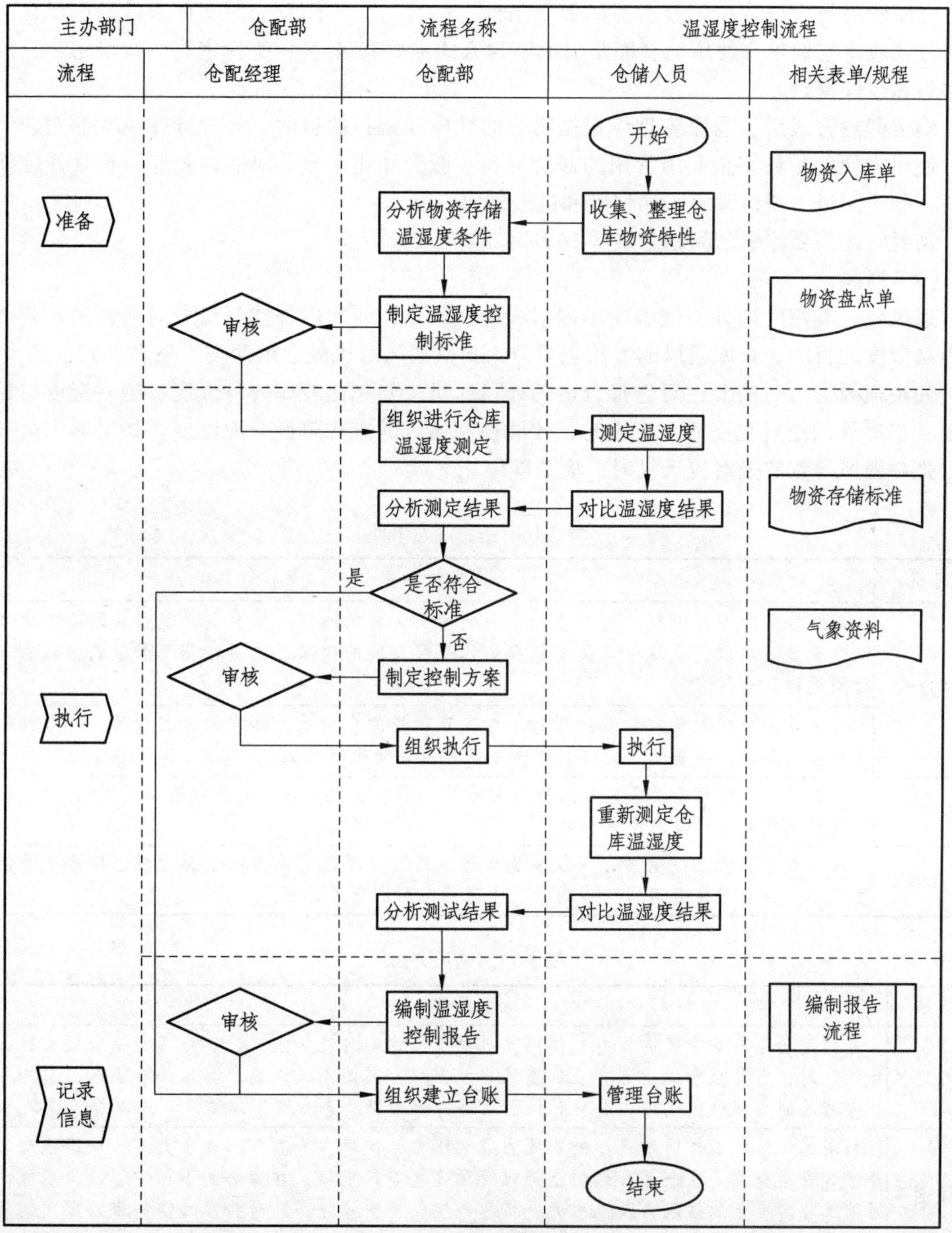

图 5-8　温湿度控制流程

2. 控制方法

常用的温度与湿度控制的方法有密封、通风、吸湿 3 种。

（1）密封。

密封就是利用一定材料或者物理方法将仓库、货垛或物资尽可能严密地封闭起来，隔绝空气，减少温湿度对物资的影响，从而确保物资的安全。

仓库管理员应该依据物资所需的保管条件，结合当地气候及仓库储存条件，选择合适的密封方式或将它们组合使用。仓库常见的密封方式主要有 4 种：整库密封、按垛密封、按货架密封和按件密封。

确定密封方式后，仓库管理应根据物资的性质和密封的目的，合理选择成本低廉、效果好、使用方便的材料。企业中常用的密封材料一般为导热性差、隔潮性较好、透气性较好的材料，如防潮纸、塑料薄膜、油毡纸和硅酸钠等。

密封时还需要注意的问题如表 5-16 所示。

（2）通风。

通风就是利用库内外空气温度不同形成的气压差，使库内外空气形成对流，来达到调节库内温湿度的目的。仓库通风的方法主要分为自然通风与机械通风两类（见表 5-17）。

使用通风方法时需要注意选择合适的通风时机，要先比较库内外温度、绝对湿度与相对湿度，当库外的绝对湿度低于库内时，才能使用通风的方式降低仓库湿度。如果遇到极端天气如强降温所导致的强对流天气时，应立即停止通风。

表 5-16　密封注意事项

时机	注意事项
密封前	选择恰当的密封时机，过早密封会使仓库失去自然通风的机会，过晚密封则会使库房内湿度较重。所以，仓库管理员要掌握当地气候变换的规律，选择在潮湿季节到来前的合适时间对物资进行密封
	仓库管理员必须检查物资的质量，如发现物资的含水量过高或已经有物理、化学和生化变化等情况时，要先处理，待物资恢复正常后才能进行密封
密封中	密封后，仓库管理员需定期检查密封物资的外观状况或对密封的物资质量进行抽样检查，如发现问题要及时采取处理措施
启封	采用整库密封法的仓库，不仅要选择适宜的而且要确定恰当的启封时机，即当库外温湿度下降、绝对湿度普遍低于库内时，才可将密封的仓库开封

表 5-17　通风方法

方法	具体方法
自然通风	是利用仓库内外空气的压力差使空气自然交换的一种通风方式，其空气交换量较大。当库外无风时，应开启仓库上部和下部通风口及窗户，促使空气流通。当库外有风时，应先关闭仓库迎风面上部的出气口，开启背风面上部的出气口及仓库门窗的通风口，以加速通风
机械通风	利用通风机械工作时所产生的正压力或负压力，使库内外空气形成压力差，从而强迫库内外空气发生交换。在仓库外墙的上部或库顶安装排风机械，在库墙的下部安装抽风机械，利用其工作时产生的推压力及吸引力，将库内空气排出库外，同时将库外空气吸入库内，从而达到库内外空气交换的目的

（3）吸湿。

吸湿是采用吸潮剂或吸湿机械，通过直接降低仓库空气中的水分的方法来降低仓库的湿度。当仓库外湿度高于仓库内湿度而不适宜进行通风散潮时，通常采用吸湿与整库密封相结合的方法来降低仓库内湿度，其具体措施如表 5-18 所示。

表 5-18　吸湿方法

方法名称	使用方法	注意事项
生石灰	将生石灰捣成拳头大小的块状，盛装于木箱或竹篓等容器内，一般占容量的 1/3～1/2 为宜；将装石灰的容器放置在垛底、沿墙四周以及靠近出入库门处	充分吸湿后会变成粉末，不宜使用于储存毛织品、铝制品、皮革制品等耐碱性弱的物资的仓库中
氯化钙	将氯化钙放置在竹筛或木隔板上，在其下放置陶瓷或搪瓷器皿，盛装漏下的溶液	吸湿后会变为液体，不能放置在铁质容器中及接触物资或包装
硅胶	用纱布或纸包成小包放在密封货架、柜内或包装物中，吸湿后对其进行烘烤，可重复使用	吸湿后仍为固体，但可依据颜色变化确定吸湿程度。硅胶价格较高，但性能稳定，并可长期使用，适用于贵重品仓库
机械吸湿	利用去湿机除去仓库空气中的水分，具有吸湿效率高、平均成低、操作简便等优点。其工作原理是：吸入仓库内的空气，再利用制冷装置将潮湿空气冷却到露点温度以下，使水汽凝结成水滴排出，最后将冷却干燥的空气再送入仓库内，从而达到降低空气湿度的目的	需要购买机械除湿机，初期成本较高

（4）气幕隔潮。

气幕隔潮俗称“风帘”，利用鼓风机产生强大风流、气流，在库房门口、窗口等产生“风帘”阻止库内外空气交换，防止湿气入侵，不会阻止物资和工作人员的正常进出，同时还有隔热的作用。

常见物资温湿度要求及查对表如表 5-19 和表 5-20 所示。

表 5-19　常见物资温湿度要求

种类	温度	湿度
汽油、煤油、轻油	≤30 °C	≤75%
碎末合金、树脂、油漆	0～30 °C	≤75%
金属制品	5～30 °C	≤75%
重质油、润滑油	5～35 °C	≤75%
仪表电器	10～30 °C	≤70%
层压塑料	0～35 °C	40%～75%
塑料制品	5～30 °C	50%～70%
轮胎	5～35 °C	45%～65%
工具	10～25 °C	50%～60%

表 5-20　温湿度查对表

气温	干球温度—湿球温度									
	0 °C		1 °C		2 °C		3 °C		4 °C	
	露点	相对湿度	露点	相对湿度	露点	相对湿度	露点	相对湿度	露点	相对湿度
16 °C	16 °C	100%	14 °C	89%	12 °C	79%	10 °C	69%	9 °C	60%
17 °C	17 °C	100%	15 °C	90%	14 °C	80%	12 °C	70%	11 °C	61%
18 °C	18 °C	100%	16 °C	90%	15 °C	80%	13 °C	71%	12 °C	62%
19 °C	19 °C	100%	17 °C	90%	16 °C	81%	14 °C	72%	13 °C	63%

【延伸阅读】

一、常用温度控测量器具

（一）水银温度计

水银温度计适用于−30～600 °C 的环境，一般放置在不受阳光直射、通风的地方，且悬挂高度为 1.5 m 上下，以能平视观测为宜。读取温度计指数时，要敏捷、准确，先看小数、后看整数，且视线要与水银柱顶端齐平，手和头不要接近温度计球部，也不要对着球部呼吸

（二）酒精温度计

酒精温度计适用于−100～70 °C 的环境。在 1 个标准大气压下，酒精温度计所能测量的最高温度一般为 78°C。但是，温度内压强一般都高于 1 个标准大气压，准确度相对较低，因此酒精温度计不宜用来测室内高温。温度计指数读取与水银温度计基本相同。

（三）自记温度计

自记温度计适用于−80～500 °C 的环境，应该每日将其上好发条，保证自记钟能够正常旋转，同时要及时更换记录纸。更换时要将记录纸紧贴在记纹鼓上，确保接头上的横线对准，且需将左边压在右边上方，以确保不影响自记笔的正常运转。另外，还需及时添加墨水，且需及时调整笔尖与记纹鼓的距离，确保所画曲线的连续性（见图 5-9）。

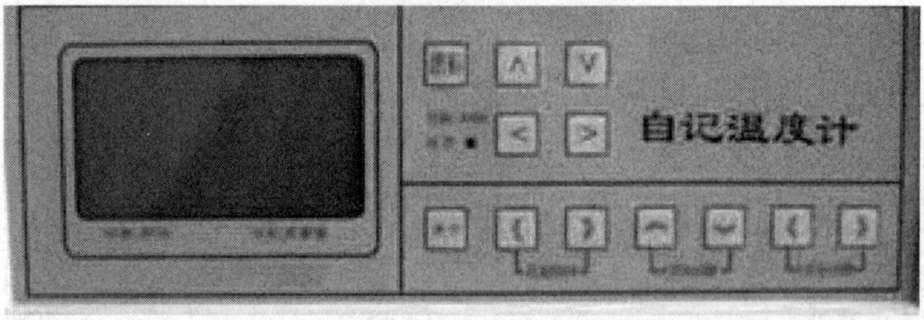

图 5-9　自记温度计

（四）半导体温度计

半导体温度计适用于−200～500 °C 的环境，将测温头接触被测物体，即可直接从显示屏上读得被测物体温度（见图 5-10）。

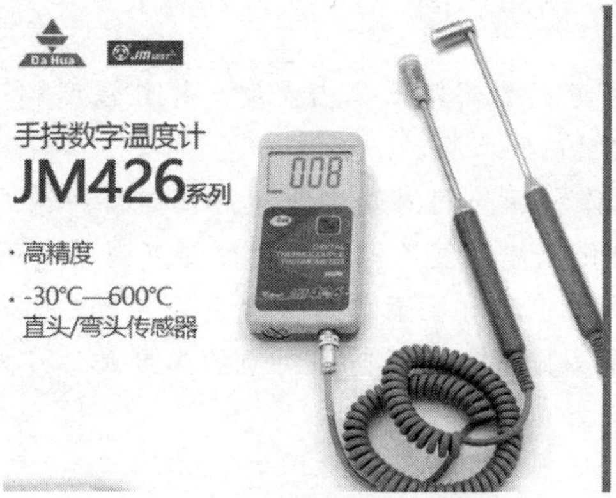

图 5-10　半导体温度计

二、常用湿度测量工具

（一）干湿球温度计

干湿球温度计由两支温度表组成，其中一支温度表的球部用湿润的纱布包裹，制成湿球，而另一支为干球。湿球纱布上的水分蒸发吸热，因而湿球上的温度比干球上的温度低，其相差度数与空气中的相对湿度呈一定比例。可以同时测量空气湿度及温度，但测量范围有限，不得低于 0 °C，且最终湿度还要经过换算求得。

（二）通风湿度计

在干湿球温度计的基础上，通风温度计通过头部的风扇使温度计的球部附近有一定速度的气流通过。其湿度原理和干湿球温度计一致，但是它能有效地防止外界条件对湿度计的影响，从而可测得较准确的湿度值。

通风湿度计属于精密测湿仪器，一般放置在对湿度要求较严格的仓库，以便测出储存环境的准确湿度值。同时，其也可用于对其他类型的测湿仪器的校正。通风湿度计的使用步骤与干湿球温度计大体相同，只是在润湿湿球后，需增加一个上紧发条使风扇旋转进行通风的步骤。仓库管理员应该待湿球示值稳定后再读数，其读数要求和确定湿度的方法与普通干湿球温度计相同，但需要注意的是，当气温低于-10 °C 时，不宜再使用通风湿度计。

（三）毛发湿度计

毛发湿度计由脱脂毛发、指针、刻度盘 3 部分构成，可以直接读出相对湿度，但使用寿命较短，且当空气过于干燥或过于潮湿时，数值不准。毛发可随湿度的变化而改变自身的长短，湿度大时就伸长，湿度小时就缩短。

当气温低于-5 °C 时，仓库管理员可以采用毛发湿度计测量空气的相对湿度。仓库管理员在使用毛发湿度计时，应将其放置在阴凉、通风的地方，待指针稳定后，就可根据指针所指位置直接读出空气相对湿度。

（四）自记湿度计

自记湿度计由毛发湿度计及自动记录设备组成，可连续记录仓库中湿度的变化。

在对温湿度条件要求非常严格的库房中，可以使用自记湿度计，从而测得每天或每周等任意一段时间内温湿度变化的详细数据，为分析研究温湿度变化规律提供可靠依据。自记湿度计的使用方法与自记温度计基本相同，主要包括上发条、换纸、加墨等工作。

思考：

1. 从温度和湿度角度思考，要想降低库内湿度，库外温度和湿度分别在什么条件下适合通风，达到降低库内湿度的目的？

2.库内相对湿度变化规律和库外相对湿度变化规律是否一致？为什么？在什么条件库内绝对湿度与库外绝对湿度变化规律明显不同？库内外湿度波动范围是否一致？为什么？

3. 库内阳面、阴面，货堆上面和下面相对湿度是否一致？为什么？

4. 货物运输或配送时是否应考虑运送时间对应的温度和湿度对货物的影响？

（二）防病虫害

1. 虫害及流程

因为制作工艺的特性，部分物资是使用动物性或植物性材料制成的，因而在储存中易遭虫害。在仓配一体化过程中一旦发现虫害要及时遏制。虫害的主要危害有 3 个方面：首先，虫害会取食造成直接重量损失，如破损、洞；其次，食品类仓库虫害会取食、产生排泄物、蜕皮、尸体等，影响食品的色、香、味，造成质量损失，并且污染货物；最后，虫害的排泄物、产热等原因易造成霉菌生长，发生霉变。开展仓库害虫的防治工作，首先要了解害虫的来源，然后针对不同的来源采取不同的措施。

虫害一般来源于运输中装卸不当或者转运途中与不同货物混装，或者装卸场地不洁净，工作人员携带虫害进入仓配场地使虫卵混在其中。一旦发现虫害后一定要使用合理方式进行防治。

防病虫害工作流程如图 5-11 所示。

2. 防治方法

虫害防治方法一般包括物理防治方法和化学防治方法。

（1）化学防治方法。

化学防治法就是利用化学药品直接或间接杀死害虫。其杀虫力强、防治效果显著，但化学药品往往具有毒性，会给物资带来不同程度的污染，长期使用还会增加害虫的抗药性。常见的化学防治法主要有驱避剂防治法、熏蒸剂防治法及杀虫剂防治法 3 类（见表 5-21）。

（2）物理防治法。

物理防治法是指利用各种机械设备将害虫与物资分离，或直接将害虫杀死，以达到防治虫害目的的方法。物理防治法主要分为机械除虫法、气控防虫法、温控虫法、温控杀虫法、诱集杀虫法。

① 机械除虫法。

机械除虫法主要是利用人工操作或动力操作的各种机械来将害虫与物资分离，从而清除仓库中的害虫的方法。例如粮食仓库经常采用风车、筛子等机械设备，将害虫与粮食分离。仓库管理员组织进行机械除虫时，应在害虫活性较低的低温季节进行，且除虫地点要远离仓库，并在作业现场周围用药剂布置防虫线，以免害虫再次进入仓库。

② 气控防虫法。

气控防虫法是通过改变物资储存环境中空气的成分，造成不利于害虫生长的环境条件，从而防治害虫的方法。仓库通常采用对物资堆垛进行塑料薄膜密闭造成自然缺氧或通过充填二氧化碳、氮气等气控措施，以达到抑制害虫生长甚至直接杀灭害虫的目的。

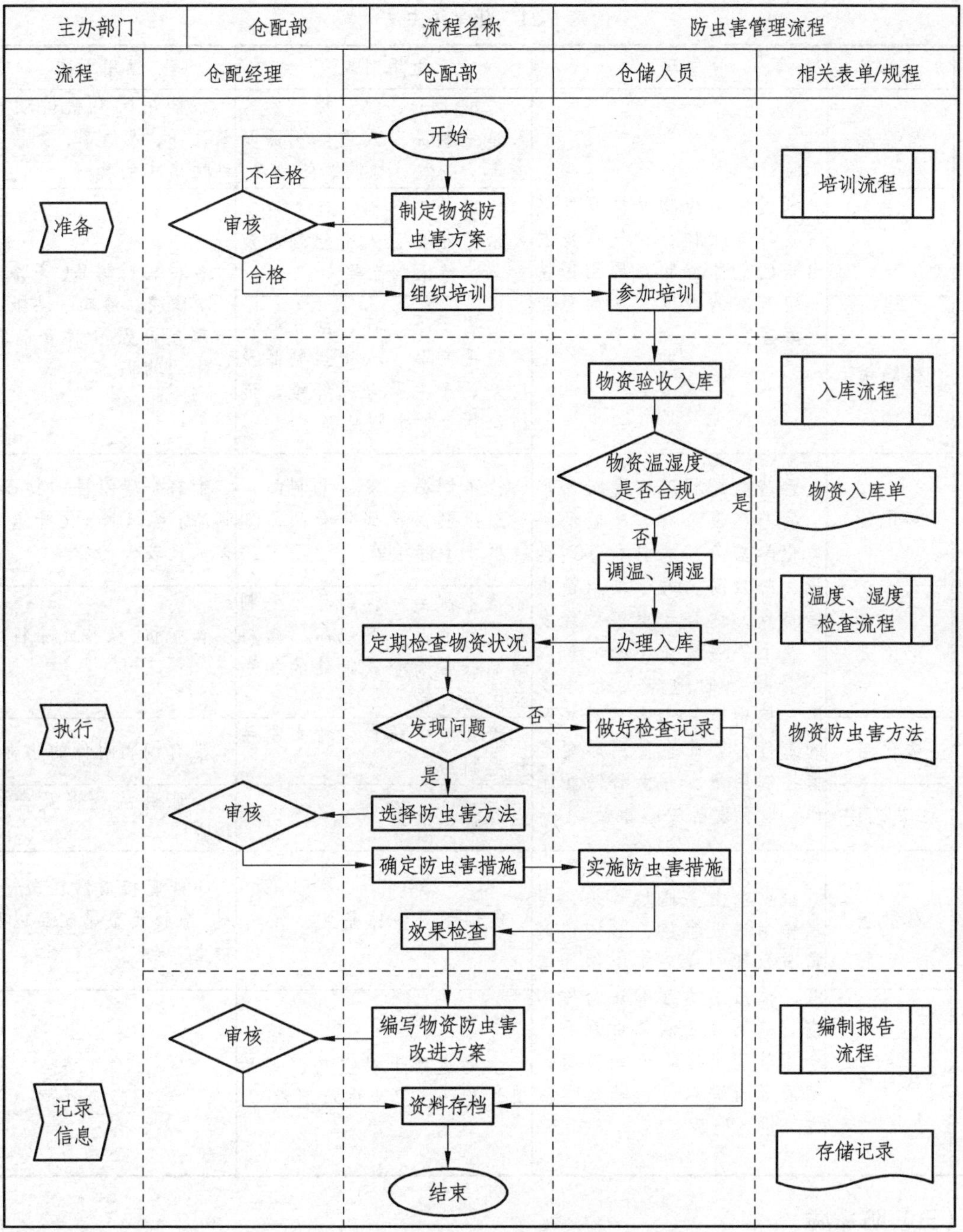

图 5-11　防病虫害流程

③ 温控杀虫法。

温控杀虫法是通过控制仓库温度，造成不易于害虫生长的环境，进行害虫防治的方法，主要分为高温杀虫法和低温杀虫法两种。

④ 诱集杀虫法。

诱集杀虫法即根据仓库害虫的趋高性、群集性及趋光性等习性，将害虫诱集到一起对其进行集中系灭的方法。根据诱集物的不同，诱集杀虫法又分为灯光诱杀、食物诱杀法等。

表 5-21　化学杀虫法

方法	名称	原理	适用对象	慎用对象
驱避剂防治法	精萘丸	利用化学药物易挥发并具有特殊气味和毒性气味挥发出来的气体在物资周围保持一定范围的浓度，从而驱避仓库害虫	适用于毛、丝，棉、麻、人造毛制品、人造丝制品及皮革、胶木、橡胶、纸制品	不能用于有机玻璃和聚苯乙烯，人造革，食品及各种怕串味的物资
	对位二氯化苯		适用于毛、棉、丝、麻、人造毛制品、人造丝制品及皮革、竹木制品等	各种塑料制品（赛璐珞除外）橡胶，漆布、漆纸、人造革制品及各种食品和怕串味的物资
	樟脑精		适用于毛、棉、丝、麻、人造毛制品、人造丝制品及皮革、羊毛及合成纤维、混纺织物、竹木制品等	
熏蒸剂防治法	氯化苦	熏蒸剂是利用挥发时所产生的蒸气毒杀有害生物的一类化学药品，它具有渗透性强、防效高、易于通风散失等特点，适合于虫害已经发生及虫害潜藏在不易发现或不易接触的地方的仓库使用。但由于其大多具有较强的毒性，因此在使用时要严格控制用量，并做好防护工作，以免发生安全事故	竹木制品，皮、毛制品，一般纸制品及部分食品，如红枣、干辣椒等	带有金属附件的物资、棉制品、丝织品、化纤织品及含水量较大的物资
	溴甲烷		竹木制品、棉制品、毛制品、丝制品、麻织品、塑料制品、带有金属附件的物资及中药材等	含脂肪、橡胶或涂料的物资
	磷化铝		粮食、中药材、竹木制品和毛制品	带有铜制附件的物资
	二氯乙烷		谷物、粮食	含脂肪的物资及含蜡的物资
杀虫剂防治法	敌敌畏	杀虫剂主要通过触杀、胃毒作用杀灭害虫，其使用时需与水配制成一定比例的溶液，然后用喷雾剂在仓库内进行喷洒。喷洒杀虫剂后，仓库管理员应将仓库密封，然后开窗通风，待药散尽后方可进入仓库	能够杀灭多种害虫	不能直接喷洒在塑料、涂料、橡胶及金属制品以及食物上
	敌百虫		主要适用于对空仓、备品用具及环境卫生进行消毒	

（三）防霉腐

1. 霉腐及防治流程

霉腐是指货物在霉腐微生物作用下，营养物质被转变成各种代谢物，出现生霉、腐烂、产生异味等质量变化的现象。霉腐微生物对商品的危害主要是通过生长繁殖破坏商品和排泄物污染商品。

霉腐微生物生存、生长是需要一定条件的。水是万物生存、生长的先决条件，此外还要有空气、合适的温度与大气压。微生物生存的基本条件：一定的营养物质，主要有碳源、氨源、无机盐、生长因子和水；一定的自然环境，如温度、酸碱度、氧化还原点位等；一定的生存空间，如有氧或无氧。对货物影响较大的霉腐微生物主要有细菌、霉菌和酵母菌。细菌主要破坏含水量大的动植物食品。霉菌是形成分枝菌丝真菌的统称，是真菌的一种，其特点是菌丝体较发达，无较大的子实体。同其他真菌一样，霉菌也有细胞壁，以寄生或腐生方式生存。酵母菌会引起淀粉、糖类物质的发酵变质。

防霉防腐流程如图 5-12 所示。

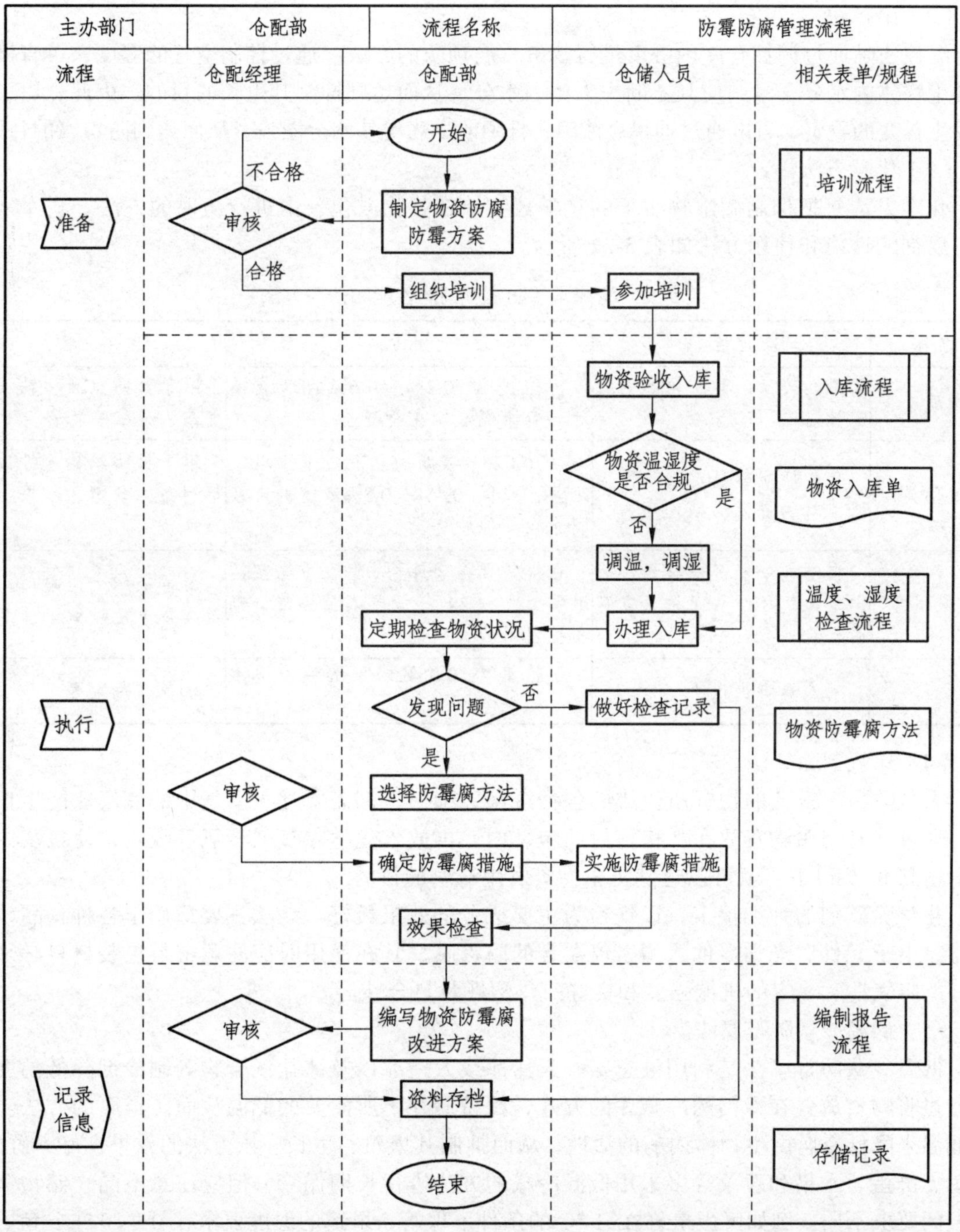

图 5-12　防霉防腐流程

2. 防治方法

常用的防治霉腐发生有以下 7 种方法。

（1）温控法。

温控法即通过调节、控制仓库内温度进行物资霉腐预防的方法。常用的提高温度防霉腐的方法是利用日光曝晒或在库房内安装紫外线灯定期照射，进行环境消毒。

（2）湿控法。

湿控法是通过调控仓库内湿度进行物资霉腐预防的方法。通过控制空气的湿度，可直接影响微生物体内水分含量，使其不断失去体内水分，从而达到抑制其生长的目的。因此，对一些易发生霉变的物资，可以通过通风、摊晾、日晒或烘烤等使水分蒸发，从而达到防霉腐的目的。

（3）化学方法。

化学方法是把抑制微生物生长的化学药物放在货物或包装内进行防腐的方法。仓库常用防霉腐剂的性能和使用方法如表 5-22 所示。

表 5-22　仓库常用防霉腐剂的性能和使用方法

名称	性能	使用方法	适用范围
水杨酰苯胺	毒性较低，具有较高的稳定性	将浓度为 0.2%～0.6%的溶液喷洒、喷涂或涂刷在物资上	用于针纺织品、鞋帽、皮革、纸张等物资
多菌灵	化学性质较稳定，毒性很低，对物资无毒副作用	以 0.025%浓度的乳液浸泡水果、蔬菜，或以 0.1%～0.3%浓度的乳液刷涂在其他物资上	用于针纺织品、纱线皮革制品、鞋帽、水果、蔬菜等
多聚甲醛	在空气中能慢慢解聚，放出甲醛气体，从而杀灭霉腐微生物	直接放置在仓库中，每立方米空间用量为 17～24 g，放置人员应戴口罩和护目用胶边眼镜	用于单胶工作服、雨衣、布鞋及皮革和毛皮制品等
托布津	对人畜毒性很小	用浓度为 0.05%的水溶液浸泡水果、蔬菜等	水果、蔬菜等

（4）除氧剂除氧法。

大多数易于霉变的物资所生成的各种霉菌、细菌，都需要呼吸空气中的氧气才能生长繁殖。通过把易霉腐物资放在严格密封的包装内，再放入化学除氧剂将氧气吸收，使包装内氧浓度达到 0.1%以下，就可以达到防止物资发生霉腐的目的。

化学除氧剂的种类很多，以铁粉为主要成分的效果最好。该法主要适用于各种食品、中药材、电子元件、光学零件、精密仪器等的防霉腐，其在使用时应注意密封包装材料必须有良好的阻氧性、一定的机械强度和良好的热塑性及热合性。

（5）低温冷藏防霉腐法。

低温冷藏防霉腐法是利用液态氨、天然冰或人造冰以及冰盐混合物等制冷剂降低温度，或通过将物资放置在专门的冷藏库的方式，保持储存中所需要的低温从而防霉腐的方法。利用低温来降低霉腐微生物体内酶的活性，从而抑制其繁殖、生长。该方法的效果良好，鲜肉、鲜鱼、鲜蛋、水果和蔬菜等多采用低温冷藏的方法进行长期保管，但应注意不同仓储物资对低温的要求不同。例如鲜蛋最好在−1 °C 的条件下保管；果蔬的温度要求在 0～10 °C；鱼、肉等在−28～−16 °C 时可以较长期储存。

（6）气相防霉腐法。

气相防霉腐法是通过控制环境中空气成分的各种组分含量并结合适度的低温让储存物品处于半休眠状态，以达到保鲜防腐的目的。

例如增加环境中的二氧化碳或氮气，使储藏环境的氧含量由 21%降至 3%，而二氧化碳含量由 0.03%增加到 2%以上，可抑制储存物品的呼吸作用，减少其中营养物质的消耗，阻止储存物品生成乙烯，对抗乙烯的生理作用，延缓其衰老和变质的过程。

该法适用于粮食、农副土特产品、中药材、副食品、果品、蔬菜、竹木制品、皮革制品、棉、毛、丝、麻织品等。

（7）物理方法。

仓库物资防腐的物理方法主要有微波防霉法和辐照防腐法。

微波防霉法：利用微波引起分子的振动和旋转，由于分子间的摩擦而产生热，使霉腐微生物体内温度上升而被杀灭，适用于粮食、食品、皮革制品、竹木制品、棉织品等的储存防霉。

辐照防腐法：利用放射同位素如钴 60-释放的各种放射线辐射易霉腐物品，从而直接破坏霉腐微生物体内脱氧核糖核酸和其他物质，从而将微生物杀死，适用于医疗器材和用品消毒、食品防腐、皮革制品、纸烟、烟叶、中药材。

（四）防锈

1. 防锈及流程

金属物资存储时，因为气候等原因会产生锈蚀。

金属防锈流程如图 5-13 所示。

2. 防锈除锈方法

金属物资的存储不仅需要防锈，还需要除锈。常用的防锈方法有涂油防锈法和气相防锈法。常用的除锈方法有手工除锈、机械除锈和化学除锈。

（1）防锈。

① 涂油防锈法。

涂油防锈法是指在金属表面涂刷一层油脂，使金属表面与空气和水隔绝，以达到防锈的目的。

② 气相防锈法。

气相防锈法是利用挥发性缓蚀剂在常温下挥发出的缓蚀气体，阻隔腐蚀介质的腐蚀作用，从而达到防锈的目的。其成本较高，因此一般适用于成品或较为贵重材料的保养。常用的方法有粉末法、溶液法和可剥塑料包装法。

（2）除锈。

① 手工除锈。

手工除锈是用简单的除锈工具，通过手工擦、刷、磨等操作，将金属物资上锈斑、锈痕去除的方法，一般常借助一些工具如钢丝刷、砂纸、纱布和木屑等。

② 机械除锈。

机械除锈是通过专用机械设备进行除锈的一种方法，它具有效率高、人力少、开支小等特点。机械除锈方法一般有抛光法、钢丝轮除锈法和喷射法 3 种。

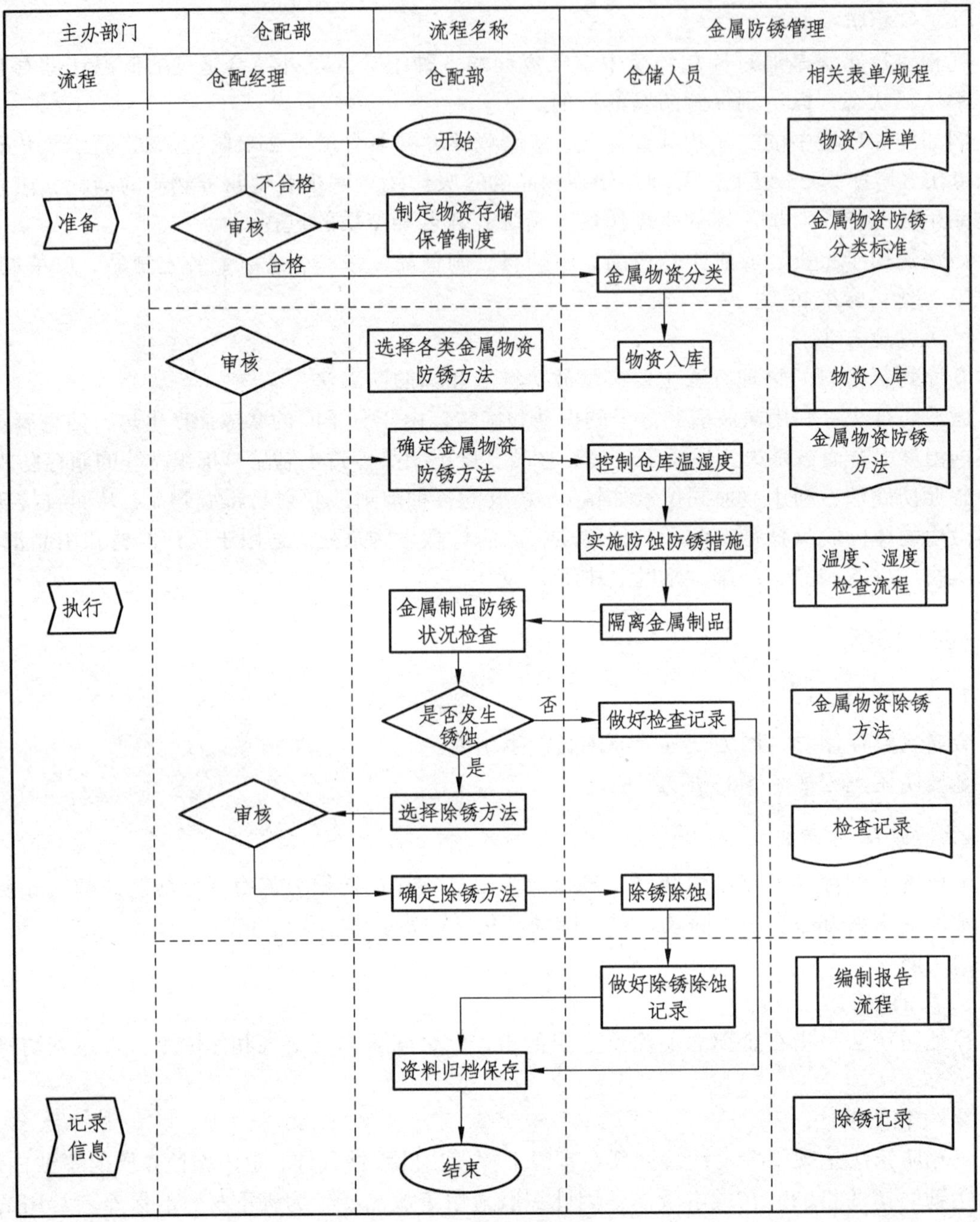

图 5-13　金属防锈流程

③ 化学除锈。

化学除锈是利用能够溶解锈位物的化学品除去金属制品表面锈迹的方法，其具有操作方便、设备简单、效率高、效果好等优点，特别适用于形状复杂的物资。

（五）危险品

1. 危险品的内涵及管理流程

根据联合国推荐的《危险货物运输》对危险货物的分类方法，我国于 1987 年 7 月 1 日颁布实施了《危险货物分类和品名编号》（GB 6944—1986），并在此基础上，于 2005 年 11 月 1 日颁布实施了新的《危险货物分类和品名编号》（GB 6944—2005），在 2012 年 5 月 11 日又发布了新的《危险货物分类和品名编号》（GB 6944—2012），代替《危险货物分类和品名编号》（GB6944—2005），并于 2012 年 12 月 1 日开始实施。

《危险货物分类和品名编号》（GB 6944—2012）中给危险货物下的定义是："凡具有爆炸、易燃、毒害、感染、腐蚀、放射性等危险特性，在运输、储存、生产、经营、使用和处置中，容易造成人身伤亡、财产损毁或环境污染而需要特别防护的物质和物品。"

危险品的种类如表 5-23 所示。

表 5-23　危险品种类

类别	名称	项别	定义	举例	标志
第 1 类	爆炸物质	1.1	具有整体爆炸危险的物质和物品	硝酸甘油、液态二氧化碳、高氯酸、起爆药、爆破雷管、黑火药、导弹等	
		1.2	具有抛射危险，但无整体爆炸危险的物质和物品	硝化棉、无引信炮弹、照明弹、枪弹、火箭发动机	
		1.3	具有燃烧危险和较小爆炸或较小抛射危险或两者兼有，但无整体爆炸危险的物质和物品	二亚硝基苯、导火索弹药、燃烧弹药、烟幕弹药、C 型烟火等	
		1.4	无重大危险的物质或物品	四唑并-1-乙酸、演习手榴弹、安全导火索、礼花弹、烟火、爆竹、手操信号装置	
		1.5	非常不敏感的爆炸物质	硝酸铵、E 型或 B 型引爆器、铵油、铵沥、蜡炸药	
		1.6	不具有整体爆炸危险的极不敏感的物质或物品		

续表

类别	名称	项别	定义	举例	标志
第 2 类	气体	2.1	易燃的气体	甲烷（CH4）、氢气	
		2.2	非易燃无毒气体	氧气、氮气、氩气、二氧化碳	
		2.3	毒性气低	氯气、氟气、水煤气、液氨	
第 3 类	易燃液体		低闪点液体（本项货物是指闭杯试验闪点低于-18 ℃的液体）、中闪点液体（本项货物系指闭杯试验闪点在-18～23 ℃的液体）、高闪点液体（本项货物系指闭杯试验闪点在23～61 ℃的液体）	汽油、稀释剂、乙醚、丙酮、乙醇、甲醇等	
第 4 类	易燃固体	4.1	易燃固体、自反应物质和固态退敏爆炸物	酒精棉、电池、红磷、硫磺、镁粉	
		4.2	自燃物品	白磷等	
		4.3	遇湿易燃物品	钾、钠、锂、碳化钙、电石等	
第 5 类	氧化剂	5.1	氧化性物质	氯酸钾、高锰酸钾、高氯酸、过硫酸钠、过氧化氢等	

续表

类别	名称	项别	定义	举例	标志
第5类	氧化剂	5.2	有机过氧化物	过氧乙醚	
第6类	毒性物质	6.1	毒性物质	苯酚	
		6.2	感染性物质	细菌、病毒、立克次氏体、寄生生物、真菌	
第7类	放射性物质		放射性物质	氡气、铀238	
第8类	腐蚀性物质		能灼伤人体组织并对金属物品造成损坏的固体或液体	盐酸、硫酸、硝酸、磷酸、氨水、次氯酸钠溶液、甲醛溶液、氢氧化钠等	
第9类	杂项		杂项危险物质和物品，包括危害环境物质	医疗废物、医药废物、废药物、农药废物、废矿油、染料、废电池等	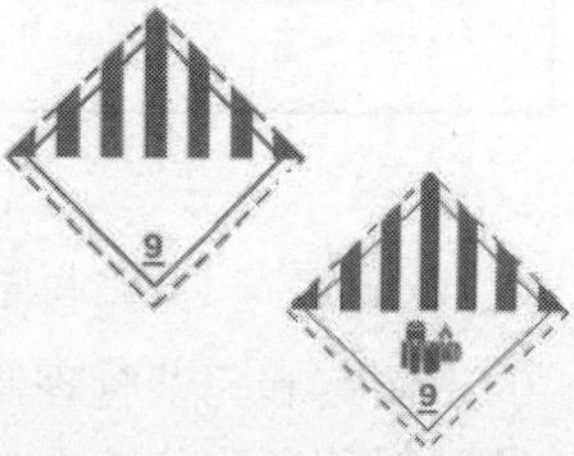

危险品管理流程如图 5-14 所示。

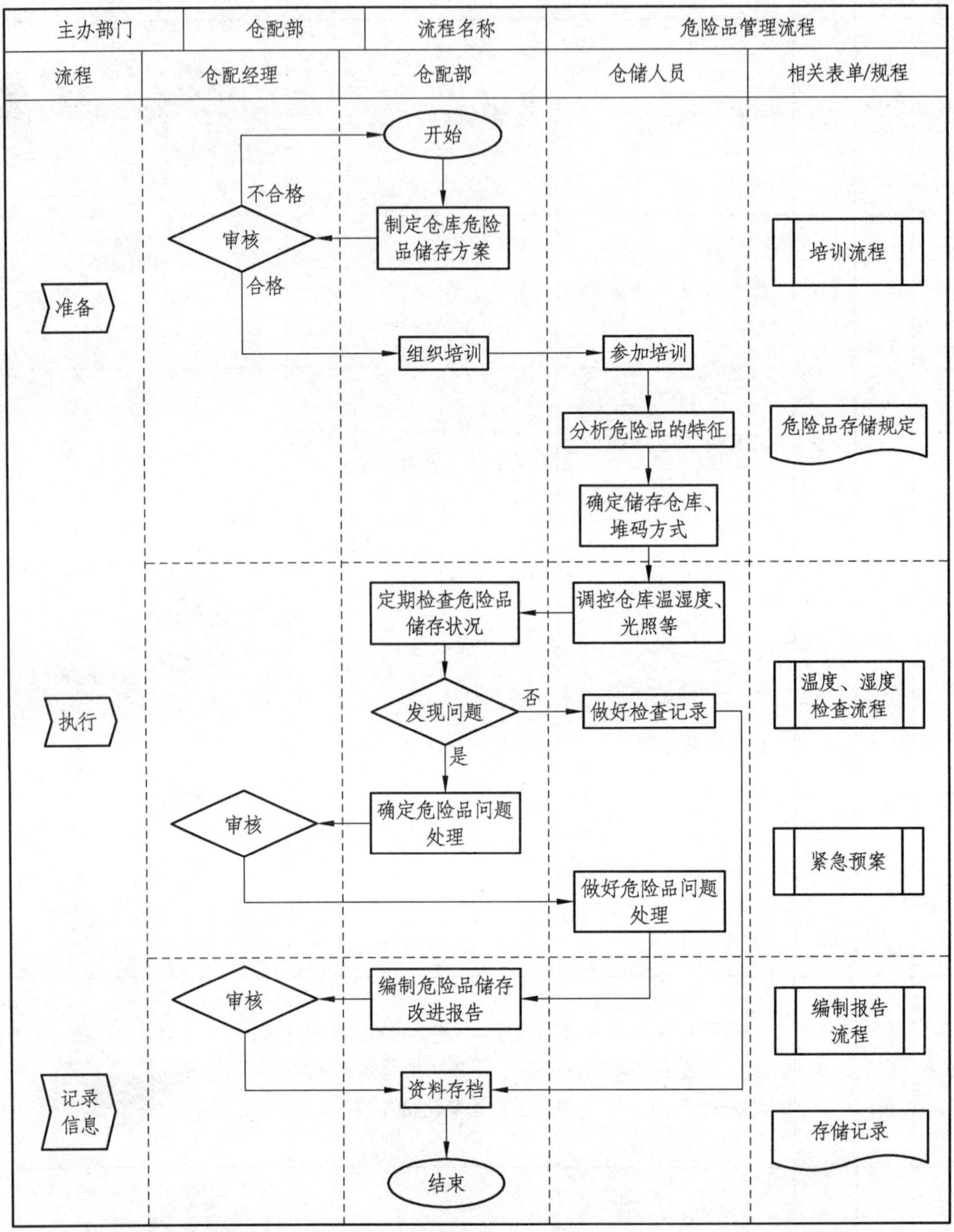

图 5-14　危险品管理流程

2. 危险品仓储基本要求

（1）制定和完善管理制度。

为了保证危险货物仓储的安全，仓库管理部门需要依据危险品管理的法律和法规的规定，根据仓库的实际情况和危险品的特性，制定严格的危险品仓储管理的各类安全制度、责任制度和安全操作规程，并在实践中不断改进和完善。

（2）出入库管理。

危险货物进入仓库时，仓库管理人员要严格把关，认真核查品名标准，检查包装，清点数量，细致地做好检查登记工作。对于品名、性质不明，或者包装、标志不符，包装不良的危险品，仓库管理人员有权拒收，或者依据残损处理程序进行处理，未经处理的包装破损的危险品不得进入仓库。剧毒化学品实行双人收发制度，送、提货车辆和人员不得进入存货区，仓库在收发货区接收和交付危险货物。

危险货物出库时，仓库管理人员需认真核对危险货物的品名、标志和数量，协同提货人员、承运司机查验货物，确保按单发货，并做好出库登记，详细记录危险货物的流向、流量。

（3）货位选择和堆垛要求。

危险品的储存方式与储存数量必须符合国家标准。仓库管理人员要根据危险货物的危险特性、包装和国际标准，以及所制定的危险品管理制度，合理选择危险货物的存放位置，并根据危险货物对保管条件的要求，妥善安排具有相应的通风、遮阳、防水、控制温湿度等条件的仓库或堆场货位。

根据危险货物的性质和包装确定合适的堆放垛形和货垛大小，其中桶装危险货物堆垛高度不得超过 3 个桶高，袋装危险货物不得超过 4 m。库场内的后险货物之间及与其他设备之间需保持必要的间距：货垛顶距离灯具不小于 1.5 m；货垛距墙不小于 0.5 m；货垛之间不小于 1 m；消防器材、配电箱周围 1.5 m 范围内禁止堆货或放置其他货物；仓库内消防通道不小于 4 m，货场内的消防主通道不小于 6 m。

危险货物堆叠时要整齐，堆垛稳固，标志朝外，不得倒置。货垛上要悬挂标有危险货物编号、品名、性质、类别、级别、消防方法的标志牌。

（4）安全作业要求。

在装卸危险货物前应详细了解所装卸危险货物的性质、危险程度及安全和医疗急救等措施，并严格按照有关操作规程和工艺方案作业；根据危险货物的性质选用合适的装卸机具。装卸易燃、易爆货物时，装卸机械应安装火星熄灭装置，禁止使用非防爆型电气设备。危险货物装卸作业前应对装卸机械进行检查，装卸搬运爆炸品、有机过氧化物、一级毒害品、放射性货物时，装卸搬运机械应按额定负荷降低 25%使用，作业人员应穿戴相应的防护用品。夜间装卸危险货物时，应有良好的照明条件，装卸易燃、易爆货物时应使用防爆型的安全照明设备，作业现场需准备必要的安全和应急设备、用具。

（5）妥善保管和处理。

仓库存放剧毒化学品时需向上级公安部门登记备案。危险品仓库管理人员应做到以下几点：遵守库场制度，坚守岗位，根据制度规定，定时、定线、定项目、定量地进行安全检查和测量，相应地采取通风、降湿、排水、排气、增湿保管措施；严格限制无关人员入库；接待委托人抽样时，详细查验证件，认真监督，严格按照操作规程操作。

对于废弃危险品、危险品废弃物、危险品货物、危险品地脚货、危险品垃圾、仓储停业时的危险品存货、危险品容器等，仓库要采取妥善的处置措施，如采取随货同行、移交、封存，销毁、中和、掩埋等无害化处理措施，不得留有事故隐患，且应将处置方案在相应管理部门备案，并接受管理部门的监督。剧毒危险品发生被盗、丢失、误用等情况时，应立即向当地公安部门报告。

（6）对危险品从业人员的要求。

从事危险品生产、经营、储存、运输、使用或者处置废弃危险品的人员，必须接受有关法律、法规、规章，以及安全知识、专业技术、职业卫生防护和应急救援知识的培训，并经考核合格，才能上岗作业。

【案例分析】8·12 天津滨海新区爆炸事故

2015 年 8 月 12 日，位于天津市滨海新区天津港的 RH 公司危险品仓库发生火灾爆炸事故，造成 165 人遇难（其中参与救援处置的公安现役消防人员 24 人、天津港消防人员 75 人、公安民警 11 人，事故企业、周边企业员工和居民 55 人）、8 人失踪（其中天津消防人员 5 人，周边企业员工、天津港消防人员家属 3 人），798 人受伤（伤情重及较重的伤员 58 人、轻伤员 740 人），304 幢建筑物、12 428 辆商品汽车、7 533 个集装箱受损。截至 2015 年 12 月 10 日，依据《企业职工伤亡事故经济损失统计标准》等标准和规定统计，已核定的直接经济损失 68.66 亿元。

2015 年 8 月 18 日，经国务院批准，成立由公安部、安全监管总局、监察部、交通运输部、环境保护部、全国总工会和天津市等有关方面组成的国务院天津港“8-12”RH 公司危险品仓库特别重大火灾爆炸事故调查组，邀请最高人民检察院派员参加，并聘请爆炸、消防、刑侦、化工、环保等方面专家参与调查工作。事故调查组坚持“科学严谨、实事求是、依法依规、安全高质”的原则，先后调阅文字资料 600 多万字，调取监控视频 10 万小时，开展模拟实验 8 次，召开专家论证会 56 场，对 600 余名相关人员逐一调查取证，通过反复现场勘验、检测鉴定、调查取证、模拟实验、专家论证，查明了事故经过、原因、人员伤亡和直接经济损失，认定了事故性质和责任，提出了对有关责任单位和责任人员的处理建议，分析了事故暴露出的突出问题和教训，提出了加强和改进工作的意见建议。

调查组查明，事故的直接原因是：RH 公司危险品仓库运抵区南侧集装箱内硝化棉由于湿润剂散失出现局部干燥，在高温（天气）等因素的作用下加速分解放热，积热自燃，引起相邻集装箱内的硝化棉和其他危险化学品长时间大面积燃烧，导致堆放于运抵区的硝酸铵等危险化学品发生爆炸。

调查组认定，RH 公司严重违反有关法律法规，是造成事故发生的主体责任单位。该公司无视安全生产主体责任，严重违反天津市城市总体规划和滨海新区控制性详细规划，违法建设危险货物堆场，违法经营、违规储存危险货物，安全管理极其混乱，长期存在安全隐患。

针对事故暴露出的 8 个方面的教训与问题，调查组提出了 10 个方面的防范措施和建议：坚持安全第一的方针，切实把安全生产工作摆在更加突出的位置；推动生产经营单位落实安全生产主体责任，任何企业均不得违法违规变更经营资质；进一步理顺港口安全管理体制，明确相关部门安全监管职责；完善规章制度，着力提高危险化学品安全监管法治化水平；建立健全危险化学品安全监管体制机制，完善法律法规和标准体系；建立全国统一的监管信息平台，加强危险化学品监控监管；严格执行城市总体规划，严格安全准入条件；大力加强应急救援力量建设和特殊器材装备配备，提升生产安全事故应急处置能力；严格安全评价、环境影响评价等中介机构的监管，规范其从业行为；集中开展危险化学品安全专项整治行动，消除各类安全隐患。

思考：什么原因造成了此次严重事故？如何避免？

任务六　5S 管理

一、5S 管理的内涵及流程

5S 即整理（Seiri）、整顿（Seiton）、清扫（Seiso）、清洁（seiketsu）、素养（Shitsuke）。5S 现场管理法，又被称为“五常法则”或“五常法”，20 世纪 50 年代兴起于日本企业，国内常见商业管理教育如 EMBA、及 MBA 等也对 5S 现场管理法有所介绍。

6S 管理是 5S 的升级，与 5S 管理一样兴起于日本企业。6S 即整理（Seiri）、整顿（Seiton）、清扫（Seiso）、清洁（Seiketsu）、素养（Shitsuke）、安全（Security）。

5S 的流程如图 5-15 所示。

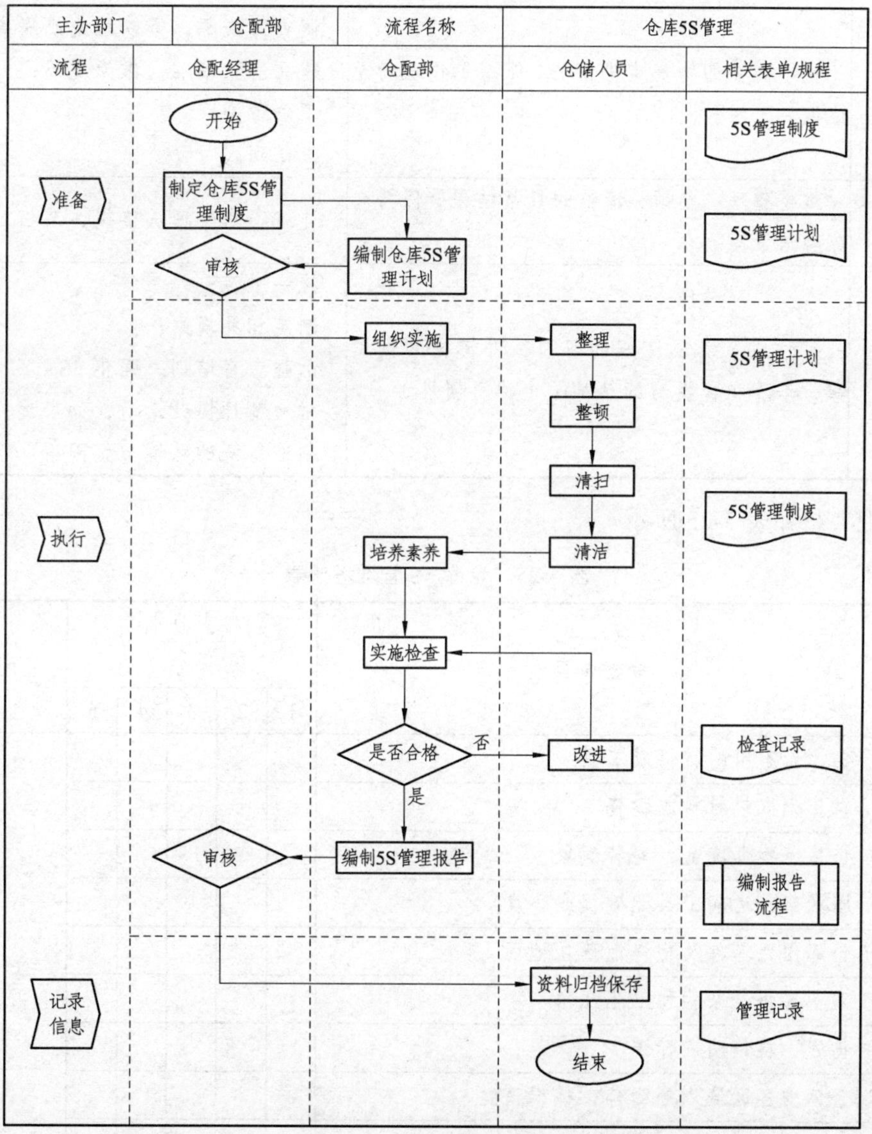

图 5-15　5S 管理基本流程

二、5S 管理要点及考核

5S 管理要点如表 5-24 所示。

表 5-24　管理要点

管理要项	介绍	具体要点
整理	区别仓库现场必需品与非必需品，只保留有用的，撤除不需要的	不能用、不再使用、不用的做废弃处理； 使用频率较低的放置储物室； 常用物资放工作区域边
整顿	把使用频率较高的物资按照规定位置整齐摆放，并做好标识进行管理	确定放置场所； 进行标识； 规定摆放
清扫	将不需要的物资定期清扫，保持工作现场无垃圾、无污秽	调查污染源，予以杜绝或隔离； 建立清扫基准，作为规范； 预防污染； 责任到人
清洁	维持整理、整顿、清扫的日常结果，保持仓库整洁卫生	连续不断整理、整顿、清扫
素养	每位成员养成良好的习惯，并遵守规则做事，培养积极主动的精神（也称习惯性）	统一服装； 制定相关规则； 加强教育培训，强化 5S； 推动精神提升活动，如表彰； 制造良好的环境与氛围

5S 管理考核如表 5-25 所示。

表 5-25　仓库 5S 管理考核表

责任区域 项目		检查内容	检查日期 评分					问题陈述
			1	2	3	4	5	
整理	1	仓库无不用的材料或工具						
	2	仓库无废气材料或物资						
	3	仓库无物资凌乱、混装现象						
	4	周转架、运输工具无破损或不良						
	5	仓库内无零件及物资散落在地面						
	6	无不要物、杂物和卫生死角						
整顿	1	物资、料箱明确标识						
	2	仓库内各区域划分明确，标识清楚						
	3	物资、工具定置摆放，无压线						

续表

责任区域	项目	检查内容	检查日期 评分					问题陈述
			1	2	3	4	5	
	4	物资箱码放高度不超过摆放高度基准						
	5	道路通畅，无阻塞现象						
	6	无乱拉电线现象						
清扫	1	货架，办公桌摆放整齐						
	2	货架和物资无积尘，杂物、污物封装防尘						
	3	容器、货架、包装箱无破损及严重变形						
	4	产生污垢时能及时彻底清扫						
清洁	1	办公桌、货架、地板干净亮丽						
	2	入库物资有明确季节标识，并严格进行先进先出管理						
	3	逾期物资能及时进行在检，并更新季节标识贴						
	4	防尘、防静电设施正常，作业员有效执行						
	5	有值日表，并有员工值日						
	6	各种记录明确、清晰，并有相关人员确认						
	7	正确悬挂和张贴物资卡及标志						
素养	1	员工明白物资卡或物资标识内容						
	2	员工工作衣服，工作用鞋，厂牌整齐端正						
	3	员工无聊天、打瞌睡、玩手机等现象						
	4	库房无私人物资						
	5	仓库内无吸烟现象						
	6	下班关闭办公照明，并断开电源						
	7	员工举止用语文明，行走靠右边						
总分								
总分合计								
平均分								
检查人			区域责任人确认					
注	5分：优秀；4分：良好；3分：一般；2分：差；1分：无实施；总分：150分							

【项目作业】

完成在库物资流程管理的设计。

项目六 出库管理

A 公司对于 A 品选购入库、在库作业设计比较满意，基于电商平台订单需求，需要设计出库管理流程。

学习目标

【知识目标】

理解出库作业流程；
掌握出库拣货、摘果作业、播种作业的基本流程；
掌握出库订单管理，客户订单分析。

【技能目标】

能正确对订单进行分析，并且准确地使用匹配的拣货作业方法，编制出库作业流程。

【素质目标】

建立事务关联逻辑思维能力；
学会基本订单管理，能够准确使用质量分析和数量分析；
培养基本运筹管理思想。

物资出库作业是仓配一体化流程中物资在库流通的终端，是衔接配送作业的重要部分，是物资由存储、分拣到运输与配送的一个重要环节。物资出库作业是根据使用单位或者是业务部门提出的出库凭证（提货单、领料单、调拨单等），按其所列明的物资数量、名称、规格、时间等，组织物资的备货、拣选、理货，包装和流通加工等作业，具体流程如图 6-1 所示。

物资出库一般包括出库准备、执行出库、库存数据更新 3 大流程。

【例 6-1】A 市便利店配送中心仓于 2022 年 4 月 21 日上午接到 4 张客户订单，分别是 MX 便利店、MJ 便利店、HJ 便利店和 WNS 便利店，请根据客户订单（见表 6-1 ~ 表 6-4）、客户历史信息（见表 6-5 ~ 表 6-8）和库存信息（见表 6-9），并按照出库流程编制出库计划，完成出库作业。

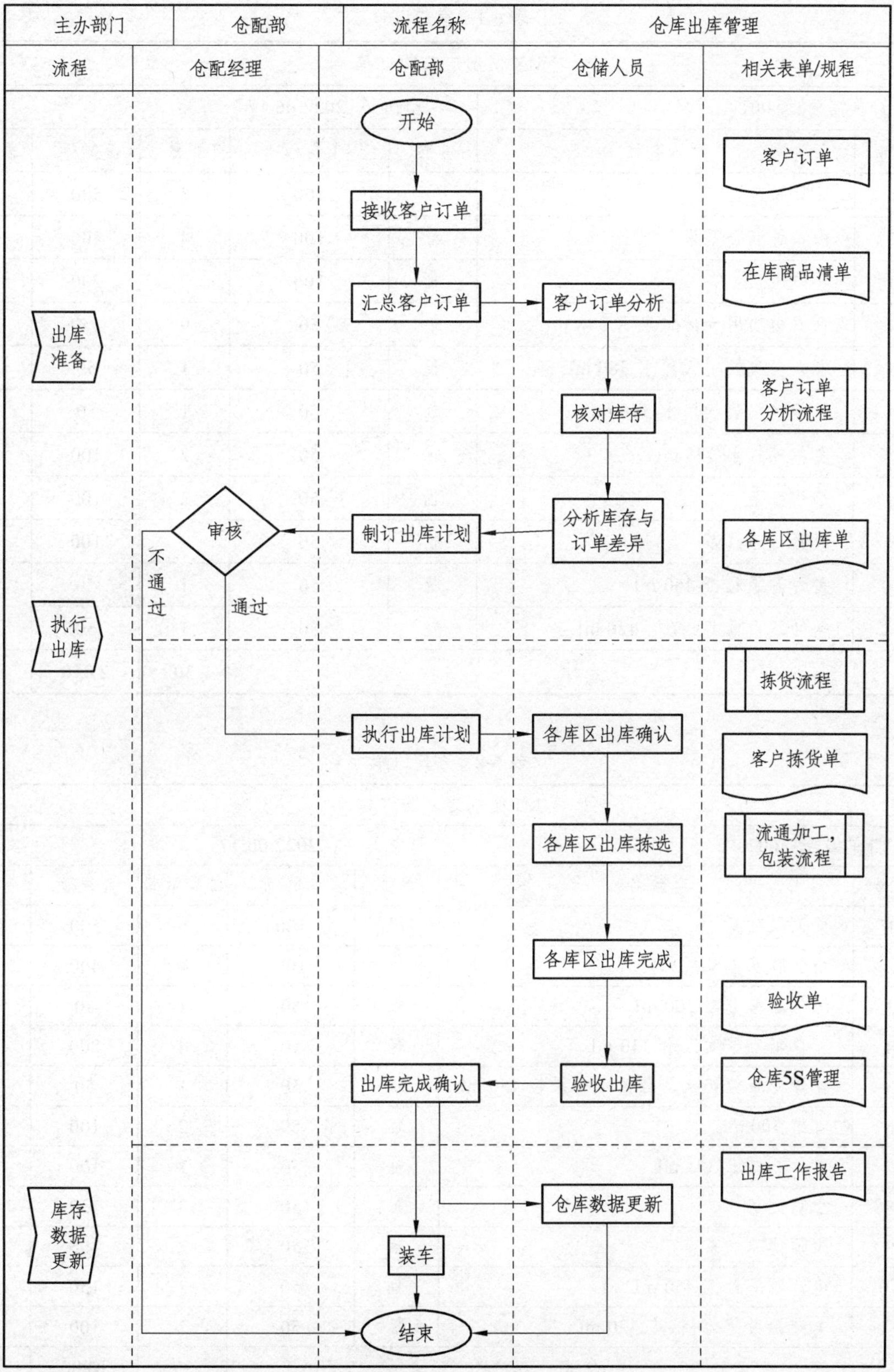
主办部门
仓配部
流程名称
仓库出库管理
流程
仓配经理
仓配部
仓储人员
相关表单/规程
出库准备
执行出库
库存数据更新
开始
接收客户订单
汇总客户订单
客户订单分析
核对库存
分析库存与订单差异
制订出库计划
审核
不通过
通过
执行出库计划
各库区出库确认
各库区出库拣选
各库区出库完成
验收出库
出库完成确认
仓库数据更新
装车
结束
客户订单
在库商品清单
客户订单分析流程
各库区出库单
拣货流程
客户拣货单
流通加工，包装流程
验收单
仓库5S管理
出库工作报告

图 6-1　出库流程

表 6-1　客户订单

MX 便利店采购订单						
订单编号：　001		订货时间：2022.06.17				
序号	商品名称	单位	单价/元	订购数量	金额/元	备注
1	贝贝果蔬泥	箱	100	5	500	
2	松鼠牌混合坚果	箱	100	4	400	
3	农夫山泉	瓶	100	2	200	
4	百岁山饮用天然矿泉水 348 mL	瓶	50	9	450	
5	农夫山泉饮用天然水 380 mL	瓶	50	1	50	
6	康师傅包装饮用水 550 mL	瓶	50	1	50	
7	名仁苏打水 375 mL	瓶	50	2	100	
8	小明红茶	瓶	50	2	100	
9	康师傅冰红茶	瓶	50	2	100	
10	美汁源果粒橙 450 mL	瓶	50	1	50	
11	美汁源白葡萄+槐花 420 mL	瓶	50	1	50	
合计				30	2 050	

表 6-2　客户订单

MJ 便利店采购订单						
订单编号：002		订货时间：2022.06.17				
序号	商品名称	单位	单价/元	订购数量	金额/元	备注
1	贝贝果蔬泥	箱	100	5	500	
2	松鼠牌混合坚果	箱	100	4	400	
3	统一冰糖雪梨 500 mL	瓶	50	1	50	
4	可口可乐零度汽水 330 mL	瓶	50	4	200	
5	美汁源果粒奶优草莓味＋椰果粒 450 mL	瓶	50	1	50	
6	雪碧 300 mL	瓶	50	2	100	
7	名仁苏打水 375 mL	瓶	50	2	100	
8	小明红茶	瓶	50	3	150	
9	康师傅冰红茶	瓶	50	2	100	
10	美汁源果粒橙 450 mL	瓶	50	3	150	
11	美汁源白葡萄+槐花 420 mL	瓶	50	2	100	
合计				29	1 900	

表 6-3 客户订单

HJ 便利店采购订单						
订单编号： 003			订货时间：2022.06.17			
序号	商品名称	单位	单价/元	订购数量	金额/元	备注
1	贝贝果蔬泥	箱	100	4	400	
2	烤花生仁	箱	100	3	300	
3	统一冰糖雪梨 500 mL	瓶	50	2	100	
4	可口可乐零度汽水 330 mL	瓶	50	2	100	
5	美汁源果粒奶优草莓味＋椰果粒 450 mL	瓶	50	2	100	
6	雪碧 300 mL	瓶	50	2	100	
7	名仁苏打水 375 mL	瓶	50	3	150	
8	小明红茶	瓶	50	4	200	
9	康师傅冰红茶	瓶	50	3	150	
10	美汁源果粒橙 450 mL	瓶	50	2	100	
11	美汁源白葡萄+槐花 420 mL	瓶	50	4	200	
12	广意不锈钢碗	个	50	2	100	
合计				33	2 000	

表 6-4 客户订单

WNS 便利店采购订单						
订单编号：004			订货时间：2022.06.17			
序号	商品名称	单位	单价/元	订购数量	金额/元	备注
1	贝贝果蔬泥	箱	100	3	300	
2	松鼠牌混合坚果	箱	100	3	300	
3	康师傅冰红茶柠檬口味 500 mL	瓶	50	8	400	
4	三 A 扑克	副	50	2	100	
5	得力办公黑色长尾夹 12 只	盒	50	5	250	
6	日天自粘性便条纸	包	50	3	150	
7	晨光可水洗水彩笔 12 色	盒	50	2	100	
8	美汁源果粒橙 450 mL	瓶	50	2	100	
9	美汁源白葡萄+槐花 420 mL	瓶	50	2	100	
10	广意不锈钢碗	个	50	2	100	
合计				32	1 900	

表 6-5　历史客户资料

MX 便利店客户档案							
客户编号	K200302003						
公司名称	MX 便利店				助记码	MX	
法人代表	陈×	公司地址	天津市海河区阳光家园××			联系方式	022-3421××××
证件类型	营业执照	证件编号	12021343256××××			营销区域	京津塘
办公电话	022-3421××××		家庭电话	022-3421××××		传真号码	022-3421××××
电子邮箱	ming××@136.com				QQ 账号	2234××××	
开户银行	工商银行海河支行			银行账号	9372234503××××		
公司性质	民营	所属行业	零售	注册资金	30 万	经营范围	日用品、食品
信用额度	10 万元	忠诚度	一般	满意度	高	应收账款	9.9 万元
客户类型	普通			客户级别	B		
建档时间	2003 年 2 月			维护时间	2022 年 3 月		
备注：							

表 6-6 历史客户资料

MJ 便利店客户档案							
客户编号	K200605009						
公司名称	MJ 便利店				助记码	HJ	
法人代表	黄×	公司地址	天津市北开区清永家园××			联系方式	022-8854××××
证件类型	营业执照	证件编号	12010675478××××			营销区域	天津市区
办公电话	022-8854××××		家庭电话	022-8854××××		传真号码	022-8854××××
电子邮箱	879991××××@qq.com				QQ 账号	879991××××	
开户银行	新华商业银行			银行账号	8642341642××××		
公司性质	民营	所属行业	零售业	注册资金	20 万元	经营范围	食品、办公用品
信用额度	15 万元	忠诚度	高	满意度	较高	应收账款	4 万元
客户类型	重点型			客户级别	A		
建档时间	2006 年 5 月			维护时间	2022 年 3 月		
备注：							

表 6-7　历史客户资料

HJ 客户档案							
客户编号	K2009012403						
公司名称	HJ 便利店			助记码		HJ1	
法人代表	合×	家庭地址	天津市滨海区霞光街水岸渔村××			联系方式	022-3343××××
证件类型	营业执照	证件编号	12010378934××××			营销区域	华北地区
办公电话	022-3343××××		家庭电话	022-3343××××		传真号码	022-3343××××
电子邮箱	73849××××@qq.com			QQ 账号		73849××××	
开户银行	海河银行滨海支行		银行账号	156633151029××××			
公司性质	民营	所属行业	零售	注册资金	20 万元	经营范围	食品、日用百货
信用额度	16 万元	忠诚度	较高	满意度	高	应收账款	14 万元
客户类型	重点型		客户级别	B			
建档时间	2009 年 1 月		维护时间	2022 年 3 月			
备注：							

表 6-8　历史客户资料

WNS 便利店客户档案							
客户编号	K2008160902						
公司名称	WNS 便利店			助记码		WNS	
法人代表	李×	家庭地址	天津市南口区林南苑××			联系方式	022-2765××××
证件类型	营业执照	证件编号	12010875437××××			营销区域	塘汉大
办公电话	022-2765××××		家庭电话	022-2765××××		传真号码	022-2765××××
电子邮箱	211546××××@qq.com			QQ 账号		211546××××	
开户银行	津广银行		银行账号	5357899765569			
公司性质	中外合资	所属行业	零售业	注册资金	30 万元	经营范围	食品、日用品
信用额度	25 万元	忠诚度	高	满意度	高	应收账款	10 万元
客户类型	伙伴型		客户级别	A			
建档时间	2008 年 8 月		维护时间	2022 年 3 月			
备注：							

表 6-9 历史库存信息

重型货架库存信息							
序号	货品名称	单位	数量	货位地址	入库日期	生产日期	保质期
1	贝贝果蔬泥	箱	10	H2-01-01-01	2022/5/5	2022/4/22	36 个月
2	松鼠牌混合坚果	箱	15	H2-01-03-01	2022/5/15	2022/5/6	36 个月
3	烤花生仁	箱	24	H2-01-04-01	2022/4/6	2022/3/5	36 个月
4	绿箭无糖口香糖	箱	24	H2-01-04-02	2022/5/5	2022/4/22	24 个月
5	得力 A4 笔记本	箱	12	H2-01-03-03	2022/5/6	2022/4/22	36 个月
6	得力打印纸	箱	12	H2-01-04-04	2022/5/7	2022/4/22	36 个月
7	海鸥洗衣粉	箱	16	H2-01-03-05	2022/5/8	2022/4/22	37 个月
8	海天床上用品	箱	20	H2-01-04-06	2022/5/9	2022/4/22	38 个月
9	天使土豆片	箱	40	H2-01-02-07	2022/5/10	2022/4/22	24 个月
10	兴起驱蚊片	箱	36	H2-01-04-08	2022/5/11	2022/4/22	36 个月
11	德天一次性纸杯	箱	26	H2-01-03-09	2022/5/12	2022/4/22	36 个月
12	口香糖	箱	28	H2-01-03-10	2022/5/13	2022/4/22	24 个月
13	水晶烟缸	箱	40	H2-01-03-11	2022/5/14	2022/4/22	36 个月
14	康师傅冰红茶	箱	24	H2-02-01-01	2022/5/5	2022/4/22	36 个月
15	康师傅冰红茶柠檬口味 500 mL	箱	24	H2-02-01-02	2022/5/5	2022/4/22	36 个月
16	可口可乐零度汽水 330 mL	箱	24	H2-02-01-03	2022/5/5	2022/4/22	36 个月
17	美汁源白葡萄+槐花 420 mL	箱	24	H2-02-01-04	2022/5/5	2022/4/22	36 个月
18	美汁源果粒橙 450 mL	箱	24	H2-02-01-05	2022/5/5	2022/4/22	36 个月
19	美汁源果粒奶优草莓味＋椰果粒 450 mL	箱	24	H2-02-01-06	2022/5/5	2022/4/22	36 个月
20	名仁苏打水 375 mL	箱	24	H2-02-01-07	2022/5/5	2022/4/22	36 个月
21	统一冰糖雪梨 500 mL	箱	24	H2-02-01-08	2022/5/5	2022/4/22	36 个月
22	小明红茶	箱	24	H2-02-01-09	2022/5/5	2022/4/22	36 个月
23	雪碧 300 mL	箱	24	H2-02-01-10	2022/5/5	2022/4/22	36 个月
电子标签货架库存信息							
序号	货品名称	单位	数量	货位地址	入库日期	生产日期	保质期
1	三 A 扑克牌	副	13	H1-01-01-01	2022/5/11	2022/4/22	36 个月
2	广意不锈钢碗	个	9	H1-01-01-02	2022/5/11	2022/4/22	36 个月

续表

3	晨光可水洗水彩笔12色	盒	3	H1-01-01-03	2022/5/11	2022/4/22	36个月
4	得力办公黑色长尾夹12只	盒	4	H1-01-01-04	2022/5/11	2022/4/22	36个月
5	得力A4笔记本	本	10	H1-01-02-01	2022/5/6	2022/4/22	36个月
6	得力打印纸	包	7	H1-01-02-02	2022/5/6	2022/4/22	36个月
7	海鸥洗衣粉	瓶	8	H1-01-02-03	2022/5/6	2022/4/22	36个月
8	海天枕套	对	10	H1-01-02-04	2022/5/6	2022/4/22	36个月
13	日天自粘性便条纸	包	10	H1-01-02-05	2022/5/6	2022/4/22	36个月
货到人拣货区							
序号	货品名称	单位	数量	货位地址	入库日期	生产日期	保质期
1	康师傅冰红茶	瓶	20	A1-1-1	2022/5/5	2022/4/22	36个月
2	康师傅冰红茶柠檬口味500 mL	瓶	20	A1-1-2	2022/5/5	2022/4/22	36个月
3	可口可乐零度汽水330 mL	瓶	25	A1-1-3	2022/5/5	2022/4/22	36个月
4	美汁源白葡萄+槐花420 mL	瓶	30	A1-1-4	2022/5/5	2022/4/22	36个月
5	美汁源果粒橙450 mL	瓶	20	A1-1-5	2022/5/5	2022/4/22	36个月
6	美汁源果粒奶优草莓味＋椰果粒450 mL	瓶	20	A1-1-6	2022/5/5	2022/4/22	36个月
7	名仁苏打水375 mL	瓶	20	A1-1-7	2022/5/5	2022/4/22	36个月
8	统一冰糖雪梨500 mL	瓶	20	A1-1-8	2022/5/5	2022/4/22	36个月
9	小明红茶	瓶	10	A1-1-9	2022/5/5	2022/4/22	36个月
10	雪碧300 mL	瓶	10	A1-1-10	2022/5/5	2022/4/22	36个月

任务一　出库准备

物资准备出库时，一般是仓储部门接到出库订单通知后对订单进行核对与分析，核对订单与库存后制订出库计划。

一、订单管理

仓储部门接到订单后对订单进行分析，分析的目的是对订单的有效性和出库顺序进行分析后生成库存拣货单、出库单等方便仓库工作人员进行凭证核对，并制订合理的出库计划。

（一）凭证核对

凭证核对是对所有出库订单的核对。核对订单的内容包括出库单上的仓库名称，客户名称，订单印鉴、字迹是否清晰，是否有涂改痕迹，日期是否准确等进行逐一核对。

核对完成后如发现以下问题应及时处理：

（1）发现假冒出库订单，有复制或涂改痕迹应该及时与相关技术人员联系并上报主管部门审批。

（2）发现超期订单应及时与客户联系，重新办理。

（3）发现仓库名称或客户名称不符应及时联系客户，重新办理。

（4）订单遗失，应及时与客户联系，并办理挂失手续。

【思考题】设计凭证核对流程。

（二）订单有效性、优先权分析

1. 确定订单是否有效

确定订单是否有效是决定仓库是否对订单进行出库的第一步。判断订单是否有效可以根据主管部门给出的相关依据进行核验，或是根据客户信息和历史订单累计的数据进行分析。

订单优先权分析是基于客户的订单和历史数据综合进行分析的方法，是基于客户历史数据中的客户类别、客户等级、忠诚度和满意度的赋值分析方法。其中客户类别赋值为 0.4，客户级别赋值为 0.3，客户忠诚度赋值为 0.2，客户满意度赋值为 0.1。同时 4 项指标分别又有不同类型，具体如表 6-10 所示。

表 6-10　赋值等级

类别	等级	赋值
客户类型 0.4	母公司	5
	伙伴型	4
	重点型	3
	普通型	2
	一般型	1
客户级别 0.3	A	3
	B	2
	C	1
忠诚度 0.2	高	2
	较高	1
	一般型	0
	较低	−1
	低	−2

续表

类别	等级	赋值
满意度 0.1	较高	1
	一般型	0
	较低	-1
	低	-2

对例 6-1 中客户订单的汇总和客户信息的分析可以得出以下数据（见表 6-11）。

表 6-11　订单分析

客户	信用额度	应收账款	剩余额度	本次订单额度	订单有效性
MX 便利店	10	9.9	0.1	0.205	否
MJ 便利店	15	4	11	0.19	是
HJ 便利店采购订单	16	14	2	0.2	是
WNS 便利店采购订单	25	10	15	0.19	是

通过汇总客户历史信息和本次订单总额后得出，MX 便利店的订单额度低于本次订单金额，故判断 MX 便利店订单无效，提交主管部门进行审核，发还客户处理。订单有效性分析是基于历史客户数据和本次订单金额汇总后的结果，是对历史数据的分析，分析完成后需要对订单进行优先权分析。

2. 确定订单优先权

订单优先权是基于对客户信息中的客户类型、客户级别、忠诚度、满意度综合分析的结果，具体如表 6-12 所示。

6-12　订单分析

客户名称	客户类型 0.4	赋值	客户级别 0.3	赋值	忠诚度 0.2	赋值	满意度 0.1	赋值	赋值合计	优先权
MJ 便利店	重点型	3	A	4	高	2	较高	1	2.9	1
HJ 便利店	重点型	3	B	2	较高	1	高	2	2.2	3
WNS 便利店	伙伴型	4	A	2	高	2	高	2	2.8	2

其中，HJ 便利店的赋值合计=3×0.4+4×0.3+2×0.2+1×0.1=2.9

HJ 便利店的赋值合计=3×0.4+2×0.3+1×0.2+0.1×2=2.2

WNS 便利店的赋值合计=4×0.4+2×0.3+2×0.2+2×0.1=2.8

根据以上赋值计算之后可以判断 HJ 便利店优先配货，其次是 WNS 便利店，最后是 HJ 便利店。

完成客户订单优先权分析后，需要对库存订单进行核查，判断库存是否齐备，如库存齐备应立即向各个库区发送出库单。如库存缺货，应上报主管部门进行审核，并发出补货或订货请求。

3. 订单汇总，库存分析

订单汇总是对客户订单所采购物资品名、数量、质量、规格等进行汇总，以方便与库存进行比对。

对 3 张有效订单进行汇总后得出订单汇总表（见表 6-13）。

表 6-13 订单汇总（有效订单汇总）

序号	商品名称	单位	数量/箱	单价/元	总计/元
1	贝贝果蔬泥	箱	12	100	1 200
2	晨光可水洗水彩笔 12 色	盒	2	50	100
3	得力办公黑色长尾夹 12 只	盒	5	50	250
4	广意不锈钢碗	个	4	50	200
5	康师傅冰红茶	瓶	5	50	250
6	康师傅冰红茶柠檬口味 500 mL	瓶	8	50	400
7	烤花生仁	箱	3	100	300
8	可口可乐零度汽水 330 mL	瓶	6	50	300
9	美汁源白葡萄+槐花 420 mL	瓶	8	50	400
10	美汁源果粒橙 450 mL	瓶	7	50	350
11	美汁源果粒奶优草莓味＋椰果粒 450 mL	瓶	3	50	150
12	名仁苏打水 375 mL	瓶	5	50	250
13	日天自粘性便条纸	包	3	50	150
14	三 A 扑克牌	副	2	50	100
15	松鼠牌混合坚果	箱	7	100	700
16	统一冰糖雪梨 500 mL	瓶	3	50	150
17	小明红茶	瓶	7	50	350
18	雪碧 300 mL	瓶	4	50	200
总计			94		5 800

从汇总表中可以看出，出库商品有整件货物的出货，也有单品货物的出货，则需要对照各自的库存数据进行比对（见表 6-14）。

表 6-14 历史库存对照

库区	序号	货品名称	单位	历史库存	订单需求量	剩余库存	备注
重型货架	1	贝贝果蔬泥	箱	10	12	−2	缺货
	2	烤花生仁	箱	24	3	21	
	3	松鼠牌混合坚果	箱	15	7	8	

续表

库区	序号	货品名称	单位	历史库存	订单需求量	剩余库存	备注
电子标签货架	1	日天自粘性便条纸	包	10	3	7	
	2	三 A 扑克牌	副	13	2	11	
	3	广意不锈钢碗	个	9	4	5	
	4	晨光可水洗水彩笔 12 色	盒	3	2	1	
	5	得力办公黑色长尾夹 12 只	盒	12	5	7	
货到人系统	1	康师傅冰红茶	瓶	20	5	15	
	2	康师傅冰红茶柠檬口味 500 mL	瓶	20	8	12	
	3	可口可乐零度汽水 330 mL	瓶	25	6	19	
	4	美汁源白葡萄+槐花 420 mL	瓶	30	8	22	
	5	美汁源果粒橙 450 mL	瓶	20	7	13	
	6	美汁源果粒奶优草莓味＋椰果粒 450 mL	瓶	20	3	17	
	7	名仁苏打水 375 mL	瓶	20	5	15	
	8	统一冰糖雪梨 500 mL	瓶	20	3	17	
	9	小明红茶	瓶	10	7	3	
	10	雪碧 300 mL	瓶	10	4	6	

通过对比可以看出，重型货架的贝贝果蔬泥由于库存量不能满足 3 家客户订单需求，所以请求上级主管审批是否补货或者与客户商议是否减少配送量。如若客户选择不改变订单，根据优先权分析优先满足 MJ 便利店和 WNS 便利店的物资需求，最后满足 HJ 便利店的物资需求。如果 HJ 不更改订单数量，则本次满足贝贝果蔬面泥 2 箱需求。

【思考题】设计订单分析流程。

二、制订出库计划

出库作业计划的基础是完成对订单的分析后合理预先做好货物各项安排，包括货位出库安排，拣选路径制定，机械设备匹配，工具、人员的准备和安排等，从而提高人、财、物的利用率。

（一）出库作业基本原则

（1）按照程序作业：物资发料出库必须按规定程序进行，相关单据必须符合要求。对于非正式凭证或白条一律不得出库。

（2）坚持“先进先出”原则。在保证物资使用价值不变的前提下，坚持“先进先出”原则。同时要做到保管条件差的先出；包装简易的先出；容易变质的先出：有保管期限的先出；回收复用的先出。

（3）做好发放准备。为使物资得到合理使用、及时投产，必须快速、准确发放。为此，必须做好发放的各项准备工作，如化整为零、备好包装、复印资料、组织搬运人力、准备好设备工具等。

（4）及时记账。物资出库后，应随时更新库存信息，并保存好物资出库凭证，同时调整卡吊牌。

（5）保证安全。物资出库作业，要注意安全操作，防止损坏包装和震坏、压坏、摔坏物品。同时，还要保证运输安全，做到物品包装完整、捆扎牢固、标志正确清楚、性能不互相抵触，避免发生运输差错和损坏物品的事故。同时也要保障物品质量安全。仓库作业人员必须经常注意物资的安全保管期限等。

（二）形成出库单

根据以上基本原则制订出库计划，首先确定各个库区出库货位和出库数量，再根据历史库存数据信息和订单分析结果制定出库单和工具使用单（见表 6-15 和表 6-16）。

表 6-15　出库订单

重型货架出库单					
序号	货品名称	单位	货位地址	出库量	剩余库存
1	贝贝果蔬泥	箱	H2-01-01-01	10	0
2	烤花生仁	箱	H2-01-03-01	3	21
3	松鼠牌混合坚果	箱	H2-01-04-01	7	8
电子标签货架出库单					
1	日天自粘性便条纸	包	H1-01-02-05	3	7
2	三 A 扑克牌	副	H1-01-01-01	2	11
3	广意不锈钢碗	个	H1-01-01-02	4	5
4	晨光可水洗水彩笔 12 色	盒	H1-01-01-03	2	1
5	得力办公黑色长尾夹 12 只	盒	H1-01-01-04	5	7
货到入系统出库单					
1	康师傅冰红茶	瓶	A1-1-1	5	15
2	康师傅冰红茶柠檬口味 500 mL	瓶	A1-1-2	8	12
3	可口可乐零度汽水 330 mL	瓶	A1-1-3	6	19
4	美汁源白葡萄+槐花 420 mL	瓶	A1-1-4	8	22
5	美汁源果粒橙 450 mL	瓶	A1-1-5	7	13
6	美汁源果粒奶优草莓味＋椰果粒 450 mL	瓶	A1-1-6	3	17
7	名仁苏打水 375 mL	瓶	A1-1-7	5	15

续表

序号	货品名称	单位	货位地址	出库量	剩余库存
货到入系统出库单					
8	统一冰糖雪梨 500 mL	瓶	A1-1-8	3	17
9	小明红茶	瓶	A1-1-9	7	3
10	雪碧 300 mL	瓶	A1-1-10	4	6

表 6-16　工具使用统计

序号	工具名称	数量	使用区域
1	地牛	1	重型货架
2	叉车	1	重型货架
3	周转箱	5	电子标签
4	周转箱	10	AGV
5	推车	1	

不同的区域使用不同的出库工具，并且根据实际作业需求配备相应的出库工作人员进行拣选。

任务二　执行出库

一、制订拣货计划

拣货计划中需要根据订单的数量分批分时对货物进行拣选，确定拣选方法、拣选单位、拣选路径等。

拣货管理流程如图 6-2 所示。

（一）拣货方法

现代仓配一体化流程中，因为客户需求的不同，接受订单的时间也不同，确定合理的拣货方法可有效提高拣选的效率。拣货方法一般有两种：按单拣选和批量拣选。

1. 按单拣选（摘果法）

按单拣选指根据拣货单，分拣人员或分拣工具迂回于各个货物储存点（货位），分别拣选拣货单上所列种类及数量的货物（见图 6-3）。这个过程类似进百果园，按所需不同种类的果品及数量，走到不同树下进行摘果，故称摘果法。这也类似进入超市购物，按自身所需将商品从货架上拣选后放入手推车。按单拣线的特点是：易于实施、准确性高、差错率低，机动灵活、各单之间互不影响，拣选顺序可根据紧急程度进行调整，配货作业与拣货作业同时完成，能减少作业环节、提高运作效率，随时可进行拣选作业，客户等待时间短，对物流系统、拣选设备等没有特定要求。不论每个订单上品种多少、每个品种数量多少，都要按订单品种到指定货位拣选，在品种和数量都很小的情况下，会影响拣货效率。

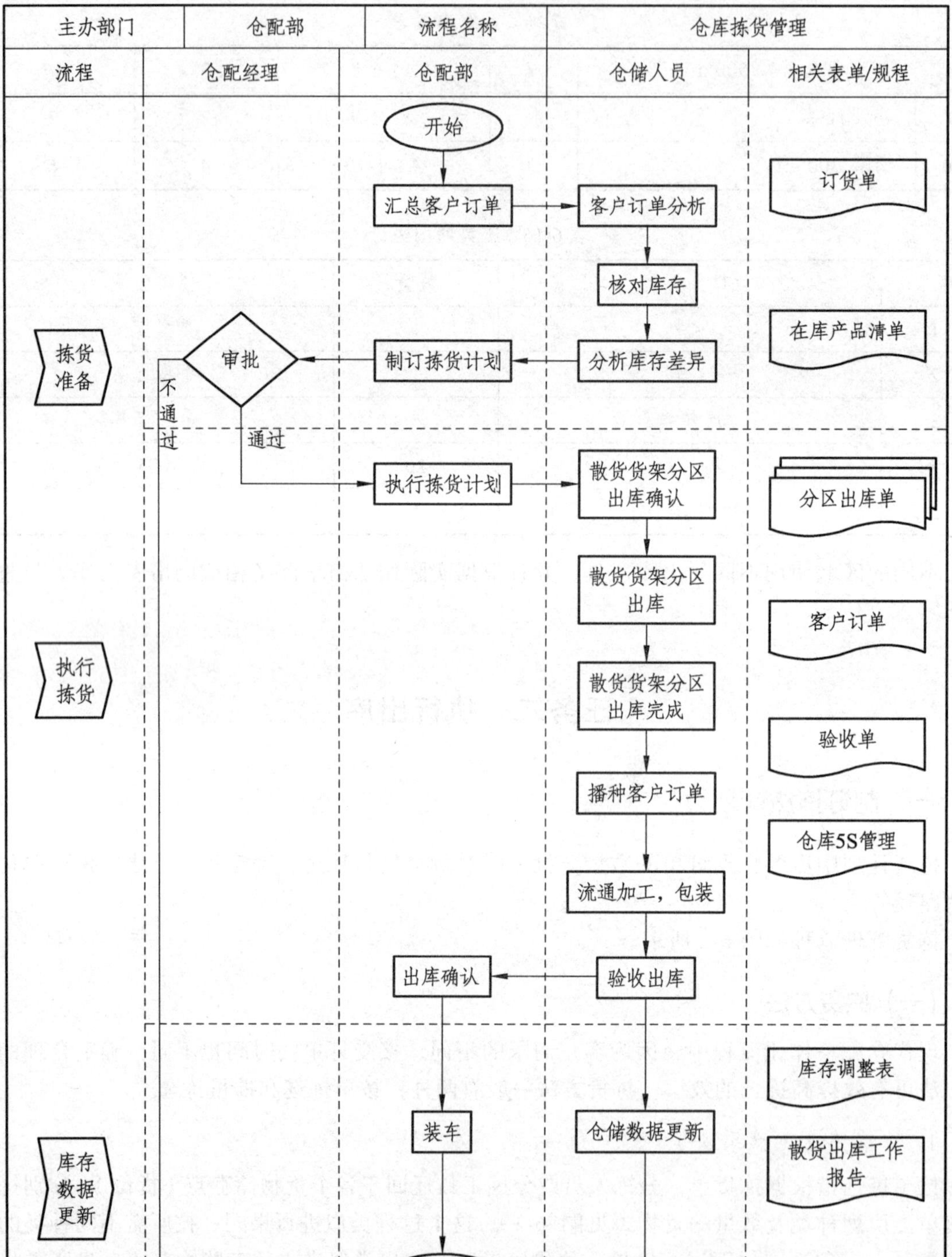

图 6-2 拣货管理流程

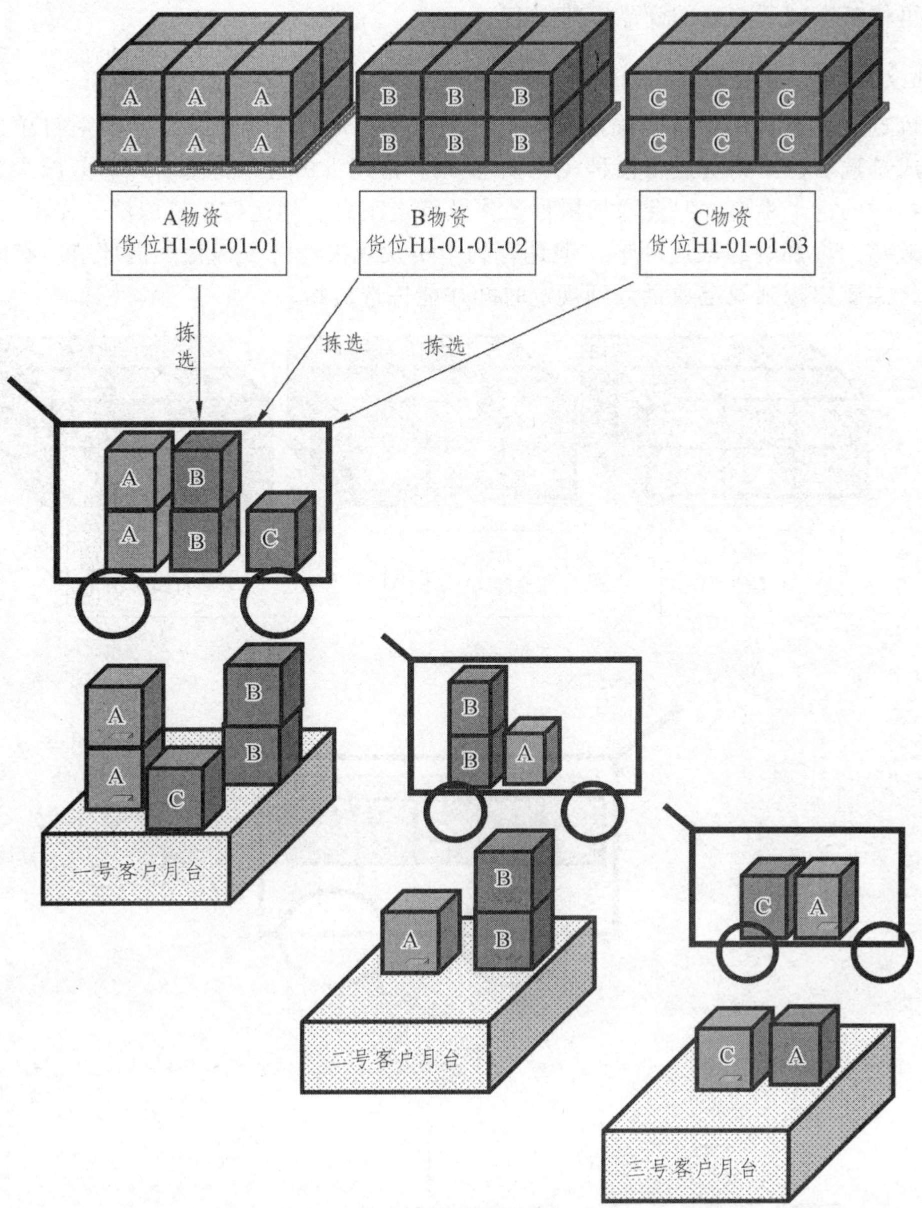

图 6-3 按单拣选

按单拣选时每次拣取只针对一张订单，不进行订单分批。结合分区策略具体又可以分为单人拣取、分区接力拣取和分区汇总拣取几种方式。

（1）单人拣取：一张订单由一个人从头到尾负责完成。此种拣货方式的拣货单，只需将订单资料转为拣货需求资料即可。

（2）分区接力拣取：将存储或拣货区划分成几个区域，一张订单由各区人员采取前后接力方式合力完成。

（3）分区汇总拣取：将存储区或拣货区划分成几个区域，将一张订单拆成各区域所需的拣货单，再将各区域所拣取的商品汇集一起。

2. 批量拣选（播种）

批量拣选又称播种法，首先确定订单批量的大小，对订单物资汇总后再对订单进行分批拣选，完成拣选后再对物资进行播种（见图 6-4）。常用批量订单拣选可以有效减少在货架之间拣选货物时的行走距离，但会增加播种工作及行走距离。相比按单拣取法，先汇总再分播，容易发生差错，增加装卸搬运环节，但是有利于实现规模经济及优化配送环节。有时快速反应能力差，需要累积到规定数量等到规定时间才能拣选货物。

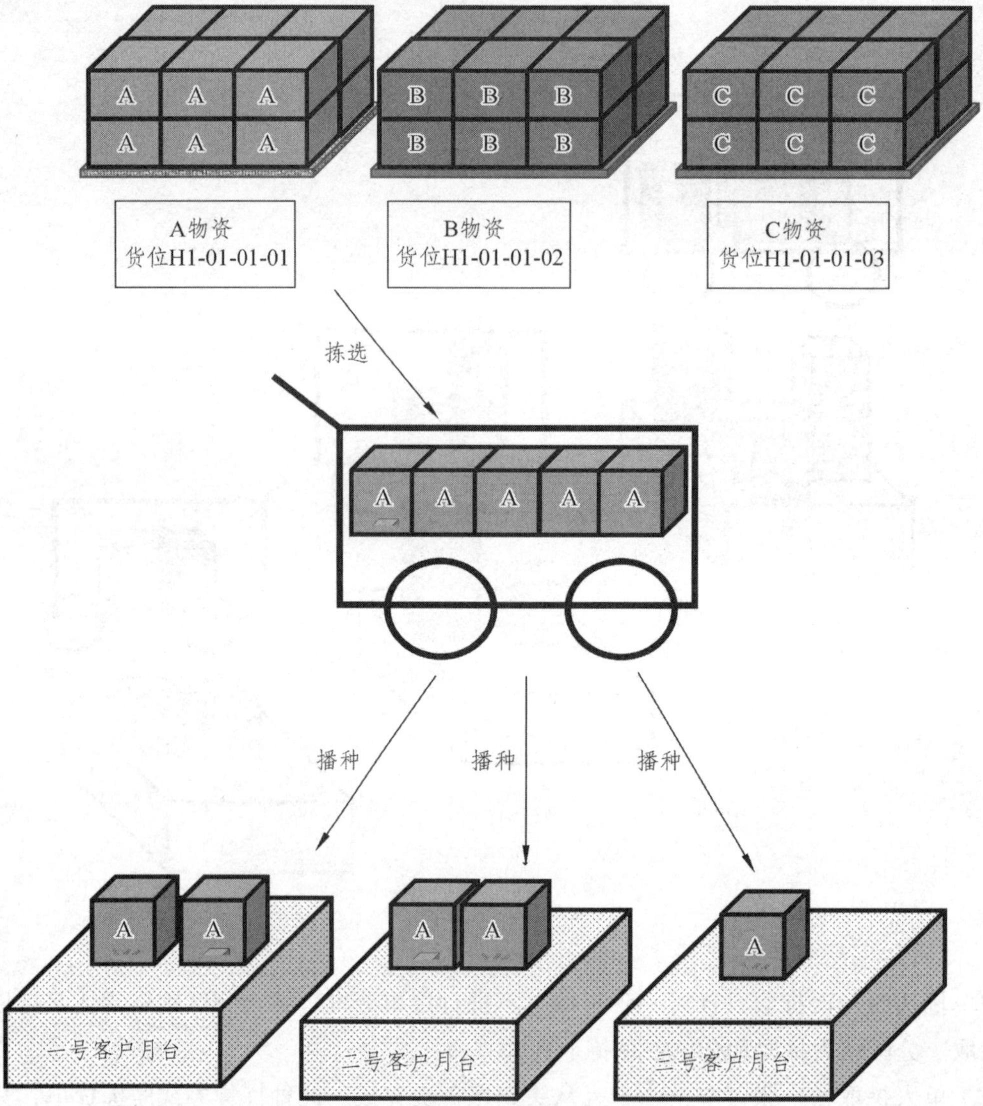

图 6-4　批量拣选

批量拣选又可分为总合计量分批、按配送区域分批、按流通加工需求分批、按车辆需求分批、时窗分批、固定订单量分批、智慧型分批。

（1）总合计量分批。计算拣货作业前累计所有的订单中每一商品项目的总量，然后再按这一总量进行拣取。这样可将拣取路径缩至最短，提高拣货效率。此种方式适合于周期性配送。例如，可在中午前搜集所有的订单，在下午做合计处理，进行拣取、分类工作。

（2）按配送区域（或路径）分批。即将同一配送区域、路径的订单汇总一起处理，提高配送效率。

（3）按流通加工需求分批。即将需相同流通加工处理的订单汇总在一起处理，增加流通加工处理批量，提高流通加工效率。

（4）按车辆需求分批。如果配送商品需特殊的配送车辆（如低温车、冷冻、冷藏车），或客户所在地需特殊类型车辆时，可汇总合并处理。

（5）时窗分批。当订单要求紧急发货时，可利用此策略，开启短暂而固定的时窗，如 20 或 30 min，再将这一时窗中所有的订单做成一批，进行批量拣取。这一方式常与分区策略区订单分割策略联合运用，特别适合于到达间隔时间短而平均的订单形态，同时订购量及种类不宜太多。这种分批方式较适合密集频繁的订单，且能应付紧急插单的需求。

（6）固定订单量分批。订单分批按先到先处理的基本原则，当订单累积达到设定的数量时，开始进行拣货作业。固定订单量的大小应考虑经济批量大小、运输工具、拣货工具、托盘等装货数量综合确定。这种方式偏重维持较稳定的作业效率，但在处理速度上慢于时窗分批方式。

（7）智慧型分批。订单输入计算机，经处理后，将拣取路径相近的订单分成一组。采用这种分批方式的配送中心通常将前一天的订单汇总后，经过计算机处理，在当日产生拣货单据，速度较快。

3. 其他拣选方法

（1）计算机辅助拣货（电子标签拣选系统）。

为了提高拣货作业的效率，很多配送中心引入了自动分拣系统，电子标签拣货系统就是其中之一（见图 6-5）。应用电子标签拣货系统后，只需要将所拣选货物清单输入系统，存放各种商品的货架上的货位指示灯和品种显示器会立刻显示出拣选商品在货架上的具体位置和数量，作业人员便可从货架里取出商品，放入拣取运运输工具中如拣货车或周转箱，然后按显示按钮，熄灭货位指示灯和品种显示器完成拣货。配齐订单商品后，由拣取运输工具输送带送入自动分排系统。这样可提高效率、减少差错。类似的拣选设备还有货到人系统（见图 6-6）、密集库存拣选（见图 6-7）。

（2）自动化立体仓库拣货。

自动化立体仓库的货位是固定的，通过在巷道中行走的堆垛机来存取货物。货物存放在托盘或统一规格的料箱中（见图 6-8）。这种自动化立体仓库建立在大型建筑物内，主要由高层货架、高速行走的堆垛机和控制用的计算机系统组成，实现了标准化和单元化。货物堆放在高层的货架上，可充分利用仓储空间，减少仓库占地面积。其利用计算机控制堆垛机自动拣货，因此不需要作业人员进行巡货、拣货和运输等工作。

图 6-5 电子标签拣选

图 6-6 货到人系统

图 6-7 密集库存拣选

图 6-8　自动化立体仓库拣选

（二）拣货单位

拣货单位可分成托盘、箱及单品 3 种。一般而言，以托盘为拣货单位的体积及重量最大，其次为箱，最小单位为单品。除此之外，还有特殊品的拣选。

1. 单品单位

拣货单位为产品，单品即拣货的最小单位。单品可由箱中取出，通常用人手工拣取，也可由机器人自动完成。

2. 箱单位

拣货单位为整箱同种货物，可由托盘上或货位上取出。货物比较轻时，用人手工拣取，也可用设备（存取机器人）自动从货位上拣取。

3. 托盘单位

拣货单位为整个托盘上的同种货物，无法用人工直接存取搬运，须用存取机器人（设备）或利用叉车存取，用叉车、拖板车等机械搬运。

4. 特殊品

体积大、形状特殊，无法按托盘、箱归类，或必须在特殊条件下作业的货物，如大型家具、桶装油料、长杆形货物、冷冻货品等，都属于具有特性的货物，拣货系统的设计将严格受限于商品特性。

一般来说，配送中心应与客户协商将各组商品的订单合理化，应考虑经济批量、货物尺寸及重量，与存储、运输工具尽量呈倍比关系，或与存储容器、运输工具最佳装载数量（重量或体积）呈倍比关系，进行系统优化。应避免过小单位出现在订单中，造成拣货时还要拆箱、拼装，降低拣货效率、装箱效率和客户（货物到达地）验收入库等环节的物流运作效率。

（三）制定拣选路径

物资拣选作业时间约占整个仓配一体作业的 30% ~ 40%，所以合理的拣货路径，可以有效提高仓配一体化作业效率，节约成本。常用的拣选路径优化方法有小件订单拣选路径法、下一个最好法和正向法等。但是随着电子商务的发展、供应链一体化进程的加大，生产准时制的要求，订单的规模越来越小，甚至是拆箱分拣，所以在现实运用中小件订单拣选法较多，其中拆箱分拣又称小件订单分拣或单品拣货、拆零拣货。虽然当前有很多成功的自动分拣系统已经应用到仓储运作中来，但由于仓储分拣系统是一个非静态、非一次性的活动，并且自动分拣系统不仅成本高而且灵活性低，手动分拣系统仍然有一定的实际意义。

针对单区仓库分拣作业的启发式分拣路径方法，有穿越、返回、中点回转、最大间隙、组合策略。此外，还有分割穿越策略、分割回转策略以及针对多区布局应用的逼道接通道策略。

1. 穿越式路径方法

当采用穿越路径时，从通道一端进入，拣货人员同时拣取通道两侧货架上的物资，最后从通道另一端离开（见图 6-9）。在返回出入口之前，分拣人员会走遍所有包含拣取位置的通道。由于该方法的行走路径近似“S”形，所以又称“S”形路径。

穿越式路径方法简单、易执行，适合拣货密度高的情况。

当被拣品分布的巷道数为偶数时，穿越策略必须穿越每个具有被拣品的巷道；当被拣品分布的巷道数为奇数时，除最后一个被拣品所在的巷道外，其余巷道均需要被穿越。因此，穿越策略中拣货巷道内的行走距离完全取决于被拣品分布的巷道数。

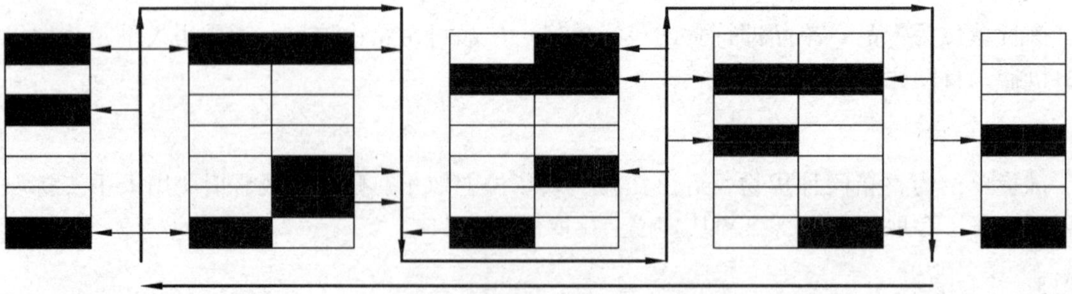

图 6-9　穿越路径

2. 返回路径方法

在返回路径方法中，拣货人员从分拣通道的一端进入，先沿路拣取一侧货架上所需物品，当一侧货架上的物品拣取完，就返回开始拣取另一侧货架上的物品，最后从进入通道的一端离开（见图 6-10）。拣货员只需要进入包含拣取位置的通道，不包含拣取位置的通道可以跳过。

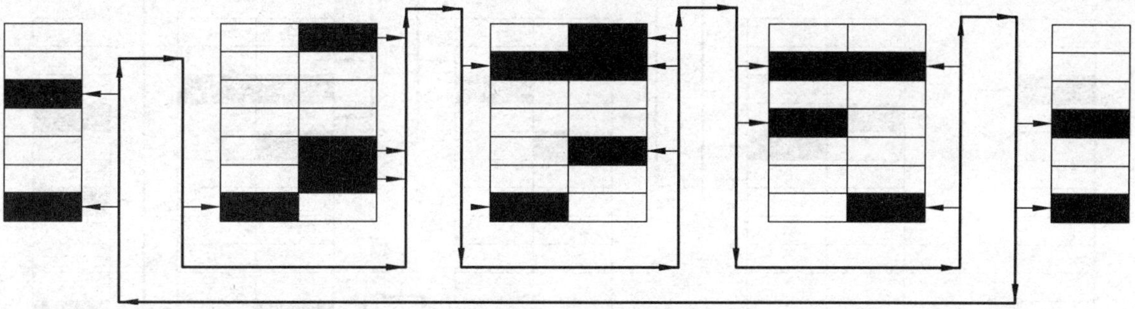

图 6-10 返回路径

采用返回策略，若要缩短拣货行走距离，则应该使被拣品距离进入巷道的位置尽可能短。也就是说，如果被拣品的分布呈现向货架一端分布的趋势，其返回过程中的行走距离尽可能缩短，就能使总的行走距离也缩短。

3. 中点回转策略

中点回转策略是从拣货通道的中点处将分拣区域分成前后两部分，拣货人员从通道的一端进入，拣取完货物后回转折返，最远处就是该通道的中点（见图 6-11）。当拣货单人员离开拣货区域的前半部分时，拣货员要从最右边的通道穿越进入通道后半部分，以同样方法开始后半部分的拣货。当后半部分的拣货完成后，穿越最左边的通道回到出入口。

中点回转策略不但采用回转方法，而且在进入和退出后半部分通道时采取了穿越策略。

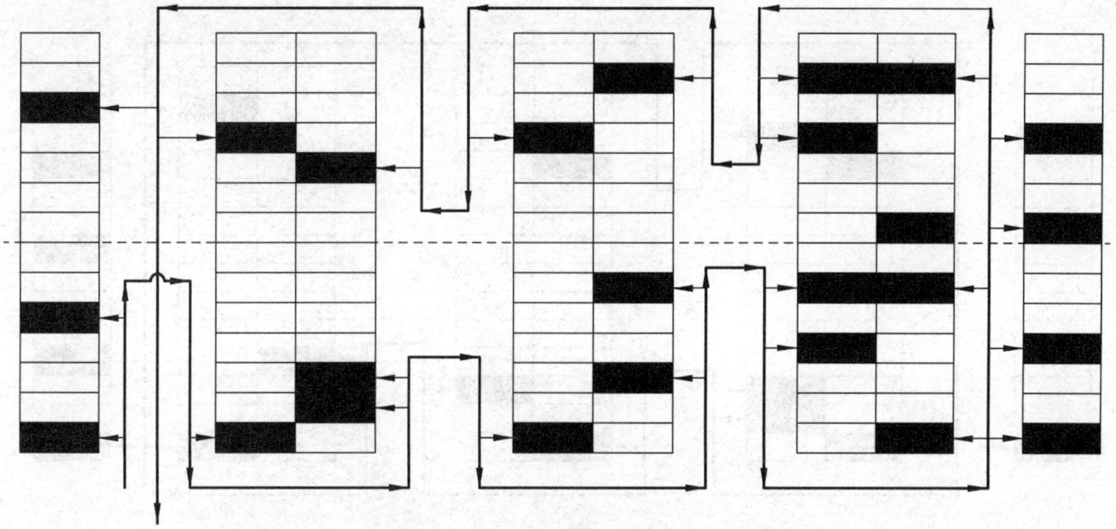

图 6-11 中点回转

4. 分割回转策略

分割回转策略要求先将整个拣货区域分割为前后两个部分，但分割点不一定是以中心点为界（见图 6-12）。

除了最左巷道和最右巷道必须穿越之外，其他巷道内的行走类似于返回策略。要缩短拣货行走距离，应该使被拣品位置离巷道两端的距离尽可能短。

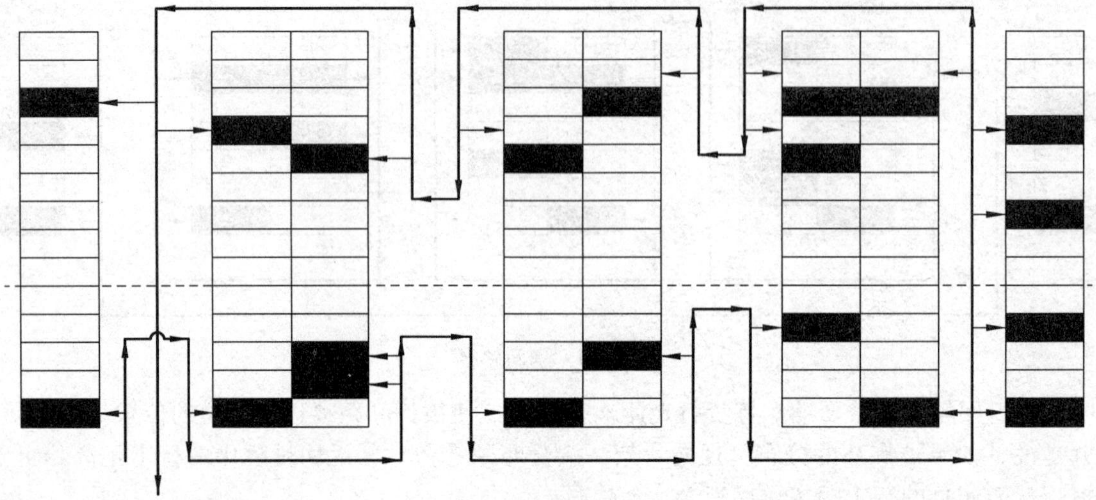

图 6-12　分割回转

5. 最大间隙策略

最大间隙策略是指将位于同一个通道内的待取货品和上下两侧底端通道的距离做比较，选择较短距离的路径，若货品和上下两侧底端的通道距离小于货品之间的最小距离，则直接回转（见图 6-13）。

最大间隙策略与中点回转策略相似，但在最大间隙策略下，分拣人员最远可到达最大间隙而非中点。

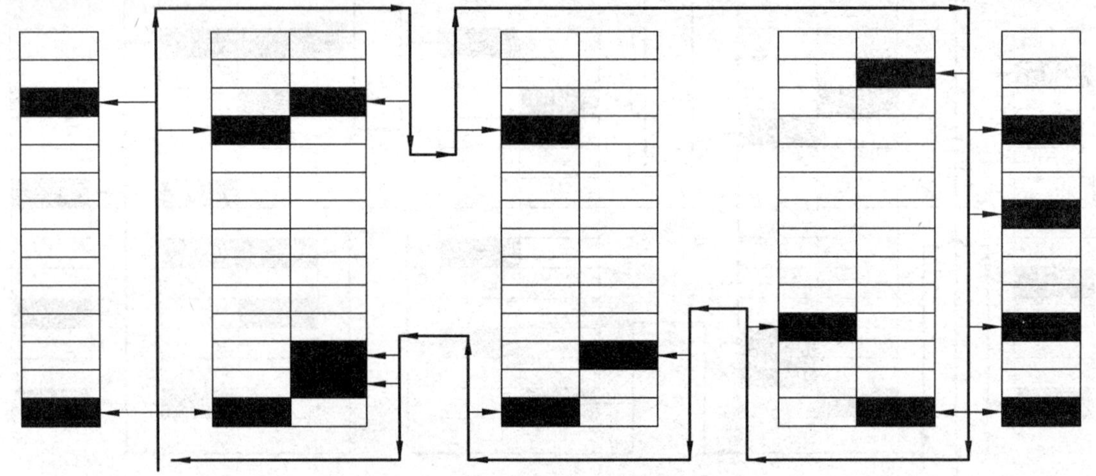

图 6-13　最大间隙

6. 通道接通道策略

分拣员从入口处开始，然后进入最左边的有待取物品的通道，当一个纵向通道内的所有货品拣选完时，接着选择一个横向通道进入下一个纵向通道（见图 6-14）。

通道接通道策略是针对具有多个横向通道仓库的启发式方法。一般来讲，每个纵向通道只访问 1 次。该方法需要确定从一个纵向通道向下一个纵向通道过渡的横向通道。

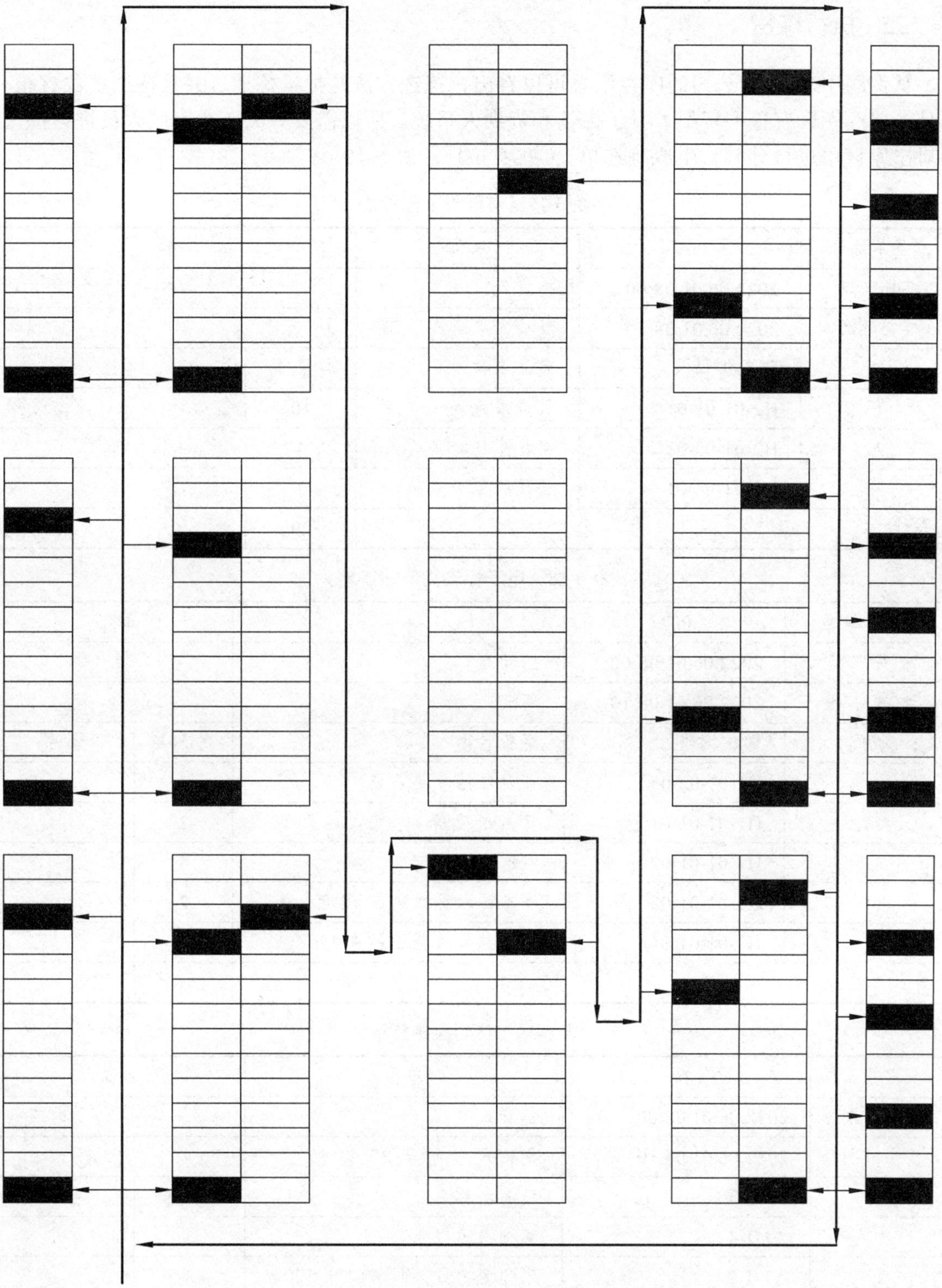

图 6-14　通道接通道

二、执行拣货

从例题中对 3 家公司的库存汇总可以看出，拣选方法是批量拣选，并且拣选单位有箱和单品，拣选库区有重型货架、电子标签和货到人系统。所以需要分派 3 个库区人员进行拣选，并对出库订单进行分割，生成拣选单。（见表 6-17 ~ 表 6-19）

表 6-17　重型货架拣货单

拣货单编号	001	单位	箱	
拣货日期	2022.06.01 08:00	拣货人		
核查时间	2022.06.01 08.10	复核人		
序号	储位编码	商品名称	数量/箱	备注
1	H2-01-01-01	贝贝果蔬泥	10	
2	H2-01-03-01	烤花生仁	3	
3	H2-01-04-01	松鼠牌混合坚果	7	
合计			20	

表 6-18　电子标签货架拣货单

拣货单编号	002	单位	单品	
拣货日期	2022.06.01 08:00	拣货人		
核查时间	2022.06.01 08.10	复核人		
序号	储位编码	商品名称	数量/箱	备注
1	H1-01-02-05	日天自粘性便条纸	3	
2	H1-01-01-01	三 A 扑克牌	2	
3	H1-01-01-02	广意不锈钢碗	4	
4	H1-01-01-03	晨光可水洗水彩笔 12 色	2	
5	H1-01-01-04	得力办公黑色长尾夹 12 只	5	
合计			16	

表 6-19　货到人拣货单

编号	3	单位	单品	
拣货日期	2022.06.01 08:00	拣货人		
核查时间	2022.06.01 08.10	复核人		
序号	储位编码	商品名称	数量/箱	备注
1	A1-1-1	康师傅冰红茶	5	
2	A1-1-2	康师傅冰红茶柠檬口味 500 mL	8	
3	A1-1-3	可口可乐零度汽水 330 mL	6	
4	A1-1-4	美汁源白葡萄+槐花 420 mL	8	

续表

编号	3	单位	单品	
5	A1-1-5	美汁源果粒橙 450 mL	7	
6	A1-1-6	美汁源果粒奶优草莓味＋椰果粒 450 mL	3	
7	A1-1-7	名仁苏打水 375 mL	5	
8	A1-1-8	统一冰糖雪梨 500 mL	3	
9	A1-1-9	小明红茶	7	
10	A1-1-10	雪碧 300 mL	4	
合计			56	

根据拣货单的物资数量，拣货人员进行拣货完成后使用周转箱进行暂存。货到人系统因为自带播种系统，可以直接对货物应对客户直接播种，完成拣货后即可进入理货作业。

任务三　理货作业

完成拣选后需要对出库物资进行理货作业。理货作业是指将拣选出的物资根据用户或配送路线进行分类，经过配货检查，装入容器中，并做好标识，如不需要进行流通加工的物资即可集中放置在理货暂存区（等待装车后发送）的作业过程。

一、理货作业流程

（一）分类

分拣作业完成后，理货作业首先要对分拣出来的货物根据用户或配送路线进行分类，集中放置在集货暂存区。如果在拣货的同时已经完成了分类，这一步就可以省略了。如货到人系统自带播种墙，拣货订单完成后可以直接进入播种墙，按照客户订单进行播种完成理货。常用分类方法有人工分类、旋转货架分类、自动分类机分类等。

（二）理货检查

分类后需要进行理货检查，以保证发运前的货物品种、数量、质量无误。为了提高人工检查的效率，可以将货物有规律地放置，如：进行“五五化”堆码等以便于点数；可采用称重的办法先称出货物的总重量，再对照货物的单位重量，计算并核对配货数量；还可以采用抽查的方法。现代 RFID 技术相对成熟，可以使用一些信息技术进行检查，如通过扫描货物上条形码进行理货检查。

（三）包装，标识

一般来说，理货检查后还要对某些单品物资进行重新包装、打包，以保护物资，提高运输效率，同时也能满足配送需求，完整地将物资配送到客户指定目的地，同时也可以帮助识别各自的物资等。包装也是产品信息的载体，通过扫描包装上的条码还可以进行货物跟踪，包装上的装卸搬运说明可以指导配送人员对物资进行正确操作。

二、理货作业方法

（一）摘果方式

摘果方式与前面拣货方式中的摘果方式类似，是指搬运车往返于保管场所，以某个货位上取下某种商品巡回完毕后就完成了理货，接着再进行下一个理货，通常每次只为一个客户服务。因此，理货作业的主要内容是对货物进行包装作业，以保护货物方便发运。

一般来讲，如果整托盘拣取的货物允许整托盘发运，那么需要进行固定作业，也就是用包装膜或绳索将货物固定在托盘上；如果整托盘拣取的货物不采取托盘运输，那么需要将货物先从托盘卸下，然后将其进行捆装；对于整箱拣取的货物，一般需要进行捆包作业；单件拣取的货物则进行装箱作业，以免货物丢失或损坏。

（二）播种方式

播种方式与前面拣货方式中的播种方式类似，是指将需要配送数量较多的同种商品集中搬运到发货场所，然后将每一货物所需的数量取出，分放到每个订单或者客户货位处，直至配货完毕，然后再将下一种商品按上述方法继续配货。播种方式每次拣取的货物是为多个客户服务的，因此，其配货作业通常如摘果方式。

按照拣选单拣选后对应客户需求进行播种理货，所以需要生成点拣单（表 6-20 ~ 表 6-22）。

表 6-20　MJ 便利店点拣单

订单编号：001				
点检员：		时间		
复核员：		时间		
序号	商品名称	单位	订购数量	备注
1	贝贝果蔬泥	箱	5	
2	松鼠牌混合坚果	箱	4	
3	统一冰糖雪梨 500 mL	瓶	1	
4	可口可乐零度汽水 330 mL	瓶	4	
5	美汁源果粒奶优草莓味＋椰果粒 450 mL	瓶	1	
6	雪碧 300 mL	瓶	2	
7	名仁苏打水 375 mL	瓶	2	
8	小明红茶	瓶	3	
9	康师傅冰红茶	瓶	2	
10	美汁源果粒橙 450 mL	瓶	3	
11	美汁源白葡萄+槐花 420 mL	瓶	2	
合计			29	

表 6-21　HJ 便利店点拣单

订单编号：002				
点检员：		时间		
复核员：		时间		
序号	商品名称	单位	订购数量	备注
1	贝贝果蔬泥	箱	2	
2	烤花生仁	箱	3	
3	统一冰糖雪梨 500 mL	瓶	2	
4	可口可乐零度汽水 330 mL	瓶	2	
5	美汁源果粒奶优草莓味＋椰果粒 450 mL	瓶	2	
6	雪碧 300 mL	瓶	2	
7	名仁苏打水 375 mL	瓶	3	
8	小明红茶	瓶	4	
9	康师傅冰红茶	瓶	3	
10	美汁源果粒橙 450 mL	瓶	2	
11	美汁源白葡萄+槐花 420 mL	瓶	4	
12	广意不锈钢碗	个	2	
合计			31	

表 6-22　WNS 便利店点拣单

订单编号：003				
点检员：		时间		
复核员：		时间		
序号	商品名称	单位	订购数量	备注
1	贝贝果蔬泥	箱	3	
2	松鼠牌混合坚果	箱	3	
3	康师傅冰红茶柠檬口味 500 mL	瓶	8	
4	三 A 扑克	副	2	
5	得力办公黑色长尾夹 12 只	盒	5	
6	日天自粘性便条纸	包	3	
7	晨光可水洗水彩笔 12 色	盒	2	
8	美汁源果粒橙 450 mL	瓶	2	
9	美汁源白葡萄+槐花 420 mL	瓶	2	
10	广意不锈钢碗	个	2	
合计			32	

完成理货作业后对散货进行打包、包装，对整箱出库的商品捆扎后即可进入月台进行配送运输。

【延伸阅读】物流包装

一、包装容器

1. 瓦楞纸箱

瓦楞纸箱是采用具有空心结构的瓦楞纸板，经过成型工序制成的包装容器，是纸制容器中应用最广泛的包装容器，多采用包括单瓦楞、双瓦楞、三瓦楞等各种类型的纸板作包装材料，大型纸箱所装载货物重量可达 3 000 kg。瓦楞纸箱具有价格低廉、牢固、利于运箱装卸、包装防护性能良好、便于自动化机械化加工生产、表面印刷性能好、可以回收利用、有利于环境保护等优点，所以在储运包装和运输包装中，使用范围最广、用量最大。瓦楞纸箱因为材质原因也有一些不足之处，主要是抗压强度不足和防水性能不好，这会影响瓦楞纸箱对商品的保护功能的实现。近年来，纸箱设计中抗压强度的提高以及物流环境的变化，如装卸次数减少，存放时间缩短，堆码高度降低，自动化立体仓库的应用，集装箱和托盘包装对纸箱形成保护等，对纸箱的这两项性能要求也就降低了，使纸箱的不足得到弥补，从而得以在更大范围内应用。

2. 木箱

木箱是一种传统包装容器，虽然在很多情况下已逐步被瓦楞纸箱取代，但木箱与瓦楞纸箱相比，在某些方面仍有其优越性和不可取代性。加上目前木箱还比较适合我国包装生产和商品流通的现状，所以木箱在整个运输包装容器中仍占有一席之地。常见的木箱有木板箱、框板箱和框架箱 3 种。

3. 塑料箱

塑料箱一般用作小型运输包装容器，它的自重轻、耐蚀性好、可装载多种物资，整体性强，强度和耐用性能满足反复使用的要求，可制成多种色彩对装载分类。而且与木箱相比，塑料箱没有木刺、不易伤手，便于手握搬运。

4. 包装罐

包装罐是罐身各处横截面形状大致相同，罐颈短，罐颈内径比罐身内径稍小或无罐颈的一种包装容器，是刚性包装的一种。包装罐的材料强度较高，罐体抗变形能力强。包装时是装填操作，然后将罐口封闭，可做运输包装、外包装，也可做商业包装、内包装用。常见包装罐按照尺寸大小主要分为小型包装罐、中型包装罐、集装罐。

5. 集装袋

集装袋是世界上工业散货等包装运输的主要容器之一，在化工、矿业农业、建材等行业应用非常广泛，近年来发展很快。集装袋又称吨袋、太空袋，是一种中型散装容器。集装袋使用范围广泛，主要适用于化工原料、食品添加剂、医药添加剂、建筑材料等行业，适合于装运颗粒状、粉状的货物，如谷物、食盐、食糖、化肥、化工原料、饲料和水泥等，是颗粒、粉粒状货物包装运输的一次革命，近年来有取代粉状货物传统纸袋和塑料袋包装的趋势。

二、包装标识

中华人民共和国国家质量监督检验总局，中国国家标准化管理委员会 2008 年 4 月 1 日发布《包装储运图示标志 GBT 191—2008》，2008 年 10 月 1 日实施。

包装标识如表 6-23 所示。

表 6-23 包装标识

序号	标志名称	图形符号	标志	含义	说明及示例
1	易碎物品			表明运输包装内装易损物品，搬运时应小心	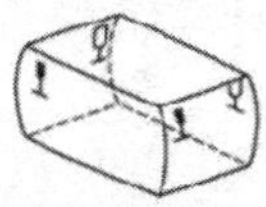
2	禁止手钩			表明搬运运输包装件时禁止手钩	
3	向上		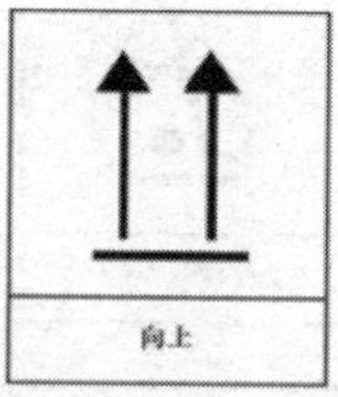	表明该运输包装件在运输时应竖直向上	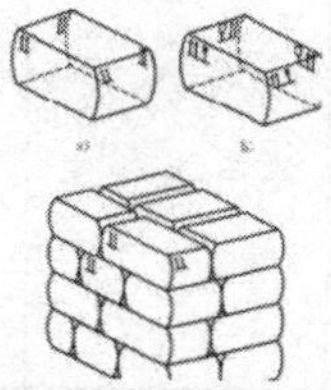
4	怕晒		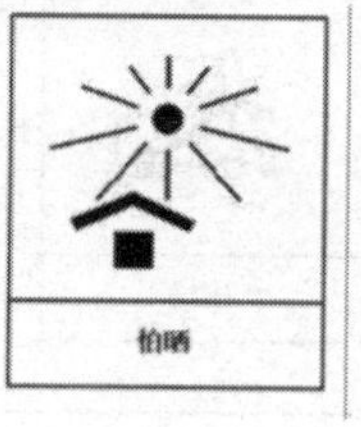	表明该运输包装件不能直接照晒	
5	怕辐射		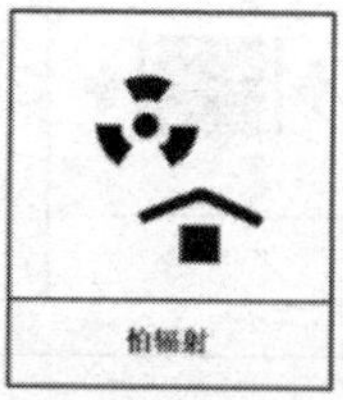	表明该物品一旦受辐射会变质或损坏	
6	怕雨			表明该运输包装件怕雨	

续表

序号	标志名称	图形符号	标志	含义	说明及示例
7	重心	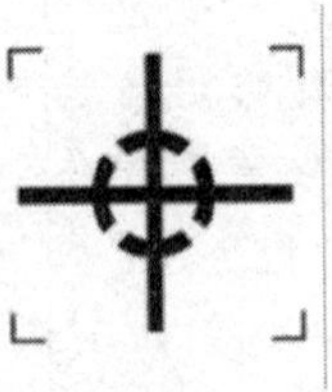	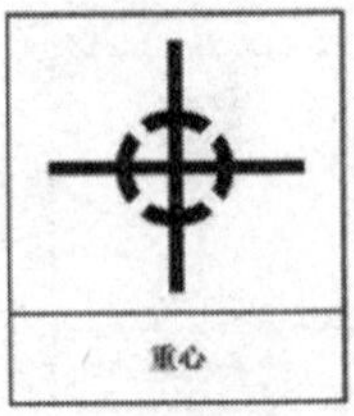	表明该包装件的中心位置，便于起吊	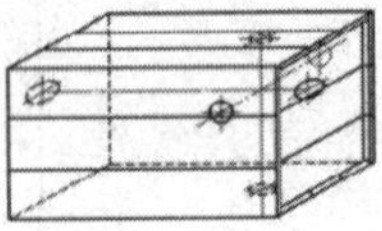
8	禁止翻滚			表明搬运时不能翻滚该运输包装件	
9	此面禁止使用手推车			表明搬运货物时此面禁止放在手推车上	
10	禁用叉车		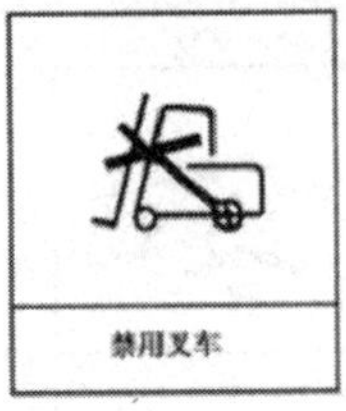	表明不能使用升降叉车搬运的包装件	
11	由此夹起			表明搬运货物时可用夹持的面	
12	此处不能夹			表明搬运货物时不可用夹持的面	

续表

序号	标志名称	图形符号	标志	含义	说明及示例
13	堆码质量极限			表明该运输包装件所能承受的最大质量直线	
14	堆码层数极限	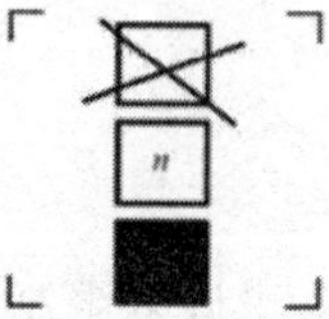	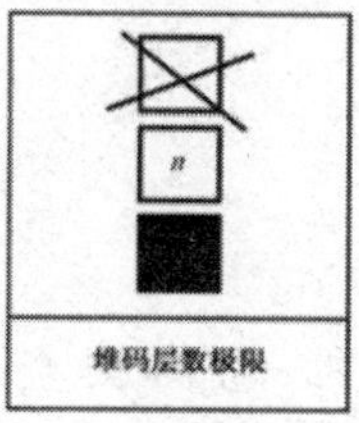	表明可堆码相同运输包装件的最大层数	包含该包装件，表示从底层到顶层的总层数
15	禁止堆码		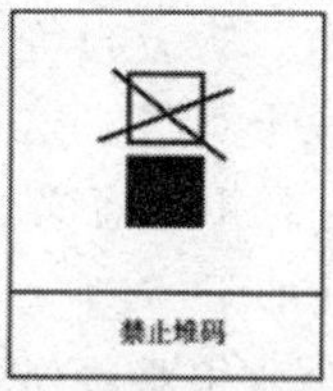	该包装件只能单层放置	
16	由此吊起	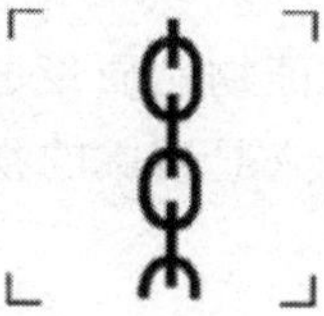	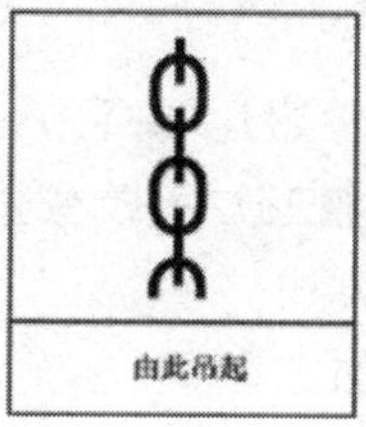	表明起吊货物时挂绳索的位置	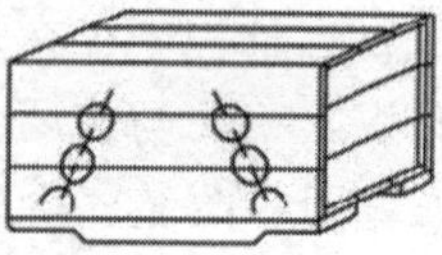
17	温度极限		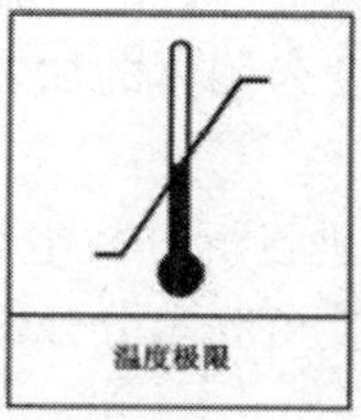	表明该运输包装件应该保持的温度和范围	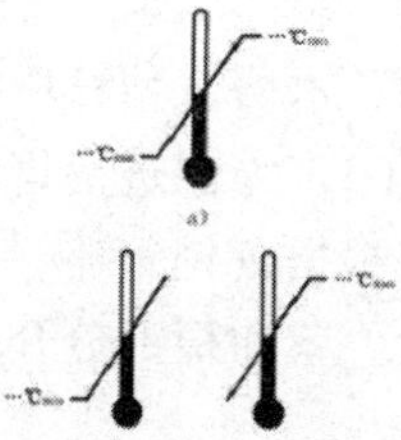

【**思考题**】设计理货流程图。

任务四　流通加工

一、流通加工的概念

流通加工是为了提高物流速度和物品的利用率，在物品进入流通领域后，按客户的要求进行的加工活动，即在物品从生产者向消费者流动的过程中，为了促进销售、维护商品质量和提高物流效率，对物品进行一定程度的加工。具体来说，流通加工是指物品在从生产者向消费者流通过程中，为了增加附加价值，满足客户需求，促进销售而进行简单的组装、剪切、套裁、贴标签、刷标志、分类、检量、弯管、打孔等加工作业。

二、流通加工作业形式

（1）为弥补生产领域加工不足的加工。

某些产品在生产领域中的加工只能到一定程度，这是由于许多限制因素限制了生产过程中不能完全实现最终的加工。例如，木材如果在产地完成成品加工，则会给运输造成极大困难，因此原材料生产领域只能加工成圆木、板方材等。进一步的下料、切裁、处理等则由流通加工完成。类似的还有钢板剪裁、套裁下料等。这种流通加工实际上是生产的延续，是生产加工的深化，对弥补生产领域加工不足有重要意义。

（2）为满足需求多样化进行的服务性加工。

市场的需求各式各样、变化莫测，企业很难经济、快速地满足这种变化，而流通加工可以满足这种要求，如鲜花包装等。

（3）为保护产品所进行的加工。

物流过程中存在运输、储存、装卸、搬运等环节，保证物品质量、减少损坏是物流的重要职责之一。与前两种加工不同，这种加工并不改变进入流通领域的物的外形及性质，主要采取稳固、改装、冷冻、保鲜、涂油等方式。

（4）为提高物流效率，方便物流的加工。

一些产品本身的形态使之难以进行物流操作，如鲜鱼的装卸、储存操作困难，特殊设备搬运、装卸困难，气体物流运输、装卸困难等，进行流通加工，可以使物流各环节易于操作。例如，木屑、秸秆压缩成型加工，液体变为固体的加工，水产品的冷冻加工等。

（5）为促进销售的流通加工。

根据营销策略，对一种或几种物品进行拆分或组合包装，或对物品进行细分切割（如植物叶、茎和根部分开销售，鱼头、鱼尾、鱼肚等分开销售）等。

【项目作业】

完成出库作业流程设计。

项目七 配送管理

仓配一体化发展趋势必不可免，A 公司传统做配送流程是将仓配区分开来的，造成部分作业流程冗余。为避免作业效率降低，项目已经定位为仓配一体化，故需要设计配送作业流程。作业流程设计要匹配前端入库、在库、出库作业环节，并且需要匹配现代仓配一体化基本需求。

学习目标

【知识目标】

掌握配送管理的流程设计；

理解配送路径规划，车辆调用的方法以及车辆配载的基本理论。

【技能目标】

能够正确地制定配送作业流程，科学地使用配送路径规划的方法和车辆调用方法以及车辆配载。

【素质目标】

建立事务关联逻辑思维能力；

学会基本订单管理，能够准确使用质量分析和数量分析；

培养基本运筹管理思想。

任务一 配送管理概述

合理的配送管理旨在将规定物资在规定的时间内以客户需求的数量和价格送达正确的地点。所以配送管理是对配送作业流程、配送人员和配送信息的综合管理，具体流程如图 7-1 所示。

传统配送是指在经济合理区域范围内，根据用户的订货要求，对物品进行拣选、加工、包装、分割组配等作业，并按时送达客户指定地点的物流活动。从定义可以看出，其主要活动是对仓库作业的补充和完善，传统配送作业与仓储作业完全割裂，互不干扰，但是随着仓配一体化的发展趋势，传统的配送作业已经不再是对仓储作业的补充而是延续的关系，形成流程中的后续主要作业流程，传统配送作业中的拣选、加工、包装、分割等作业已经在仓配一体化中的在库作业和出库作业完成，所以后续配送作业应是对配送的管理，是仓配一体化发展趋势中的重要步骤，也是仓配一体化从静态到动态的衔接。

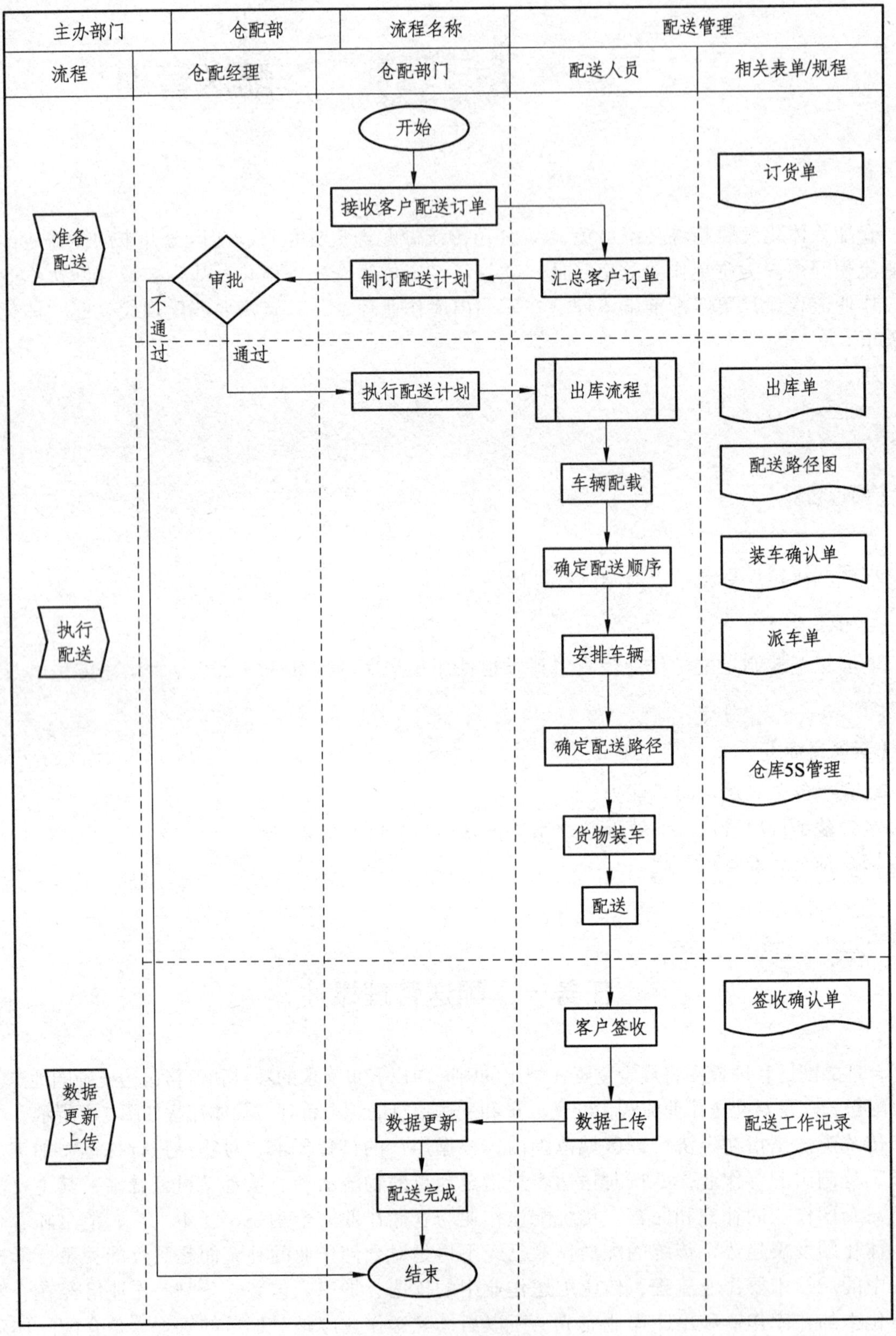
主办部门
仓配部
流程名称
配送管理
流程
仓配经理
仓配部门
配送人员
相关表单/规程
准备配送
执行配送
数据更新上传
开始
接收客户配送订单
汇总客户订单
制订配送计划
审批
不通过
通过
执行配送计划
出库流程
车辆配载
确定配送顺序
安排车辆
确定配送路径
货物装车
配送
客户签收
数据上传
数据更新
配送完成
结束
订货单
出库单
配送路径图
装车确认单
派车单
仓库5S管理
签收确认单
配送工作记录

图 7-1　配送管理流程

任务二　配送作业流程管理

一、配送计划

配送作业流程中配送的范围是在经济合理的区域范围内进行的，所以这是配送与运输的主要区别之一。由此可见，配送管理是科学地对在合理经济范围内的优化路线运输和配送车辆进行配载。科学地制订配送计划可以有效帮助管理配送流程。

（一）配送计划的概念

配送计划是指仓配中心在一定时间内编制的生产计划。它是仓配中心生产经营的首要职能和中心环节。配送计划的主要内容应包括配送的时间、车辆选择、货物装载以及配送路线、配送顺序等的具体选择。

（二）配送计划的种类

1. 配送主计划

配送主计划是指针对未来一定时期内，对已知客户需求进行前期的配送规划，便于对车辆、人员、支出等做统筹安排，以满足客户的需要。例如双“11”和“618”电商活动日都会为快递企业带来大量订单，各个物流快递仓配中心以及物资仓配中心都会依据历史数据预测活动期间的配送需求，并据此制订配送主计划，提前安排车辆、人员等，以保证配送效率。

2. 日配送计划

日配送计划是仓配中心逐日进行实际配送作业的调度计划。例如，订单增减、取消、配送任务细分、时间安排、车辆调度等。制订日配送计划的目的是使配送作业有章可循，与配送主计划相比，配送中心的日配送计划更具体、频繁。

3. 特殊配送计划

特殊配送计划是针对仓配中心对突发事件或不在主计划规划范围内的配送业务，或不影响正常性每日配送业务所做的计划，是对配送主计划和日配送计划的必要补充。

【案例分析】疫情之下的配送业务

2022 年上海新冠肺炎疫情暴发后，4 月 15 日上海“饿了么”平台公司推出“应急特需”服务（见图 7-2）。该服务面向独居老人、孕妇、.婴幼儿、残障人士等重点人群，提供一个应急服务的渠道。该服务区别于日常配送需求和平台响应需求，主要为特殊重点人群服务。

（三）配送计划的内容

配送计划包含运输计划、配送路线优化、送达服务方式等的制订。

（1）按日期排定用户所需商品的品种、规格、数量、送达时间、送达地点、送货车辆与人员等。

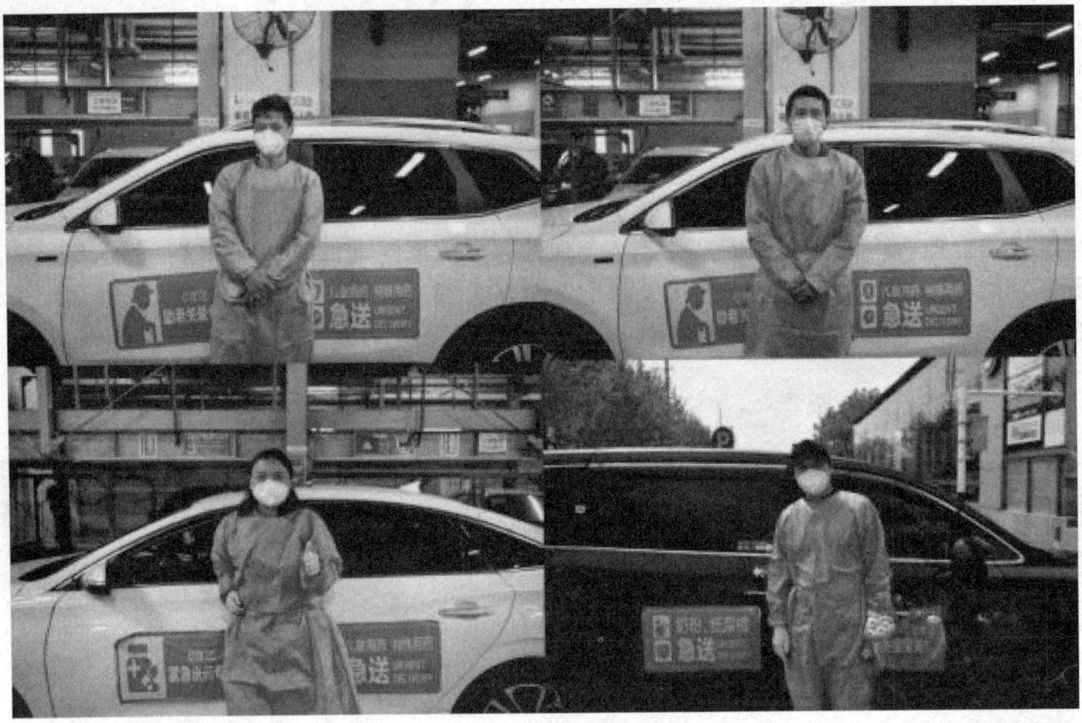

图 7-2　上海应急物流

（2）优化车辆行走路线与运送车辆次数，并将送货地址和车辆行走路线在地图上标明或在表格中列出。需要考虑配送距离、时长、成本做出最优判断，同时还需要考虑客观因素如交通管制、道路高峰运行时间以及客户特殊需求等。因此，确定配送批次顺序应与配送线路优化综合起来考虑。

（3）按用户需要的时间并结合运输距离确定起运提前期。

（4）按用户要求选择送达服务方式。配送计划确定之后，向各配送点下达配送任务。依据计划调度运输车辆、装卸机械及相关作业班组与人员，并指派专人将商品送达时间、品种、规格、数量通知客户，让客户按计划准备好接货工作。

二、编制配送计划

（一）编制配送计划的依据

配送计划的产生是依据仓配作业中所产生的客户订单，配送计划需要根据客户需求来精准制订，所以客户的订单需求、配送需求、配送物资基本信息、运输条件是决定配送计划制订的主要依据。

（1）客户订单。仓配中心作业流程中最主要的依据是客户订单。客户订单将客户对物资的基本需求一一呈现，如物资的品种、规格、数量、送货时间、送达地点、收货方式等。因此，客户订单是拟订配送计划的最基本的依据。

（2）客户分布（运输路线、距离）。客户分布是指客户的地理位置分布。客户位置离配送据点的距离长短、配送据点到达客户收货地点的路径选择，直接影响输送成本。

（3）配送物资基本信息，如体积、形状、重量、性能、运输要求及优化装载、配载方案。这些因素是决定运输方式、车辆种类、载重、容积、装卸设备的制约因素。

（4）运输、装卸条件。运输道路交通状况、运达地点及其作业地理环境、装卸货时间、天气气候等对输送作业的效率也起较大的约束作用。

以上 4 个条件中，客户订单决定了配送的先后顺序，客户分布与配送物资的基本信息决定了物资配装计划、车辆选择以及配送路线的制定，所以如何科学地选择和制定配送路线，选择合适的车辆配装以及优化的路径运输是配送计划编制的重要条件。

（二）配送计划编制步骤

在充分掌握物资配送的条件后，根据以上所列的必需的信息资料，由电子计算机编制并最后形成配送计划表，或由计算机直接向具体执行部门下达指令。

其主要步骤如下：

（1）按日汇总各用户需求资料，用地图表明、矩阵表格列出。

（2）计算各用户送货所需时间（包括装卸时间），以确定起送提前期，采用规划求解法完成。

（3）确定每日各配送点的配送计划和可用的资源，可用图上或表上作业法完成，最好用规划求解完成。

（4）按计划的要求选择配送手段。

（5）以表格形式拟订出详细配送计划。

【思考题】配送计划编制流程？

三、数量分析

在配送计划编制过程中不仅需要考虑配送 4 大主要依据，其中客户订单决定了配送的先后顺序，客户分布与配送物资的基本信息决定了物资配装计划、车辆选择以及配送路线的制订，所以如何科学地选择和制定配送路线，选择合适的车辆配装以及优化的路径运输是配送计划编制的重要条件。常用的车辆配载方法有经验调度法、运输定额法、规划解、图上作业法、成本最低法，配送路径优化有节约里程法则、最短路径法等。

（一）车辆调度

车辆调度是指根据物资种类、数量，以及车辆类型和数量，配送中心具体位置和辐射范围，客户送达需求等合理安排车辆，最大限度地满足客户配送需求，是通过运筹学等方法，科学地对现有数据进行分析的过程，最终满足物流管理的基本需求，实现高效率、低成本。常用的车辆调度方法有经验调度法、运输定额和规划解法。

车辆调度流程如图 7-3 所示。

1. 经验调度法

经验调度法是根据实际工作过程中累计经验所得。

【例 7-1】某配送中心，2022 年 4 月 30 日需要为客户配送建材。其中，水泥 580 t、盘条 500 t 及不定量的木材。因为木材需求数量不稳定，配送数量根据当天结余配送量进行配载。该中心有 3 种类型汽车，汽车概况如表 7-1 所示。由于交通管制等原因每辆汽车只能运送物资

一次，请问如何派出车辆？（不考虑配送范围）

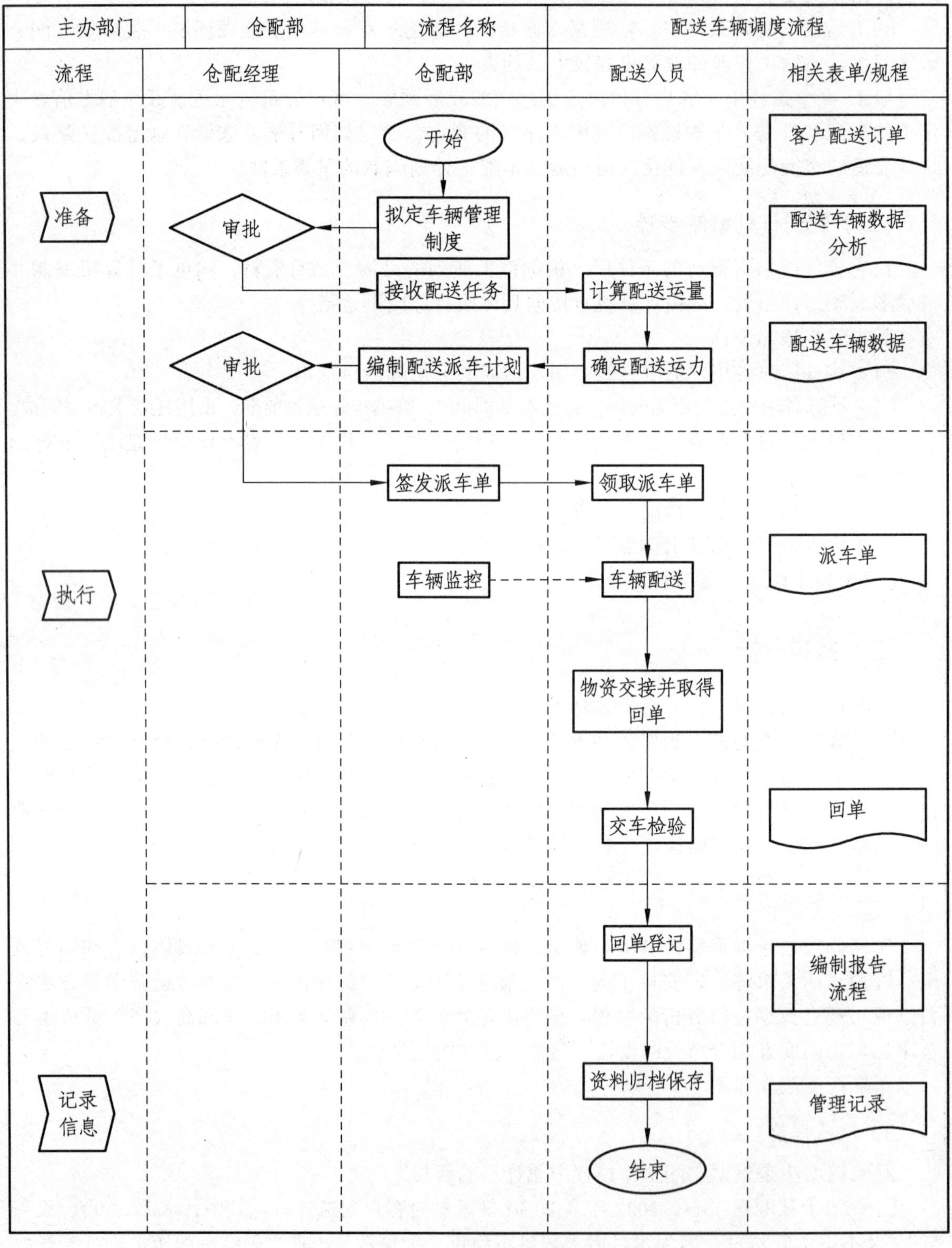

图 7-3　车辆调度流程

表 7-1　汽车概括

车辆	车辆限重/t	数量/辆	总配载/t
大车	20	20	400
中车	18	20	360
小车	16	30	480
合计		70	1 240

解：按照经验调度法可以看出运送物资中水泥重量最大，所以优先考虑使用大车对水泥配载，其次是盘条，最后剩余配载量考虑木材（见表 7-2）。

表 7-2　车辆配载

物资名称	车型	大车	中车	小车	合计
水泥	限重/t	20	18	16	
	需求车辆/辆	20	10		30
	装载量/t	400	180		580
盘条	限重/t	20	18	16	
	需求车辆/辆		10	20	30
	装载量/t		180	320	500
合计	合计配载量/t	1 080			
	合计车辆/辆	60			

由上表可见，运输水泥需要 20 辆大车和 10 辆中车，总计配送量满足客户需求 580 t，因为水泥配送已经派完大车，所以盘条需要 10 辆中车和 20 辆小车共计 30 辆汽车满足客户需求 500 t 配送。满足水泥和盘条配载后配送中心还余下小车 10 辆共计 160 t 的配载量分配给木材运输。

最终分配计划如表 7-3 所示。

表 7-3　分配计划

物资名称	大车	中车	小车
水泥	20	10	—
盘条	—	10	20
木材	—	—	10
合计	20	20	30

该方法适合车辆、配送物资相对单一，配送客户相对固定，需求计划固定的配送中心。

优点是易于掌控，但是优化程度不高，缺乏灵活性和应急性，容易出错。

2. 线性规划

线性规划的关键是建立数学模型和约束条件，首先是确定目标函数。该类问题追求运输量最大，总运输量等于各种运输总和，所以目标函数为货物配比和汽车配载最大，约束条件为车辆数量约束和货物需求约束，同时车辆数量求解时只能为整数。

【例 7-2】某配送中心，2022 年 4 月 30 日需要为客户配送建材其中包含水泥 580 t，盘条 400 t 及不定量的木材。因为木材需求数量不稳定，配送数量根据当天结余配送量进行配载。该中心有 3 种类型汽车，汽车配载情况根据物资的不同，实际配载吨数不同，概况如表 7-4 所示。由于交通管制等原因，每辆汽车只能运送物资一次，请问如何派出车辆？（不考虑配送范围）

表 7-4 车辆概况

车辆	车辆限重/t			数量/辆
	水泥限重	盘条限重	木材限重	
大车	20	17	14	20
中车	18	15	12	20
小车	16	13	10	30
合计	580	400		70

解：线性规划求解最关键的是建立目标函数，从题目可知最终需要解决 3 种车辆派出的数量与 3 种物资的配比，所以 3 种车辆类型为 m=3，3 种物资类型为 n=3，则需要有 $mn=3\times3=9$ 个变量，将变量设置为 X_{ij}。其中，i 为车辆类型 1，2，3。j 为物资类型 1，2，3。其中因为水泥和盘条的总重已知分别为 580 t 和 400 t，所以配送的总重量已知，只有木材物资运输总重为变量。其中 C_{ij} 为运输定额，K_i 为车辆数量，Q_j 为物资需求量，所以目标函数为：

$$\max Z=580+400+C_{33}X_{33}$$

约束条件为

$$\begin{cases} X_{11}+X_{12}+X_{13}=20 \\ X_{21}+X_{22}+X_{23}=20 \\ X_{31}+X_{32}+X_{33}=30 \\ 20X_{11}+18X_{12}+16X_{13}\leqslant 580 \\ 17X_{21}+15X_{22}+13X_{23}\leqslant 400 \\ X_{ij}\geqslant 0 \end{cases}$$

该模型求解需要通过相关软件或使用线性规划迭代进行计算。计算结果有多种方案，具体见表 7-5 和表 7-6。

表 7-5 方案一

车辆	水泥			盘条			木材			数量/辆
	数量/辆	限重/t	配载重量/t	数量/辆	限重/t	配载重量/t	数量/辆	限重/t	配载重量/t	
大车	1	20	20	10	17	170	9	14	126	20
中车	9	18	162	11	15	165	0	12	0	20
小车	25	16	400	5	13	65	0	10	0	30
合计	35		582	26		400	9		126	1 108
实际需求运输量			580			400			126	1 106

方案一：水泥需要 35 辆汽车，分别为大车 1 辆，中车 9 辆，小车 25 辆；盘条需要 26 辆汽车，分别为大车 10 辆，中车 11 辆，小车 5 辆；木材需要 9 辆大车。

表 7-6 方案二

车辆	水泥			盘条			木材			数量/辆
	数量/辆	限重/t	配载重量/t	数量/辆	限重/t	配载重量/t	数量/辆	限重/t	配载重量/t	
大车	3	20	60	8	17	136	9	14	126	20
中车	5	18	90	15	15	225	0	12	0	20
小车	27	16	432	3	13	39	0	10	0	30
合计	35		582	26		400	9		126	1 108
实际需求运输量			580			400			126	1 106

方案二：水泥需要 35 辆汽车，其中大车 3 辆，中车 5 辆，小车 27 辆；盘条需要 26 辆 8 辆大车，15 辆中车，3 辆小车；木材需要 9 辆大车。

以上两组求解都满足约束条件，所以在实际制订配送计划中可以根据不同需要进行配载。

【例 7-3】某配送中心有一批木材需要配送到广州，货物总重为 72.3 t，有 4 种型号车辆选择，车辆数量和限定载重如表 7-7 所示。考虑成本最小，求解配送中心需要调度车辆的数量和类别？

表 7-7 车辆概况

车型	小型厢式货车	中型厢式货车	大型厢式货车	载重货车
数量/辆	8	12	12	6
载重限额/t	1.4	2.9	4.8	7.5
运费/元	600	800	1 200	1 500

解：题目中对于物资配送需求是费用最小的情况下求解最优货车配比，所以设 4 种货车使用数量为 X_1，X_2，X_3，X_4，总运费为 Z。

目标函数为：$\min Z=600X_1+800X_2+1\,200X_3+1\,500X_4$

约束条件为：

$$\begin{cases}1.4X_1+2.9X_2+4.8X_3+7.5X_4\leqslant 72.3\\X_1\leqslant 8\\X_2\leqslant 12\\X_3\leqslant 12\\X_4\leqslant 6\\X_1,X_2X_2X_4\geqslant 0\end{cases}$$

通过求解可得：X_1=0，X_2=0，X_3=6，X_4=6，实际可以装载 73.8 t，实际只需要 72.3 t。所以车辆三或者车辆四少装 1.5 t 即可，总运费为 16 200 元。

3. 表上作业法

表上作业法是求解运输问题的一种简单有效的方法，虽然其求解过程是在表格中实现的，但是仍旧是线性规划中的单纯形法。计算步骤归纳如下：

（1）先按照规则找出一个初始解，即在产销平衡表中给出 $m+n-1$ 个数字格。

（2）再对现行解做出最优判断，求各非基变量的检验数，在表格上计算空格检验数，判别是否最优，如果达到最优则停止计算，未达到则进入下一步。

（3）对运输表进行调整，确定换入变量和换出变量，找出新的可行解后再进行判别。

表上作业法的初始方案判别一般是最小元素法。最小元素法在本书项目三外部选址中运用过，另外还有 Vogle 法、闭合回路、位势法等。因篇幅有限，本书只介绍最小元素和 Vogle 法。

（1）最小元素法。

【例 7-4】某配送中心 A1，A2，A3 需要往 B1，B2，B3，B4 配送物资，需求量和配送量、单位运价如表 7.8 所示。求最优调运方案。

表 7-8　配送中心概况

配送中心	B1	B2	B3	B4	配送量
A1	3	11	3	10	7
A2	1	9	2	8	4
A3	7	4	10	5	9
需求量	3	6	5	6	
单位：t					
单位：元/t					

解：从表 7-8 中找出最小运价为 1 元/t，即 A2 往 B1 的运费，所以 A2 往 B1 优先配送，则在表 7-9 中优先满足 B1 的需求 3 t，最终 A2B1 填 3，即 A2 给 B1 配送 3 t。

表 7-9　配送概况

配送中心	B1	B2	B3	B4	配送量
A1					7
A2	3				4
A3					9
需求量	3	6	5	6	
单位：t					

观察表 7-8 最小的运费为 A2B1 的 1 元，上边已经满足 B1 需求 3 t，但是 A2 配送中心可以配送 4 t，余下 1 t 配送量需要寻找运费相对合适目的地进行配送，其中 A2B3 运费为 2 元/吨，所以 A2 剩余 1 t 配送量配送 B3，即在 A2B3 填写 1（见表 7-10），与此同时 A2 配送中心运力已经配比完成。

表 7-10　配送详情（1）

配送中心	B1	B2	B3	B4	配送量
A1					7
A2	3		1		4
A3					9
需求量	3	6	5	6	
单位：t					

观察表 7-8 中除去 1 元和 2 元的运费后是 3 元的运费，分别是 A1B3 和 A1B1，其中 B1 的需求已经被满足，所以只需要考虑 A1B3 调运问题，同时 B3 之前被 A2 调运 1 吨，还需要 4 t，所以 A1 调运 4 t 给 B3 满足 B3 需求。所以 A1B3 填 4（见表 7-11），同时 B3 需求也被满足。

表 7-11　配送详情（2）

配送中心	B1	B2	B3	B4	配送量
A1			4		7
A2	3		1		4
A3					9
需求量	3	6	5	6	
单位：t					

观察表 7-8 中运费为 4 元的是 A3B2，其中 A3 可以调运 9 t，B2 需求 6 t，所以 A3 配送 B2 6 t，满足 B2 需求，A3B2 填 6（见表 7-12），即 B2 被满足。

表 7-12 配送详情（3）

配送中心	B1	B2	B3	B4	配送量
A1			4		7
A2	3		1		4
A3		6			9
需求量	3	6	5	6	
单位：t					

最后同理将表格中最后未被满足的 B4 需求地寻找最低运费进行配比后得出表 7-13，也即最初调运方案。

表 7-13 最初调运方案

配送中心	B1	B2	B3	B4	配送量
A1			4	3	7
A2	3		1		4
A3		6		3	9
需求量	3	6	5	6	
单位：t					

供需平衡下所有配送中心运力配给完成，对应表 7.8 运费加成总运费。

3×1+6×4+3×4+1×2+3×10+5×3=86（元）

此方案中的总运费为 86 元。

（2）Vogle 法。

用最小元素法确定初始方案只从局部观点考虑就近供应，可能造成总体的不合理。Vogel 法的步骤是从运价表上分别找出每行与每列最小的两个元素之差，再从差值最大的行或列中找出最小运价，确定供需关系和供应数量。当产地或销地中有一方数量上供应完毕或得到满足时，划去运价表中对应的行或列，再重复上述步骤。

从表 7-8 中找出每行与每列中最小的两个元素之差。行列罚数的计算是根据运价最小和次小的差值确定的，确定后分别列于表的右端与下端。

罚数=次小运价-最小运价

根据公式先列明行罚数和列罚数得出表 7-14。

其中行罚数（1）=A1 对应次小运价-最小运价即为 A1B1-A1B3=3-3=0

其中行罚数（1）=A2 对应次小运价-最小运价即为 A2B3-A2B1=2-1=1
其中行罚数（1）=A3 对应次小运价-最小运价即为 A3B4-A3B2=5-4=1
其中列罚数（1）=B1 对应次小运价-最小运价即为 A1B1-A2B1=3-1=2
其中列罚数（1）=B2 对应次小运价-最小运价即为 A2B2-A3B2=5-4=5
其中列罚数（1）=B3 对应次小运价-最小运价即为 A1B3-A2B3=3-2=1
其中列罚数（1）=B4 对应次小运价-最小运价即为 A2B4-A3B4=8-5=4

表 7-14　行列罚数

配送中心		B1	B2	B3	B4	配送量	行罚数			
							（1）	（2）	（3）	（4）
A1		3	11	3	10	7	0			
A2		1	9	2	8	4	1			
A3		7	4	10	5	9	1			
需求量		3	6	[5]	6					
列罚数	（1）	2	5	1	4					
	（2）									
	（3）									
	（4）									

很明显，列罚数中（1）B2 中的 5 最大，也就是差值最大。根据 Vogle 法则，最大差值优先配送，所以 B2 中运费最小的为 4 元，也就是 A3-B2，所以优先满足 B2 需求，根据最小元素法填写 A3B2 交接处为 6（见表 7-15）。

表 7-15　配送详情

配送中心	B1	B2	B3	B4	配送量
A1					7
A2					4
A3		6			9
需求量	3	6	5	6	
单位：t					
单位：元/t					

由于 B2 已经被满足，可以忽略。

继续进行行列罚数计算（见表 7-16）。

其中行罚数（2）=A1 对应次小运价-最小运价即为 A1B1-A1B3=3-3=0

其中行罚数（2）=A2 对应次小运价-最小运价即为 A2B3-A2B1=2-1=1

其中行罚数（2）=A3 对应次小运价-最小运价即为 A3B1-A3B4=7-5=2

其中列罚数（2）=B1 对应次小运价-最小运价即为 A1B1-A2B1=3-1=2

其中列罚数（2）=B3 对应次小运价-最小运价即为 A1B3-A2B3=3-2=1

其中列罚数（4）=B4 对应次小运价-最小运价即为 A2B4-A3B4=8-5=4

表 7-16　行列罚数

配送中心		B1	B2	B3	B4	配送量	行罚数			
							（1）	（2）	（3）	（4）
A1		3	11	3	10	7	0	0		
A2		1	9	2	8	4	1	1		
A3		7	4	10	5	9	1	2		
需求量		3	6	5	6					
列罚数	（1）	2	5	1	4					
	（2）	2		1	[4]					
	（3）									
	（4）									

并找出差值最大的为 B4 优先满足 B4 配送，其中配送 B4 中最小运价为 5 元，同时 A3 配送中心运力 9 t 给 B2 优先配送 6 t，所以 B4 分配到 3 t 运力，3 填入 A3B4（见表 7-17）。

表 7-17　配送详情

配送中心	B1	B2	B3	B4	配送量
A1					7
A2					4
A3		6		3	9
需求量	3	6	5	6	
单位：t					
单位：元/t					

以此类推，最后计算初行罚数表（见表 7-18）和优化配比调运表（见表 7-19）。

表 7-18　初行罚数

配送中心		B1	B2	B3	B4	配送量	行罚数			
							(1)	(2)	(3)	(4)
A1		3	11	3	10	7	0	0	0	7
A2		1	9	2	8	4	1	1	1	6
A3		7	4	10	5	9	1	2		
需求量		3	6	5	6					
列罚数	(1)	2	5	1	4					
	(2)	2		1	4					
	(3)	2		1	2					
	(4)			1	2					

表 7-19　配比调运表

配送中心	B1	B2	B3	B4	配送量
A1			5	2	7
A2	3			1	4
A3		6		3	9
需求量	3	6	5	6	
单位：t					
单位：元/t					

最终运费为 85 元。

（二）车辆配载

车辆配载作业是完成物资车辆调度，确定车辆使用数量后如何根据车辆限重以及车辆体积、货物性质和物资搬运条件等做出的车辆配载计划。

1. 配载的目标与原则

在保证货物质量与数量完好的前提下，尽可能提高车辆的装载率和车辆的利用率，提高装卸效率，节省运力，降低配送成本。这是车辆配载的基本目标。

在明确客户配送的先后顺序后，为了提高配送效率，车辆配载需要满足以下基本原则。

（1）确定先后配送配载顺序，保证先送后装，后送先装，先送靠近货箱车门或货堆便于卸货。

（2）轻重搭配，重不压轻，重货靠近货箱中心，必须将重货置于底部，轻货置于货堆外围或顶部，避免重货压坏轻货，并使整箱货物重心下移，从而保证运输安全。

（3）大小搭配，大不压小，优化组合，充分利用货箱三维尺寸。

（4）注意货物性质匹配，拼装在一个车厢内的货物，其化学属性、物理属性不能互相抵触。特别注意，食品不能和有异味的、有毒的货物混装。

（5）确定合理的堆码层次及方法，可根据车厢的尺寸、容积、货物外包装的尺寸来确定。

（6）积载时不能超过载重量限制，并且积载时车厢内货物重量应分布均匀，避免整箱货物的重心发生偏离，影响运输安全。

2. 车辆配载方法

车辆载重一般依据车辆的三维尺寸和吨位综合计算，车辆载重为 W，容积为 V，容重为 R。物资配载时的约束条件为：

物资 A 的总重+物资 B 总重=车辆配载限额

物资 A 总重×物资 A 容重+物资 B 总重×物资 B 容重=车辆体积限额

【例 7-5】有 A 和 B 两种货物需要配装配送，A 货物 1 m^3 重 2.59 t，B 货物 1 m^3 重 0.56 t，用载重限额为 12 t、容积 20 m^3 的货车运输，配载率为 95%。试问两种货物分别装多少吨才能装满。

解：设 A 物资重量为 W_a，B 物资重量为 W_b。

车辆配载率为 95%，所以车辆容积为 0.95×20=19（t）

A 物资容重=1/2.59=0.386，B 物资容重=1/0.56=1.786

$$\begin{cases} W_a + W_b = 12 \\ 0.386W_a + 1.786W_b = 19 \end{cases}$$

联立方程式解得，A 物资装载约 1.737 t，B 物资装载 10.263 t。

【延伸阅读】轻重货物划分标准

在货物运输领域，货物通常可分为重货、泡货、重泡货等。总的来说，体积小、重量大的货物为重货，反之为泡货，重泡货介于两者之间。具体实践中，不同的运输方式及企业的标准有所不同（见表 7-20）。

表 7-20　物资陆运泡货重货计算

<table>
<tr><td>重泡比</td><td>333 kg/m^3</td><td rowspan="3">每立方米货物重量大于或等于 333 kg 属于重货，反之为泡货</td></tr>
<tr><td>泡重比为</td><td>3 m^3/t</td></tr>
<tr><td>计算公式</td><td>长（cm）×宽（cm）×高（cm）/3 000（cm^3/kg）=计费重量（kg）</td></tr>
<tr><td colspan="2">德邦</td><td rowspan="4">每立方米重量货物大于或等于 210 kg 为重货，反之为泡货</td></tr>
<tr><td>重泡比</td><td>210 kg/m^3</td></tr>
<tr><td>泡重比为</td><td>4.76 m^3/t</td></tr>
<tr><td>计算公式</td><td>长（cm）×宽（cm）×高（cm）/4 760（cm^3/kg）=计费重量（kg）</td></tr>
</table>

续表

物流快递		每吨货物体积大于6立方米为泡货否则为重货
泡重比为	6 m^3/t	
计算公式	长（cm）×宽（cm）×高（cm）/6 000（cm^3/kg）=计费重量（kg）	
快运		每吨货物体积大于7立方米为泡货否则为重货
泡重比为	7 m^3/t	
计算公式	长（cm）×宽（cm）×高（cm）/7 000（cm^3/kg）=计费重量（kg）	

【思考题】制定车辆配载的流程图？

（三）配送路径选择

配送路线的确定是配送作业管理的重要组成部分。配送路线的选择与制定影响配送效率的高低、配送时间的长短及配送满意度，是客户评判企业配送成功与否的关键因素。配送路线在一定程度上决定了配送作业管理过程中订单处理、拣货作业等环节。影响配送运输的因素很多，如车流量的变化、道路状况、突发交通事件（影响通行速度）、客户的分布状况、货物需求量及时间、货物属性、配送中心的选址、道路交通网、车辆额定载重量，以及车辆运行限制、配送过程中优化方法的选择等。

配送人员路线规划如图 7-4 所示。

1. 配送路线设计原则

配送路线的设计所指的线程是整体配送主干线的集合，通常把路线设计纳入物流规划中，必须遵循优先满足客户需求，准时送达，同时需要匹配物流基本原则提高效率，降低成本，所以科学地执行和规划配送路线尤为重要。

2. 配送路线设计要考虑的因素

配送路线设计的原则在实现的过程中受到许多条件的约束，在设计过程中要在满足这些约束条件的前提下取得最短路线。一般而言，约束条件有以下几项：

（1）满足所有收货人对货物品种、规格、数量的要求。

（2）满足收货人对货物发到时间范围的要求。

（3）在允许通行的时间（如某些城区白天对货车通行进行了限制）内进行配送。

（4）各配送路线的货物量不得超过车辆容积及载重量的限制。

（5）在配送中心现有运力允许的范围之内。

常用的配送路线设计有标号法、图上作业法、最短路径法、节约里程法。因为篇幅有限，本书只介绍节约里程法。

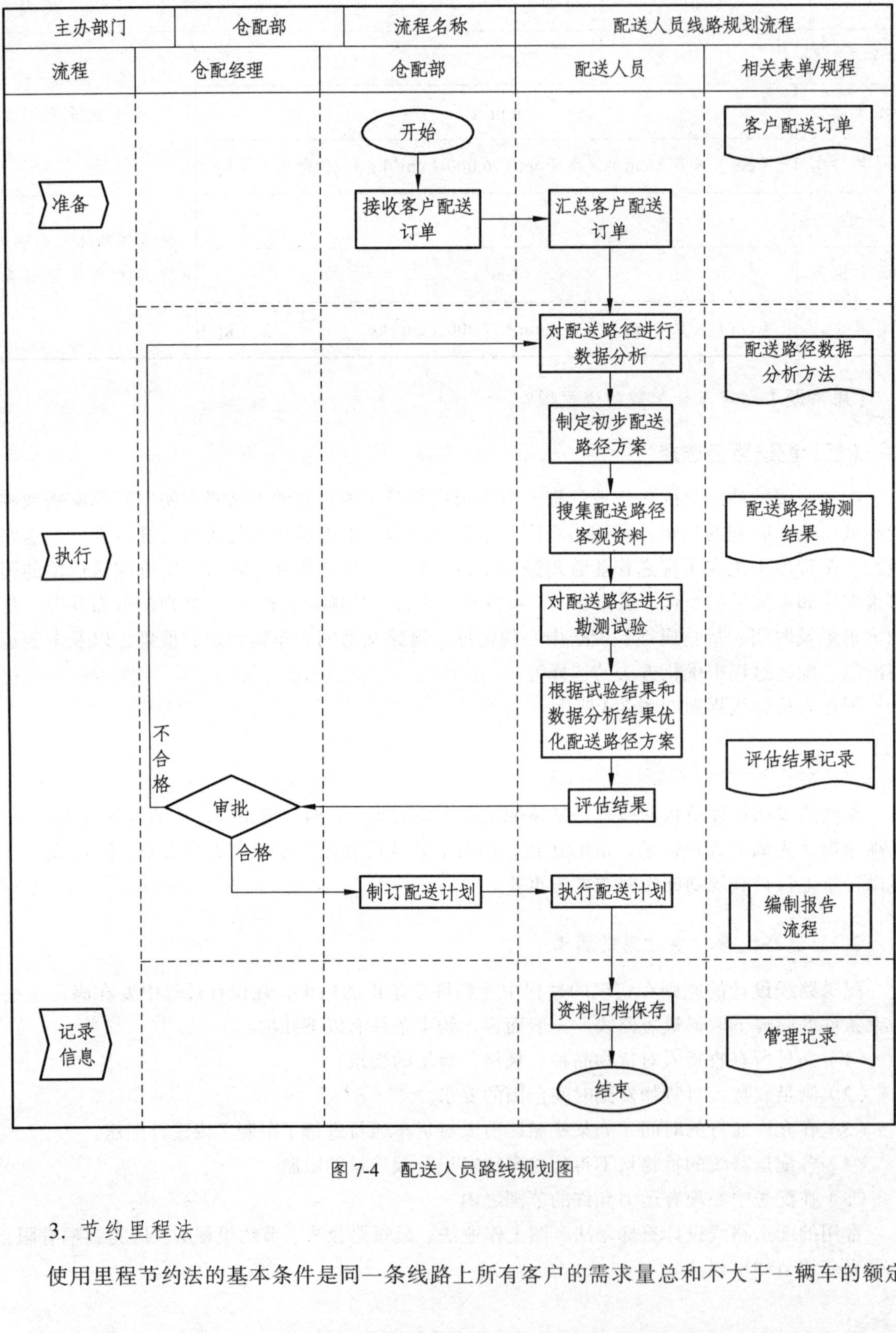

图 7-4　配送人员路线规划图

3. 节约里程法

使用里程节约法的基本条件是同一条线路上所有客户的需求量总和不大于一辆车的额定

载重量。送货时由这辆车装着所有客户的货物沿着一条精心挑选的最佳线路依次将货物送到各个客户的手中（见图 7-5）。这样既保证按时按量将用户需要的货物及时送到，又节约了费用，缓解了交通紧张的压力，并减少了运输对环境造成的污染。

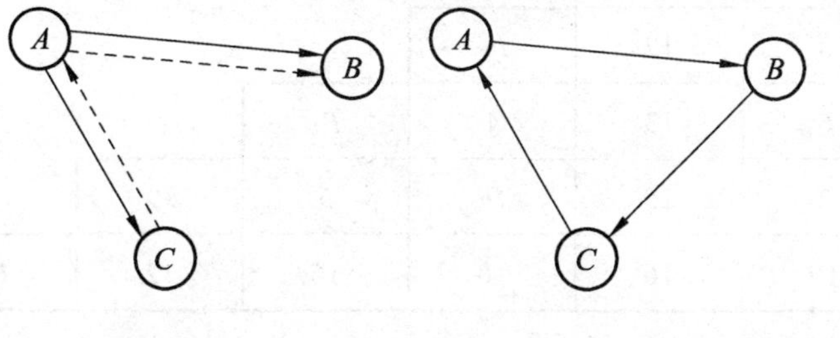

图 7-5　节约历程法

如图 7-5 所示，A 为配送中心，需要往 B 和 C 需求地配送物资，之间的距离分别为 D_{AB}，D_{BC}，D_{AC}。

配送方案：（1）$A—C—A—B—A$：行驶距离为 $D=2D_{AC}+2D_{AB}$

（2）$A—B—C—A$：行驶距离为 $D=D_{AC}+D_{BC}+D_{AB}$

与方案 1 相比，方案 2 明显节约路程，具体节约的路程为：

$(2D_{AC}+2D_{AB})-(D_{AC}+D_{BC}+D_{AB})=D_{AC}+D_{AB}-D_{BC}$

节约里程法的基本思想：如果一个配送中心 A 分别向 n 个客户配送，在汽车载重允许和配送半径允许的前提下，每辆汽车的配送路线经过客户数量越多，节约历程最大，且配送路线越合理。

【例 7-6】配送中心 P_0 向 5 个客户配送物资，配送路程、距离、位置如图 7-6 所示，图中标号为需求量和距离，配送中心有 3 台 2 t 卡车和两台 4 t 卡车，使用节约历程法制定最优配送方案。

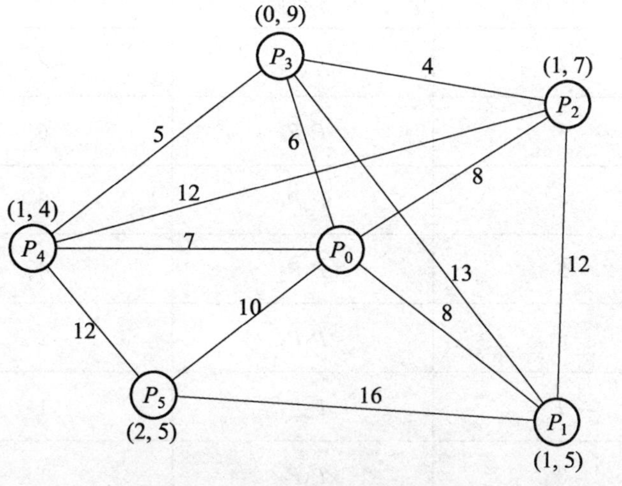

图 7-6　配送路程、距离及位置

解：先对应找出 P_0 到每个客户之间的最短距离。

P_0					
8	P_1				
8	12	P_2			
6	13	4	P_3		
7	15	9	5	P_4	
10	16	18	16	12	P_5

然后计算最短路径：

P_1				
4	P_2			
1	10	P_3		
0	6	8	P_4	
2	0	1	5	P_5

由大到小对距离进行排序（见表 7-21）。

表 7-21　距离排序

序号	路线	距离
1	P_2P_3	10
2	P_3P_4	8
3	P_2P_4	6
4	P_4P_5	5
5	P_1P_2	4
6	P_1P_5	2
7	P_3P_4	1
8	P_1P_3	1

按照初始配送方案 P_0 到各个客户进行配送，使用 5 台汽车分别为 3 台 2 t、2 台 4 t 卡车进行配送。配送路程总计为 78 km。

（8+8+6+7+10）×2=78（km）

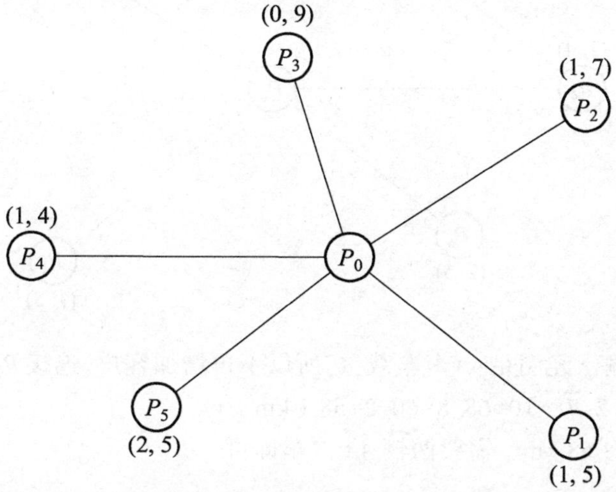

按照节约历程法基本思想，将排名第一的 P_3P_2 链接，可以节约 10 km，路程为：

（8+8+6+7+10）×2=78−10=68（km）

需要两辆 2t 的卡车和 2 辆 4t 卡车。

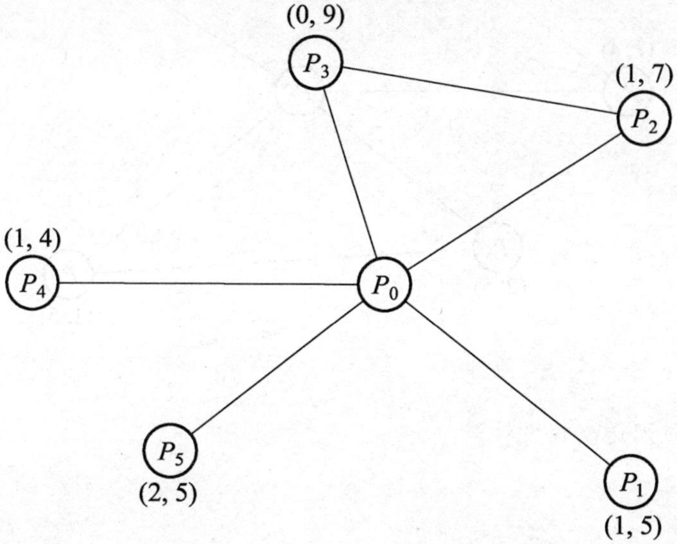

按照节约历程法基本思想，将排名第二的 P_3P_4 链接，可以节约 8 km，路程为：

（8+8+6+7+10）×2=78−10=68−8=60（km）

需要一辆 2 t 的卡车和 2 辆 4 t 卡车，一共 3 辆汽车。

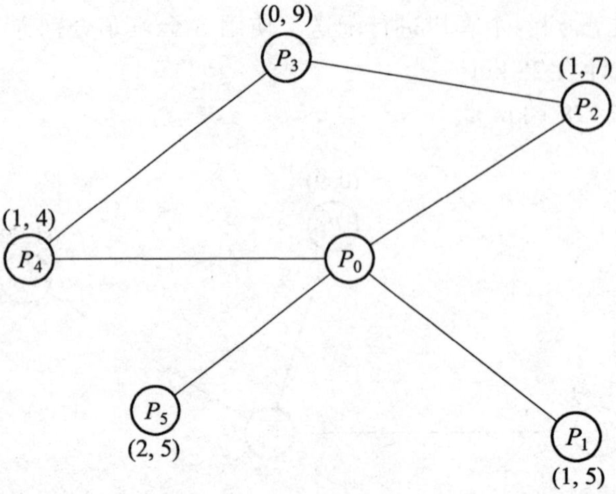

因为$P_0P_2P_3P_4$运输已经满足4 t卡车载重，所以不再增加客户，连接P_1和P_5可以节约2 km。

（8+8+6+7+10）×2=78-10=68-8=60-2=58（km）

最终运输总距离为58 km，需要两辆4 t汽车即可。

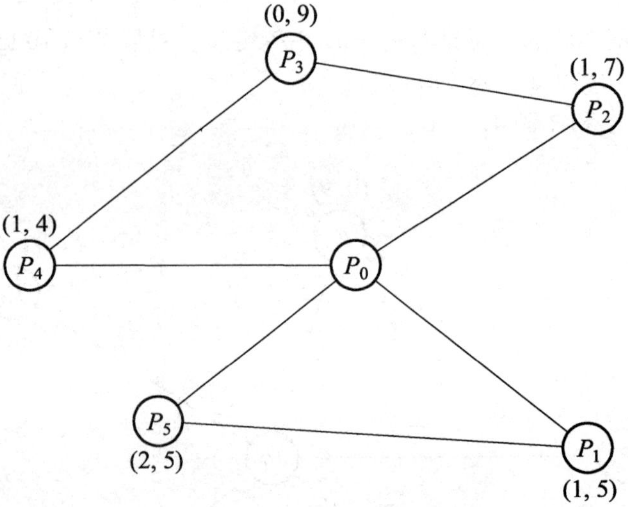

【项目作业】

完成仓配一体化配送流程设计。

参考文献

[1] 潘昭文，汤宇曦. 配送作业管理实务[M]. 上海：上海交通大学出版社，2017.

[2] 贾春玉，双海军，钟耀广. 仓储与配送管理[M]. 北京：机械工业出版社，2021.

[3] 刘常宝. 现代仓储与配送管理[M]. 北京：机械工业出版社，2020

[4] 郁仕祥. 杜杰. 5G+物流[M]. 北京：机械工业出版社，2020

[5] 孙宗虎. 物流仓储与配送管理流程设计与工作标准[M]. 北京：人民邮电出版社，2020.

[6] 王先庆. 新物流 [M]. 北京：中国经济出版社，2019.

[7] 供应链管理专业协会（CSCMP），马修·沃勒（MATTHEW A WALLER）.特里·埃斯珀（TERRY L ESPER）. 供应链库存管理[M]. 北京：人民邮电出版社，2021.

[8] 供应链管理专业协会（CSCMP），斯科特·凯勒（SCOTT B KELLER）. 布莱恩·凯勒（BRIAN KELLER）.供应链仓储管理 [M]. 北京：人民邮电出版社，2020.

[9] 弗布克管理咨询中心. 仓库管理员精细化管理工作手册 [M]. 北京：化学工业出版社，2021.

[10] 弗布克管理咨询中心. 配送人员精细化管理工作手册 [M]. 北京：化学工业出版社，2020.

[11] 白世贞. 张鹤冰. 物流运筹学 [M]. 北京：中国财富出版社，2017.

[12] 徐贤浩. 邹碧攀. 紧致化仓储系统运营管理的优化策略 [M]. 北京：科学出版社，2020.

[13] 丛书编写组. 构建现代物流体系 [M]. 北京：中国计划出版社，2020.

[14] 刘辉. 仓储管理实务[M]. 上海：上海交通大学出版社，2017.

[15] 吴婷. 物流管理综合实训[M]. 上海：上海交通大学出版社，2020.

[16] 陶振晖，汪丽. 现代物流综合实训教程[M]. 西安：西北工业大学出版社，2021.

[17] 金跃跃，刘昌祺，刘康. 现代化智能物流装备与技术[M]. 北京：化学工业出版社，2021.

[18] 林贤福，黄裕章. 仓储与配送管理实务[M]. 2 版. 北京理工大学出版社，2018.

[19] 何庆斌. 仓储与配送管理[M]. 2 版. 上海：复旦大学出版社，2015.

[20] 代湘荣，周志刚，叶红梅. [M]. 北京：中国人民大学出版社，2022.

[21] 北京中物联物流采购培训中心. 物流管理职业技能等级认证教材（中级）[M]. 南京：江苏凤凰教学出版社，2019.

[22] 孙秋高，方照琪，周宁武，等. 仓储管理实务[M]. 4 版. 北京：电子工业出版社，2020.

[23] 汪永太. 商品检验与养护[M]. 5 版. 大连：东北财经大学出版社，2019.

[24] 李朝霞. 我国物流指数体系研究[J]. 物流技术与应用，2019（8）.

[25] 李颜峰. 仓储的变革——云仓[J]. 中国储运，2018（6）.

[26] 高洁，向明康. 成都市迷你仓行业发展可行性研究[J]. 中国集体经济，2017（31）.

[27] 张小勇. 仓配一体化的发展现状及未来趋势[J]. 物流技术与应用，2017（11）.